北大财富课

吴家群◎著

新世界出版社
NEW WORLD PRESS

图书在版编目（CIP）数据

北大财富课／吴家群著．—北京 ：新世界出版社，2014.8

ISBN 978－7－5104－5143－0

Ⅰ．①北… Ⅱ．①吴… Ⅲ．①商业经营－通俗读物 Ⅳ．①F715－49

中国版本图书馆CIP数据核字（2014）第162766号

北大财富课

作　　者：吴家群
责任编辑：张保文　周　珊
责任印制：李一鸣　黄厚清
出版发行：新世界出版社
社　　址：北京市西城区百万庄大街24号（100037）
发行部：（010）6899 5968　　（010）6899 8705（传真）
总编室：（010）6899 5424　　（010）6832 6679（传真）
http://www.nwp.cn
http://www.newworld－press.com
版权部：+86 10 6899 6306
版权部电子信箱：frank@nwp.com.cn
印刷：三河市骏杰印刷有限公司
经销：新华书店
开本：710×1000　1/16
字数：230千字　**印张**：14
版次：2014年10月第1版　2014年10月第1次印刷
书号：ISBN 978－7－5104－5143－0
定价：29.80元

前 言

在某网站发布的“中国造富大学排行榜”上，北京大学以造就35名中国亿万富豪而高居榜首。在经历一个世纪的变迁后，如今的北大，早已成了大家眼中“亿万富豪的摇篮”。

2012年福布斯公布中国最具价值的商学院规划项目中，北大上榜的项目在所有名校中独树一帜，其中北大国际MBA和光华管理学院的MBA/EMBA，分别位居榜单三甲的后两位。就毕业生5年后平均薪资水平这一核心指标而言，北大毕业生的薪酬水平，在中国的大学中已经是无人望其项背，而100万年薪已经同国际主流商学院的水平差距很小。

经济基础决定上层建筑，北大的种种繁华高贵之象，事实上还是由经济决定的。在北大还是京师大学堂的时候，经济的好坏，以及有关财富课程的设置，就深刻地影响了北大。今天的北大，有着中国最多的富豪，有中国最好的商学院，更有最具影响力的经济学家群体。

从某种角度说，北大之根底，就是北大之经济。不了解北大的财富学，在很大程度上也就无法了解中国经济社会巨大变革的因果传承。而不了解中国经济之大势，也差不多就等于丧失了未来成就自己“中国梦”的机会。把握政策和机会，全力拼搏，正是30多年来中国创造巨额财富的根本。

也正是从这个意义上说，了解北大，懂一点北大财富学，感受大师和经济学家们的思想，聆听他们对于过去、现在、未来中国经济的基本教义以及关于财富的经验和论点论断，从点滴中找寻中国经济的脉络，寻找适合自己的财富之路，不失为一种到达成功的最佳路径。

本书全面而详细地讲解了如何聚敛财富、将财富最大化的多种投资方式，从理论到案例，从数据到观点，从名人的财富故事到普通人的致富之路，从成功的案例到失败的投资，从财富的增长到经济危机，分别讲解了财富追求路上会遇到的问题、存在的弊端，以及需要注意的事项，还有一些常见的骗局以及投资的小技巧和经验。本书论述理论结合实际，让财富背后隐藏的道理不再神秘，让读者可以通过阅读了解并找到适合自己的投资方式。读完本书，对于如何扩大自己的财富，您可以从中学会正确地选择适合自己的方式。

按照世界银行的标准，中国已经跻身中上等收入的国家行列。根据林毅夫先生的观点，中国刚刚迈进这个行列，产业升级的空间还很大，可以充分发挥后发优势。未来的30年，将是一个人类历史上前所未有的时代。因为每个人在今后若干年里，将得到较之30年前更多的成功机会，将有数亿中国普通人从穷人向百万富翁华丽转身。

本书正是一门全方位地向您展示北大经济学者们的思想、观点的财富课程。在这本书中，您将获取中国众多成功人士在财富追求路上的种种成功经验，能够从大师们的有趣故事中感知其人文风貌，锤炼个人心性，还能从本书中获取大量关于未来中国机会的第一手指南。

本书以财富和投资为主线，向读者们展示了投资与理财、经验与技术、常见财富来源以及如何选择适合自己的投资方式等北大财富课内容，相关介绍详细到位，简单易懂，将深奥的经济学道理浅显地摆在大家面前，让大家一探究竟，我们相信您一定能够从中获得新的想法、新的感悟、新的生活态度。

【北大财富名人榜】

厉以宁，中国经济学界泰斗。1951年考入北京大学经济学系，1955年毕业后留校工作，1985—1992年任北大经济管理系主任，1993—2005年任北大光华管理学院（原名工商管理学院）院长，并在全国人大专业委员会担任职务，还是中国企业发展研究中心名誉主任。厉以宁教授是我国最早提出股份制改革理论的学者之一。他提出了中国经济发展的非均衡理论，并对“转型”进行理论探讨，这些都对中国经济的改革与发展产生了深远影响。厉以宁教授还主持了《证券法》和《证券投资基金法》的起草工作。

孟晓苏，北大经济学博士，著名企业家，学者，中国企业联合会执行副会长，中国房地产协会副会长，中国房地产开发集团总裁。孟晓苏集高级领导干部、企业家和学者等多重角色为一身，既擅长宏观角度洞悉中国房地产走势，又长于实战地决策房地产运作。他的专业思想与观点对中国房地产业的发展产生了重要的影响。

龚方雄，北京大学运筹学及经济学硕士，同时拥有美国沃顿商学院金融经济学博士学位、费城坦普尔大学物理学硕士学位，是摩根大通中国区董事总经理、研究部主管及首席中国经济师，负责统筹摩根大通中国区的信贷利率市场、证券及经济研究工作。

俞敏洪，新东方创始人，著名英语教学与管理专家。1980年考入北京大学西语系，本科毕业后留校任教；1991年进入民办教育领域，1993年创办北京新东方学校，现任新东方教育集团董事长、中国青年企业家协会副会长、中华全国青年联合会委员等职。被媒体评为最具升值潜力的十大企业新星之一，20世纪影响中国的25位企业家之一。

翟鸿燊，北京大学客座教授，当代国学大师，我国当代传统文化的倡导者和传播者，国学实践应用专家，经济与文化学者。翟鸿燊长期致力于推动传统文化的传承和国学精髓的传播。他主讲主办的《国学应用大智慧》《企业家十大修炼》《道德经的智慧》《七日禅修功德班》《国学养生》等课程在国内外知名院校的MBA、EMBA、DBA、总裁研修班、卓越领导力项目培训中备受欢迎。

李宁，中国著名男子体操运动员，奥运冠军，北京大学光华管理学院高级工商管理硕士。他创造了世界体操史上的神话，先后摘取14项世界冠军，赢得100多枚金牌，1984年洛杉矶奥运会上一举夺得三金两银一铜，是中国单届奥运会上获得奖牌最多的运动员，因此被誉为“体操王子”。1988年退役后，李宁以其姓名命名创立了“李宁”运动品牌。2010年李宁当选由中国企业家协会及北京大学光华管理学院评选的“黄金十年——最具思想力中国企业家”。

张维迎，原北京大学光华管理学院院长，经济学教授，北京大学网络经济研究中心主任。他是国内最早提出并系统论证双轨制价格改革思路的学者；他发表的有关中国经济改革和社会发展的观点经常成为媒体关注的焦点。2000年，他获得国家自然科学基金“杰出青年基金”。2002年，他当选为“CCTV中国经济年度人物”。2006年3月他发表了《理性思考中国改革》的长文，将有关改革的争论推向了一个高潮。

李彦宏，1991年毕业于北京大学信息管理专业，随后赴美国完成计算机科学硕士学位。在美国的8年间先后担任道·琼斯子公司高级顾问、《华尔街日报》实时金融信息系统设计人员，并在国际知名互联网企业做过资深工程师。1999年，李彦宏回国和合伙人创建了百度公司，任百度公司董事长兼首席执行官，全面负责公司的战略规划和运营管理。2001年，李彦宏被评为“中国十大创业新锐”，2002年获首届“IT十大风云人物”称号。2013年11月，李彦宏以119亿美元的净身价成为中国大陆第二大富豪。

黄怒波，笔名骆英，1981年毕业于北京大学中文系。1981—1990年任职于中共中央宣传部。1996—1998年，在中欧国际工商学院学习，获工商管理硕士学位。现任中坤集团董事长、中国作家协会会员、中国诗歌学会理事、中国登山协会副主席等职。2011年6月黄怒波向北京大学捐赠价值9亿元人民币的资产，这笔资产将注入“北京大学中坤教育基金”，以进一步推动北京大学人才培养和教学科研的发展。

李辙，1999年在北京大学完成MBA学业，加拿大LVC国际投资集团董事局主席。李辙于20世纪90年代中期在加拿大成立了“加拿大LVC国际投资集团”，经过短短几年的运作，集团经济实力迅速增长；1999年李辙在加拿大的中资企业成立了“加拿大中国企业商会”，并被推举为该商会主席；之后进军中国房地产业，在国内先后注册成立北京凯亚房地产开发有限公司、北京凯基房地产开发有限公司、北京山水蓝维房地产开发有限公司等多家专业房地产开发经营企业，成功投资开发国际最佳生态社区——“山水文园”。

李非列，广西梧州人，1988年毕业于北京大学经济系，1991年北京大学经济学院硕士研究生毕业，获经济学硕士学位。现任飞尚集团董事长、总裁，中国天然资源有限公司首席执行官，世界杰出华商协会副主席，中国企业家全国理事会常务理事，先后荣获“2006亚太最具创造力之华商领袖”“2006中国民营企业家社会贡献奖”“中国诚信优秀企业家”“中国优秀民营企业家”“2006年中国杰出人士”“中国百佳名人”等荣誉称号。此外，李非列的飞尚集团在2005年向社会各界无偿捐赠近600万元。

邓伟，1998—2003年就读于北京大学经济学院，获经济学博士学位。现任亿阳集团股份有限公司董事长，全国工商联执委，全国青联常委，中共中央直属机关青联副主席。第十届“中国十大杰出青年”，全国五一劳动奖章获得者，全国劳动模范，优秀中国特色社会主义事业建设者，“2006中国交通工程企业管理十大杰出人物”，第九、第十届全国政协委员。亿阳集团旗下的电信、交通、能源、投资四大行业都是成绩斐然。其中，亿阳信通在全国处于领先地位，被评为“2006中国交通企业100强”“2006中国智能交通创新企业”“中国交通企业新纪录优秀创造单位”“2006高速公路机电十佳系统集成商”。

刘水，毕业于北京大学自然地理学专业，曾先后在深圳市龙岗区布吉镇投资公司、贵州绿之梦草坪工程有限公司、深圳市闯旗草业有限公司工作，2001年与张衡、陈阳春共同创建深圳市铁汉园林绿化有限公司。现任深圳市绿色产业促进会副会长、深圳市企业联合会及深圳市企业家协会副会长、铁汉生态董事长兼总经理。

阎焱，1986年获北京大学社会及经济学硕士学位。现任软银思科亚洲信息基础投资基金总裁及执行董事总经理，中国风险投资协会理事，中国海洋石油服务公司、香港四通电子股份有限公司、亚洲网通公司、Bocom数码、Mobi天线、盛大网络媒体及移数通公司董事会成员。曾任AIG亚洲基础设施投资基金大中国地区董事总经理、Sprint International Corporation亚洲区策划及业务拓展董事、美国华盛顿赫德森研究院研究员和世界银行研究员等职。

王志东，1988年毕业于北京大学无线电电子学系，新浪网创始人。现任北京点击科技有限公司董事长兼总裁。他是BDWin、中文之星、RichWin等著名中文平台的缔造者，先后创办了新天地信息技术研究所、四通利方信息技术有限公司，曾领导新浪成为全球最大中文门户并在纳斯达克成功上市。2001年创建点击科技，在国内首创协同应用理念，带领点击团队，融合软件、互联网和通讯3个领域的前沿技术，开发出新一代网络通讯平台“竞开即时通讯平台”。与丁磊、张朝阳被称为“网络三剑客”。

黄志源，金光集团创办人兼董事长黄奕聪先生的长子，1944年出生于印尼，1960年回中国求学，1963年考入北京大学数学力学系，1968年毕业，于20世纪70年代初返回印尼，加入印尼金光集团。1992年起，金光集团开始把投资的目光转向中国，而黄志源先生也开始了自己在中国的慈善之路。随着自身事业在中国的发展，金光集团回报社会的爱心善款也在不断增加。

目　录

第1课　投资是撬动个人财富的强力杠杆

财富的扩大与积累，永远离不开投资。不管以什么样的方式去扩大你现有的财富，投资都是每一位财富追求者所必须重视并学会的本领。而如何正确投资，实现财富的快速增长，则是一门值得不断探索和研究的学问。在经济市场，投资是一个永不过时的话题。

第2课　北大教你如何让财富快速倍增

快速使自己的财富翻番，是每一位投资人的追求，然而，面对多变、复杂、繁荣却又充满陷阱的市场经济，如何找到一个真正适合自己的方式去扩大财富，稳妥而安全地实现财富的快速翻倍，是一个不容忽视的难题。

第3课　为什么北大不迷信巴菲特

神话的铸就者，本就是一个神话，在激烈的市场竞争中，并非所有人都能够成为神话的主角。每个人的自身条件，包括经济实力、投资经验、承受能力等，都有很大的差别，并不是每一个认真去研究、去投资的人，都能够成为神一般的巴菲特。

第4课 整天想天上掉馅饼，就会掉进财富陷阱

如果你不够了解金融市场，就不要带着贪利的心态去接近这个市场，任何你所看到和听到的，低风险高收益、专业咨询、专业队伍、专业工具等，都有可能仅仅是一个榨取你财富的陷阱。脚踏实地，财富才能稳妥地来到你的身边。

第5课 如何在未知市场中做正确抉择

面对未知的世界，人们总是充满了迷茫与无措，尤其是在瞬息万变、天花乱坠的金融市场。而急于扩大财富、增加收入的人群，总是被金融市场的现象所左右，举棋不定，或者跟风行动。如何在未知的市场中做出正确的选择来帮助自己顺利提升财富值，是每一个财富追求者都需要掌握的能力。

第6课 管好情感因素，让理性握紧你的钱袋

可以说，金融市场是冷酷的，也是狡猾的，它通过各种手段招揽你的钱财，聚拢一笔又一笔资金，甚至，让你的钱财有去无回或者大打折扣，当然也有可能会让你收获很多惊喜。在这个狡猾善变的敌人面前，如果无法把控自己的情感而被对方牵着鼻子走，让感性战胜理性的话，最终会导致财富的大量流失。

第7课 学会收手，北大教你如何保护财富

“见好就收”是财富扩大的路上需要铭记的一点，提醒人们切勿贪得无厌。当然，见坏，也要懂得及时正确地收放，才能保证将损失控制在最小的范围内。不管是不甘心还是想要证明自己，或者别的原因，学会及时收手，才能让你的财富拥有安全的成长环境。

第8课 财富组合理论：不把鸡蛋放在同一个篮子里

理财组合的形式，对于初入金融市场的新手或者拼杀多年的金融江湖老手来说，都是比较稳妥的投资方式。作为财富积累与扩大的方式，资产不集中于一处，才能让自己拥有更多的发展机会，在分散风险的同时，广开门路，为增长财富带来多重可能性。

第9课 储蓄是聚宝盆还是亏损冠军

储蓄在中国是一种常见并且最为人们所认可的投资方式。作为财富积累的手段，储蓄可以说最为简单而安全，也最容易被中国人所接受。但是，储蓄真的像我们所了解的那样吗？在其背后隐藏着怎样的秘密与技巧，还需要更进一步来研究和了解。

第10课 股票是财富天使还是金钱魔鬼

一夜暴富与一夜之间家破人亡，发生在同一个媒介之上，那便是股票。在这个神奇而善变的力量面前，有多少人为之疯狂，为之欢喜，为之哭泣。人们在其中不断地探索与求证，不断地失败与成功，多少年来，始终没有停止过，而股票，不管你是悲是喜，它一直都在，亦魔亦仙。

第11课 房地产真的是稳赚不赔吗

炒房热一度席卷中国的金融市场，房地产成为财富追求者口中的家常便饭。楼市的起伏跌宕一直紧紧揪着深陷其中的人们的心。面对日新月异的市场经济和国家的宏观调控，投身于房地产，将自己的财富增长全部寄托于土地，是否真的可以一直高枕无忧，实在值得细细思量。

第12课 黄金市场是盛宴还是剩宴

千百年来，黄金的地位与身份，被推到最高，又被拉回地面，几度起起落落。金融市场上黄金热与冷的反复交替，让黄金忠实的追求者们也生出了不安与怀疑。作为一种传统、历史悠久却又包含诸多不利因素的存在，是否还要继续投资黄金，开始提上了投资者们的议事日程。黄金市场的前途是否依然光明，这是一个需要重视的问题。

第13课　保险是美丽罂粟还是带刺玫瑰

今天你买保险了吗？随着市场经济的日趋发展和不断完善，保险的出现与发展为广大财富追求者提供了更多的保障与机会，保险行业不断推出的理财产品也在挑战和考验着人们的胆量、实力与眼光。远离还是靠近，上瘾还是中毒，或许只有投身保险的财富追求者们心里最清楚。

第14课　共同基金到底是利益共享还是风险共担

共同基金，从出现的那一天起，似乎就一直围绕在“共同”这个核心之上。越来越多的财富追求者热衷于共同基金的投资，并百分百地相信自己的选择是最为正确而稳妥的。但是，共同基金中暗藏着的秘密与暗礁，更需要被我们所认知。

第15课　债券是不败传奇还是沉没陷阱

债券的出现，为那些想要扩大自己财富，却又迟迟不敢冒险的人群，提供了一个良好的机会。对于风险承受能力低的财富追求者来说，债券一直都是很好的选择。然而，债券真的像我们想的那样，安全无风险，不论什么时候都能够为我们带来可观的收益吗？

第16课　外汇是让你一夕致富还是隔夜破产

外汇对于很多财富追求者来说还是比较陌生的，而对于长期投身其中或者是开始尝试这类投资的人群来说，外汇一直笼罩着一层高贵的面纱，仿佛外汇交易便是那个带着自己发家致富，成为千万亿万富翁的最好方法。事实上，真的是这样吗？

第1课　投资是撬动个人财富的强力杠杆

财富的扩大与积累，永远离不开投资。不管以什么样的方式去扩大你现有的财富，投资都是每一位财富追求者所必须重视并学会的本领。而如何正确投资，实现财富的快速增长，则是一门值得不断探索和研究的学问。在经济市场，投资是一个永不过时的话题。

为什么说投资是场马拉松比赛

中国在未来20年仍可能保持8%的高速增长。

——林毅夫（北京大学教授）

投资大师彼得·林奇曾经说过这样的话：“市场投机者试图对股价的短期波动进行预测，希望获取快速的利润。实际上，任何人如果能够连续地预测市场，其名字早就列入世界首富排行榜，排在亿万富翁沃伦·巴菲特和比尔·盖茨之上。”

北大经济学家认为，不管是谁，要想通过把握市场时机进行短线交易，以此在最短的时间内获得最高的回报都不可能实现。其实投资并不像100米短跑那样，冲刺一下就可以得到高回报，确切来说，投资应该是一场马拉松比赛。

新东方的成功，使得毕业于北大的俞敏洪成为20世纪影响中国的25位企业家之一。然而，在《东方马车》这本书中，有这样一段描述：“他在中关村第二小学租了间面积10平方米、透风漏雨的平房当教室，外面支一个桌子，放一把椅子，‘东方大学英语培训班’正式成立。第一天来了两个学生，看‘东方大学英语培训班’只有俞敏洪夫妻俩，破桌子破椅子破平房，登记册干干净净，人影都没有，学生满脸狐疑。俞敏洪见状，赶紧推销自己，像是江湖术士，凭着三寸不烂之舌，活说死说，让两个学生留下钱。夫妻俩正高兴着呢，两个学生又回来了。他们心里不踏实，把钱又要回去了……”

今天的财富，是曾经的痛苦和挫折换来的，是勇于投资，敢于尝试，坚持不懈的努力赢来的。

2008年6月29日，国际著名投资家罗杰斯在中国参加“影响中国·A股投资国际论坛”时，说过这样的话：“如果你在1908年放空美国的话，也许有一个月或一年觉得自己聪明，但长远来看会是你投资最大的错误！”

从投资家罗杰斯的话中我们可以领悟到，投资不能看一时，一时的得失并不能代表最终的结果。投资，最好的办法就是让自己置身于市场当中，投资回报潜力最高的股票，而不是玩弄时间的把戏。作为财富追求者，在把资金与信任“投身”某一投资产品后，便要以平和的心态面对市场的起伏跌宕。如果投资组合结构合理恰当，一点点的市场波动并不值得我们去担心，而且这也算不上什么灾难，实现财务目标不过是时间问题而已。

真正有效的投资就像参加马拉松比赛一样，需要信心、耐心、毅力和超人的意志力，以此来追求资产的长期稳健成长。因为我们投资的目标是长远的，投资人必须对投资的目标具有信心，才能持续自己的投资计划，并且坚持到底；另外，投资的时间可能长达10年、20年，投资人更需要耐心和毅力，这样才能够一路跑到终点，实现自己的投资目标。在这漫长的投资路上，我们可能会因为初期的投资业绩不明显而怀疑自己的选择，也可能因为不时出现的短期投资机会而想要放弃，这就需要我们拥有超人的意志力。只有拥有强大的意志力，才能克服心理障碍，一点一点实现投资目标。

如果我们能够对自己的投资有信心，有耐心，不受投资产品价格波动的影响，便能跑赢投资这场马拉松比赛。任何价格不菲的投资都应该被当作长期资产去对待。价格不断上涨和下跌，这是市场上永恒的主旋律。关键的问题在于，当市场继续上扬的时候，我们手里持有正确的投资产品。只要坚持长期投资的理念，让时间抚平市场上的起起落落，我们就能有所斩获。

【北大名师点拨】

如果我们有足够的耐心，在最困难的时候不被打趴下，保存好实力，那么，在下一轮牛市中我们依然可以是赢家。

投资的本来面目

要相信机会总是会有的，不要和自己较劲，要顺势，像太极推手一样，顺势而为，要学会利用周边资源。

——王志东（毕业于北京大学，新浪创始人）

在大多数追求财富的人眼中，投资是一个充满戏剧性、激动人心的过程，提起投资，他们的脑海里就会浮现出这样一幅场景：场内经纪人在交易日的开盘时大喊买订单或者卖订单，或者是某位富豪在一场交易中赚到数百万美元，或是股票价格暴跌后，财富追求者跳楼自杀。这就让有些人认为，投资需要冒很大的风险，要有非常好的运气，要挑选最好的时机，还需要市场上有热点，财富追求者能够迅速收集所有的投资消息等；更有一些人认为把钱交给一些内行的人，让他们帮自己赚钱，才是投资……其实，这些人眼中的投资并不是真正的投资。

在北大经济学教授眼里，真正的投资是枯燥无味的，它仅仅是一个由固定程序、策略和一系列能使人变富的措施组合而成的计划。换句话说，投资是一个通过机械操作而达到富裕的过程。更简单一点来说，投资是指货币转化为资本的过程，在这个过程中，不同的人可以采取不同的方式，所以投资对不同的人有不同的意味。

在大多数人的印象里，要想投资成功，需要非常深奥的投资理论知识作为支撑，这就出现了那些把自己的金钱交给别人去投资的现象。其实，投资并没有什么高深的学问。

在北大财富课上，经常会出现这个故事：

2002年，在伦敦《金融时报》每年一次的竞赛上，出现了一个5岁的小姑娘。这个小女孩从《金融时报》证券交易专栏列出的300页上市公司名单中随机选择了一些股票。一位女士用转轮盘的方式也选择了一些股票。大家把她们所选出来的股票的赢利情况跟顶尖的金融分析师的赢利情况做对比。一年过后，那个小女孩轻而易举地赢了，她的股票上涨了5.8%。而那位通过转轮盘挑选股票的女士损失了6.2%，输得最惨的则是那个顶尖的金融分析师，他的投资组合损失了46.2%。

从中我们可以看到，没有什么高深学问的5岁小姑娘只是随机选择了一些股票，就轻而易举地击败了拥有高深学问的顶尖金融分析师，即使是使用转轮盘的方式选择出来的股票都比那位专业人士选择出来的组合损失得少。这样看来，成功投资并不像大多数人想象的那么高深。

总的来说，投资可以分为实物投资、资本投资和证券投资。实物投资是以货币投入企业，通过生产经营活动取得一定利润。资本投资和证券投资是以货币购买企业发行的股票和公司债券，间接参与企业的利润分配。而绝大多数人所说的投资，常常只是证券投资中的股票和基金之类的投资而已。

真正的投资根据涉及的领域不同，可以分为股票、债券、共同基金、房地产、保险、商品、储蓄、收藏品、贵金属、对冲基金等不同的类型。不同类型的投资所涉及的各种因素自然不一样，所以我们谈投资的时候不能一概而论。

事实上，不同的人所追求的投资也有所不同，而不同的投资在他们眼中的价值也是有区别的。就像有些人以孝敬父母为先，这样的人会选择投资于大家庭，因为大家庭是赡养年迈父母的好方法；而对那些想要谋求好工作的人，他们就会投资于良好的教育、工作安全和各种福利，对于这些人来说，他们自身和他们可以出卖的技能就是他们的资产，所以他们会在自己身上投入更多的成本。又如在美国，约有一半的人投资于外部资产，他们拥有各种股票，因为他们已经意识到工作安全和终生雇佣根本不能保障他们的后半生。

也正是因为他们对投资的追求不同，所以，他们对投资也就会有不一样的理解。我们可以投资许多不同的事物，我们生活中的一切都是因为有人投资才会存在。为我们提供方便的电、供我们行走的道路、我们住的大楼等，都是因为有人投资，才有了它们的存在。

【北大名师点拨】

投资无处不在，它并非只是少部分人的生活方式。

投资是计划，不是产品或过程

财富是对一个人工作的肯定。

——李宁（北京大学光华管理学院高级工商管理硕士，体操王子）

在很多人的印象中，投资就是一种产品或者是一个过程，所以，很多投资大师或者理财专家都遇到过这样的问题："我现在有多少多少钱，请问我适合投资什么？""现在投资什么最赚钱？"但是几乎所有的投资大师或者是负责任的理财专家都没有给出一个特别明确的投资什么产品的投资建议。这是因为投资是一个计划，而不是一种产品或者是一个过程。

北大经济学教授周其仁曾说过，对以"8亿衬衫"为代表的大批量、廉价、没有自主知识产权、"只赚辛苦钱"的工业制造，他也认为是很了不起的一项成就。这些乍看并不起眼的生产，不但奠定日后中国工业登堂入室的基础，而且现在就造福于人类数目最多的消费者和生产者。

当然，在我们的生活当中，也有很多人会不负责任地向别人推荐一种投资产品，就像期货交易市场中经常出现的广告：

你知道真正的财富是如何被创造出来的吗？它完全是由农业创造的——因为人们必须有吃的。当你考虑最近的天气变化时，你可能认为粮食会出现短缺，这就意味着未来的粮食价格会上升。即便是仅仅投资10000元，你也能够控制大量的粮食。如果粮食价格朝着对你有利的方向仅仅移动几毛钱，你就可以发一笔小财。当然，这是有风险的。人们会因此而赔钱，也确实有人赔了钱，但是如果我的话正确，那么想一想你会赚多少钱呢？

听到这样的广告有人可能会真的动心，乍听之下觉得他说的确实有一定的道理，甚至有人会觉得自己不可能就是那个倒霉鬼，自己应该就是那个能够赚钱的人。他们会这样认为：别人能够从中赚到钱，为什么我就不能？然后就这样义无反顾地一头扎了进去。他们对自己的生活没有太多的想法，只是抱着一个赚钱的念头，只要社会上兴起什么投资产品，他们都会尝试一下，结果在寻找热门投资的过程中，花费大量时间去问别人他该买什么、该卖什么。

其实每个人的投资都非常个性化的，我们每个人在市场上获利的起点都不一样，每个人的创富之旅都始于不同的道路，有的人自主创业，有的人投资自己的工作技能，有的人购买彩票，而有的人投资股票……不同的人适合不同的道路，这也就是现在社会上存在那么多投资产品的原因。

投资产品数量的丰富并不代表我们的投资就是一种产品，这些投资产品其实就像交通工具一样，把我们从一个地点运送到另一个地点。当然这里的"地点"并不是指我们能够看得到的空间地理位置，而是我们在财务上的一种状态。也就是说，投资产品能够让我们在未来某一时间达到我们所期望达到的那种财务状态。例如，你现在只有10万元，你希望自己在一年之后能够拥有20万，那么，你可以选择一种或者两种投资产品进行投资，这些产品就能够使你的财产状态发生变化。

在现实生活中，很多人决定进行投资理财的时候，他们关注的不是自己的财富计划，而是投资的项目，例如某只基金或者是某种外汇交易，接着他们会投入精力去了解这个投资项目涉及的程序，即交易的过程。在他们眼中，是他们投资的东西挣钱，但是交易并不等于投资。

有人只投资于债券，有的人只投资于不动产，而有的人沉湎于期货当中，他们完全依附于一种投资工具，而无视其他投资工具和可以运用的其他投资程序，久而久之，他们就永远在一种投资工具中转圈。这是因为他们没有明确自己的财务计划，错把这些独立的投资项目当成了一个整体的投资活动，最终让这些投资项目和投资程序变得难以捉摸。

【北大名师点拨】

想要成为一个成功的投资者，就要认清，投资是一个计划，而不是一个产品或者是一个过程；要跟着自己的财务计划走，而不要被投资工具绊住了脚步。

为什么投资最终的对象是一家企业

> 聚敛财富的方式有很多种，创业、股市、基金、合伙等，在市场经济十分发达，金融市场日趋完善的今天，不管是哪种投资，最终的对象，都是企业本身。
>
> ——北大财富笔记

很多想要聚敛财富的人，在投资的时候总是只关注具体的投资对象，而该投资产品背后的企业却被完全忽略。其实，我们投资的最终对象恰恰是这个投资产品背后的企业。为什么这样说呢？

先拿大家所熟悉的股票投资来说吧。股票是什么？股票是股份公司在筹集资本时向出资人公开或私下发行的、用以证明出资人的股本身份和权利，并根据持有人所持有的股份数享有权益和承担义务的凭证。从股票的官方定义，我们可以清楚地看到，一只股票背后代表的就是一家企业。如果这家股份公司不存在了，这只股票也就没法存在，而且股票的价值跟它背后的企业紧密相连。

有些人在投资股票的时候，总是根据股市的行情买进或者卖出股票，总是试图在市场中寻找黑马股。事实上，普通股代表的是企业股东权益，投资股票其实是在投资该股票背后的企业。这也是为什么格雷厄姆教导巴菲特，不要去问要买什么股票，以什么价格购买，而应该问买哪个企业的股票，计划投资多长时间。

如果你购买房地产，例如一幢公寓，那么这幢公寓也是一种企业经营。因为每一幢公寓后面都是一个房地产开发公司经营的结果。想必买过房子的人都了解，在买房的时候，除了关注房子的地段之外，人们更关注的是哪个开发商建造的房子。从中我们也可以看到，进行房地产投资，投资的最终对象也是一家企业。

债券、基金、期货等背后都是由一家企业在支持着，换句话说，它们都是某一家企业的产品。我们在投资这些项目的时候，其实也间接地投资了其相应的企业。所以如果我们想要拥有一个非常好的投资成绩，就应该像巴菲特一样，直接关注这家企业的经营状况和管理情况，而不只是关注市场上对该投资产品的炒作情况。也许下面的例子能够让你更加明白这个意思。

赵军想要自己创业，但是他又不想从头做起，于是动了投资一家饭店的念头。后来他听说有一家临街的饭店想要卖掉，便找到了这家饭店，翻看其账本以确定这笔生意可以赚钱。他觉得这个店可以赢利，但是他不知道这家店的赢利能力是持续的还是反复无常的。后来经过调查，他确定这家饭店的获利能力是持续的，而且不会出现显著的变化，便问店主这个店要卖多少钱。

在了解了价钱之后，他还将售价和饭店的年收益做了个对比，据此估算了他的收益是多少。在了解了预期收益率后，他又多跑了几家饭店，看看自己的预期收益率算不算是一项好的投资。后来他发现自己的收益率看上去非常有吸引力，于是出手买下了那间饭店。

一年后，有人给出比他当初预期还多的收益率来购买他的这间饭店，但是，赵军看到了饭店本身持续获利的能力，拒绝了这一次可以赚大钱的机会。现在，他已经是当地最大的一家连锁饭店的老板了。

从赵军的投资经历中我们可以看到，在投资的过程中，不要只看投资产品一时的价格，而要透过这个现象看到投资产品的本身价值，从长远的收益出发进行考虑，从而做出投资的决策。

北大财富课告诉我们，一定要了解所购买的投资产品背后的上市公司，不仅要了解上市公司的经营状况，还要了解该公司深层次的管理问题。如果你不了解上市公司的实际情况而做出投资决策，则有可能被投资产品价格变化的表象所迷惑而导致亏损或者投资收益率降低。

【北大名师点拨】

作为一个投资者，要尽可能地关注自己所投资产品背后的企业的经营情况和管理情况。

投资是幸存者的游戏还是技术家的玩物

在1999年至2010年之间，北大校友中诞生了79位亿万富豪，连续3年高居内地高校首位。

——周其凤（北京大学校长）

对冲基金管理人、纽约大学库朗数学研究所研究员纳西姆·尼古拉斯·塔勒布曾经说过："假设25岁的年轻人每年玩一次俄罗斯轮盘赌博，他几乎没有可能活到50岁生日的时候。但是如果有几千个25岁的年轻人都在玩这个游戏，那么总会有少数几个人能够活到50岁，其他人则已成一堆墓碑！"从他的话中我们不难看出，在这位对冲基金管理人眼中，投资就是一种幸存者的游戏。

然而，关注投资信息的人可能都遇到过这样的信息，某某庄家操控市场，谁谁玩弄市场……从这些信息中我们又觉得投资就是那些技术家的玩物。那么，投资到底是幸存者的游戏还是技术家的玩物呢？

如果按塔勒布的说法，在投资市场上风光无限的投资大师们，就是那些枪口下的幸存者。投资大师和亏钱的投资者的区别就是，运气较好。真的是这样吗？

1966—2000年这35年中，巴菲特掌舵的伯克希尔·哈撒韦公司有高达23次跑赢了标准普尔500股票指数，相当于每3次能赢2次，绝对是优秀成绩。

在1977—1990年彼得·林奇担任麦哲伦基金经理人职务的13年间，该基金的管理资产由2000万美元成长至140亿美元，基金投资人超过100万人，成为富达的旗舰基金，并且是当时全球资产管理金额最大的基金，其投资绩效也名列第一，13年间的年平均复利报酬率达29%。

如果投资靠的是运气，巴菲特和彼得·林奇也太幸运了吧？为什么这样的运气没有降临到别的人身上？而且，众所周知，巴菲特崇高的声誉还因为持续地赚到明显超过市场收益的钱，也就是有超额回报率。这如果还说仅仅是靠运气就说不通了。

生活中，人们往往把某些表面现象视为本不存在的客观模式，就像塔勒布把巴菲特和彼得·林奇这些投资大师的投资成绩当成他们的运气好这样的模式。事实上，这只是因为我们希望具有某种特征的概率不仅能出现在全部事件序列中，而且能主宰整个序列的每一个局部。

北大经济学家们常用抛掷硬币的游戏对此进行解释。大家都知道，硬币只有正反两面，落地后要么是正面，要么是反面，很少有人能够抛出以侧边直立的硬币，可以说几乎没有。那么，理论上来说，如果投掷次数足够多的话，出现正面和反面的概率应该各占50%。即便观察者只对局部试验进行观察，他们也会认为出现正反面的概率各占一半，尽管实际结果可能与概率分布有系统偏离。总而言之，局部内的重复结果足以说服大多数人：此类结果在更长的事件序列中也并非随机现象，它们的出现是必然的。这也就是有人相信投资是靠运气的原因所在。在这里，问题的核心在于，人们并没有把概率和结果的事件序列科学地联系在一起。更重要的是，“连续命中”同样也是一种概率分布。

人类的行为毕竟不同于抛掷硬币，因为成功或失败的概论是因人而异的，连续的正确的投资决策更有可能出现在那些经验更丰富的财富追求者身上，因为他们本身就有着超过一般财富追求者的成功率。

所以，我们不能单纯地寄希望于运气来为自己的投资开路。好的运气也是建立在技术、经验、知识的基础之上的。众生平等，你我皆凡人，只能得到平均分，想要超越常人，只有利用自己的投资经验、知识、技术来掌控住“运气”这个东西，成就自己非常人的梦想。

就像我们在家乐福结账的时候，理智的做法是随便找个队老实点排着，因为一般每个收银台排队的人数都差不多。要是发现其中一个收银台人明显少，最好别去，因为多半是机器坏了或者有位仁兄买了几车货。去找更短的队伍，有时省时间，有时反而更费时间，总体上别希望能在排队结账这事上占到便宜。不过，有些时候我们能够利用自己的经验，自己先排队，然后让自己的朋友去探探那个队伍短的原因，说不定坏的机器正好修好了，或者是那个买很多东西的仁兄已经结完账，这个时候我们就可以直接冲过去站在那个队伍后面了。

【北大名师点拨】

在投资的世界中能够连胜是出类拔萃的技巧和不同寻常的运气结合在一起的产物。其中的关键问题在于，在任何一个领域里，长期的成功都依赖于能力和技巧。

为什么高收益零风险的投资只是幻想

有风险的运动，有刺激的运动，会让人在胜利后获得极大的快乐享受。创业也是一项有风险的举动，我喜欢这种刺激。

——李彦宏（毕业于北京大学，百度创始人）

现在，越来越多的人意识到赚钱的最佳途径就是用钱生钱，只要将手里的资金投入市场，就有机会获取高额收益，比自己辛辛苦苦工作赚钱快得多，甚至可能凭借高报酬率的投资一夜暴富。这也就让很多人总是梦想着有一款高收益零风险的投资产品出现。但是，至今为止，这样的投资产品并未出现，高收益零风险的投资只是幻想。

为什么没有一款产品是高收益零风险的呢？这是因为风险伴随着投资的整个过程，我们进行投资每时每刻都面临着各种各样的风险。目前市场上的主要投资方式有股票、债券、保险、房地产、储蓄、贵金属、各种收藏品和个人经营性的投资等。无论哪种投资方式，都不可能绝对安全，股票会下跌，公司债券也许不能按时偿还本息，保险公司可能会破产，市场形势瞬息万变，这就说明在投资的过程中，我们无可避免都要面临一些风险，而追求高收益零风险的投资产品就更显得不切实际。

北大财富课告诉我们，在投资市场上，要想获得收益必须面对随时可能出现、难以避免的风险，它正是我们投资时获取收益不可或缺的工具。因为冒一定的风险可以获得比储蓄或购买国债更高的收益率，给财富追求者带来更多的收益。

很多人认为，在投资中利润与风险始终是成正比的。在他们眼中，要享受高回报，就必须承担高风险。高回报总是和高风险对应的，获得了高回报，必定是由于财富追求者承担了较高风险的缘故。否则，谁会愿意承担较高的风险呢？当债券的收益率是5%，股票的预期收益率也是5%时，谁还愿意购买股票呢？这也是有一定道理的。

但反过来说，承受了高风险，并不等于一定能够获得高回报。高风险与高利润并没有直接的联系，往往是财富追求者冒了很大的风险，而收获的只是风险本身，即惨遭亏损，甚至血本无归。所以，我们也不要以为凡是具有高风险的投资产品都能够给我们带来较高的收益。

再换个角度想想，如果市场上真的存在高收益、零风险的投资产品，那么，所有的财富追求者都会趋之若鹜，到时，所谓的“高收益”也就化为乌有了。所以我们不要幻想投资中没有风险存在，风险虽然有使我们遭受损失的可能性，但是我们可以通过对风险进行识别、分析来应对甚至利用风险来达到自己“火中取栗”的目的。逃避风险虽然是人的本能，但是我们不能消极地看待所有的风险，将风险可能带来的利益拒之门外，而是应该在有选择地进行风险规避的同时得到利益。

面对具有风险的投资市场，“舍不得孩子套不着狼”，我们只要确定自己可以承受的损失额度，就可以在承受范围内应用风险这个获得收益的工具，选择性地进行相应风险的投资，并以正确的投资理念进行经营，这样也就等于给自己的资金戴上了护身符，可以保障财富的安全。

投资大师本杰明将期权买卖交易运用到规避投资风险上，为自己的投资组合设计了一整套系统保险方案，如当某一证券看涨时，仅花少许金额买下它的认购期权，待日后升值时再以约定价格低价买进；当某一证券看跌时，花少许金额买进其认沽期权，以便将来下跌后再以约定价格高价卖出。期权买卖利用其杠杆作用，可以以小博大，使得无论市场走向如何，你的投资都具有获利的潜力。即使对证券价格走向判断失误，其损失最多只限于购买期权时所投入的一小笔资金，而不至于血本无归。

本杰明规避风险的技术对于那些时刻担心自己的投资会因投资市场的变幻莫测而损失殆尽的财富追求者而言无疑是一种万全之策。

【北大名师点拨】

虽然市场上不存在高收益零风险的投资产品，但是只要我们能够对风险采取一些规避措施，我们还是能够得到一个比较安全的投资收益的。

第2课　北大教你如何让财富快速倍增

快速使自己的财富翻番，是每一位投资人的追求，然而，面对多变、复杂、繁荣却又充满陷阱的市场经济，如何找到一个真正适合自己的方式去扩大财富，稳妥而安全地实现财富的快速翻倍，是一个不容忽视的难题。

为什么将钱投入金融市场会更简单

任何一个成功的创业者，一定不会是以财富或者出名作为创业出发点，而是把自己的梦想赋予企业，利用企业的行为和资本的力量去完成自己的创业。

——王志东（毕业于北京大学，新浪创始人）

社会上有一些人，也许机缘巧合地拥有了一笔不小的资金，他们也想让钱生钱，也懂得投资的重要性，但是，该投资什么呢？

2000年，老张在一个朋友的影响下购买了两只股票，开始了他的炒股之路。他记不清买了些什么股票，反正换了很多，换过来换过去，买了套套了买，解套了又卖……就这样折腾了几年，没亏钱也没赚什么钱，就是感觉太累。

2006年，他偶然看到报纸上说，基金是专业投资团队帮忙理财，后来听到电视中某经济频道有个口号："你不理财，财不理你。"他就开始买基金，听别人说哪个好，他就买点儿。股票也没搁下，听朋友说什么好就买一些，不过慢慢地基金买得更多一些。

2007年，股票涨基金也涨，但是到2008年金融危机时，标普的指数从6000多点跌到1000多点，他又深套了。在2009年快过去时，股票进进出出没什么起色，就扔着不管了，基金也比最高的时候跌了一些。有一天，他突发奇想，把做股票和做基金的账大概算了一下，股票涨的时候的确赚了不少，不过碰到市场差也赔进去了，留在手上的已经损失得七七八八。

基金是从2006年年初开始买，虽然也在不同的基金里倒腾，但总额还比较清楚，加起来比投入资金涨了两倍多。他想起一个电视广告上说，一个种了很多年橘子的老农民听了手机广播里的专业指导，种出来的橘子比以前种的都要甜。专业的就是不一样，他决定以后投资就靠基金专家了。

初入股市，再投基金，老张的投资经历可能比其他财富追求者更简单。从20世纪80年代开始，很多人都加深了对“财富”的理解，开始下海、投资实业、倒腾国库券、股疯、买期货、买基金……在社会蓬勃发展的大环境下，一个投资选择或许就将改变一个人一生的财富曲线。与青睐储蓄的家庭相比，当年那些毅然下海经商的人可能已经早早地享受了财务自由，当然也不乏一败涂地的例子：坐了一趟从几千万元输光的过山车，还要填补投机的亏空，比单纯战胜通货膨胀难上数倍。

几十年一去不复返，我们面对着日渐成熟的市场、更加成熟的法律监管环境和不断成长中的市场参与者，现在开设自己的实业还是遍地黄金吗？现在投资股票还能累积第一桶金吗？未必。所以，投资十分必要，但投资什么更为重要！

投资什么更好？在这个层面上，我们看到西方经济学和传统的中国经济学存在着有趣的分歧：在西方经济学理论里，“投资”这一概念主要用来表述人们在证券市场上买卖有价证券、证券期货或证券期权的行为或其所运用的资金。

无论是在金融市场上获得收益还是开展一项自己的生意，“投资”二字蕴含的是让财富更有效率增长的可能性。多数人其实具有投资的嗅觉，比如有人很早便开始股票投资，再比如不少人考虑房产投资、加盟一个品牌进行创业，抑或投资基金，诸如此类都是本能的投资行为——为钱找到一个更快的增值管道以应对通货膨胀和生活水平的提高。

在北大财富理论中，金融市场投资比其他类型投资简单得多。为什么说金融市场投资对普通人来说更容易呢？一个简单的例子是，如果一位财富追求者非常看好未来10年红酒产业的发展前景，那么他能够通过两种方式来抓住这个机遇：其一是实业投资，即投资开办红酒酒庄或代理销售国外知名品牌的红酒；其二便是金融投资，即通过深入的调查分析购买一只国内知名红酒上市公司的股票。显然，后者的门槛更低一些。此外，不只是股票市场，其他金融产品同样能让财富追求者低门槛进入，比如国债、银行理财产品等。

在投资大师彼得·林奇眼中，投资股票相对其他投资方式更简单，他把伯灵顿购物中心称为自己的投资灵感福地。据他自己讲述，在购物中心里逛街心情舒畅，非常适合研究股票。购物中心就是众多上市公司激烈竞争的战场，不管是业余财富追求者还是专业财富追求者，每天到这里调查都能发现那些上市公司业务状况的变化：哪些公司业务蒸蒸日上，哪些公司日渐滑坡，哪些公司在进行业务转型，等等。

【北大名师点拨】

多到购物中心逛逛，远远胜于相信证券公司的投资建议，也远远胜于自己翻遍财经报道寻找最新消息。

预测市场还是随波而动

经济发展是一个过程，体制完善也是一个过程。我们是很着急，都很着急，但人家的体制是几百年建成的，你刚走了10年、20年、30年，不可能是完善的。

——樊纲（北京大学教授，中国改革基金会国民经济研究所所长）

每一个财富追求者都希望自己能够掌控市场，然后让自己的财富快速倍增。于是，很多人总是试图去预测市场。而我们也知道，至今为止，还没有人能够真正预测出市场的具体点数。况且世界上的不确定因素如此之多，与其费尽心力去预测市场而无所得，还不如随波而动。

面对任何时期的任何行情，最大的投资机遇和最大的投资风险一定是来自价值标准的变化。同样的汽车股，在2004年行业最景气时，人们给予它的估值标准可以达到25倍左右的市盈率，而在2005年行业景气度回落的时候，人们给予它的市盈率估值标准一下子降到10倍左右。所以说我们在进行投资的时候，要根据市场价格所反映的价值随波而动，不要费尽心力去猜测这些市场价格还会向哪个方向发展。

在北大的经济学家们看来，在投资市场，涨跌就像是一对孪生兄弟，暴跌通常以暴涨为前导，暴涨都以暴跌收尾。如果分不清下跌的终点，就看不出上升的起点。同样道理，如果分不清上升的终点，也就不能预测到下跌的起点。鉴于市场众多不确定因素的存在，为了能够掌握确切的行情，我们应该密切关注标志市场资金供给和经济稳定以及企业量绩转好的信号，以此来判断市场的涨和跌。

金融危机后，世界市场低迷。作为中国搜索引擎的老大，百度一路顺风顺水。随着苹果的崛起，互联网的变化趋势日趋明显。在断言移动互联网无法赢利之后，百度掌门人李彦宏看似不动心的表面下，实际另有主张。

“制造者驱动的经济持续了50年，消费者驱动的经济又持续了大概50年的时间，那下一个驱动是什么？其实很多人应该能够猜到，人们认为下一个驱动就是互联网。”

李彦宏在2010年的中关村创业论坛上分享了百度成长的创业经验。2000年，百度创立的时候，很多人认为中文搜索是个没有前景的领域，而李彦宏从创业刚开始，就觉得中文搜索的市场会很大，于是不管别人怎么说，坚持了自己的想法。理智的分析与坚持为李彦宏带来了巨大的财富与成功。回顾过去，李彦宏对技术方向的把握时刻影响着百度的发展轨迹。不断的革新与发展，来自百度准确的把握与行动。

大家都知道，基于价值投资理论的研究是重要的，但它只会在趋势确定的情况下，强化我们的收益率。而在大多数情况下，我们都无法确定市场的趋势。所以，我们除了要用价值理论来指导我们的投资之外，还要有与此完全不相关的投资方法加以补充。这就需要我们懂得随波而动，只有尊重趋势才能真正规避系统性风险。

想要在有限的资源下做大事情，有大收获，正确的选择与把握、坚持与理智都是必不可少的。

经验丰富的财富追求者凭着敏锐的观察力，可以感觉到市场处在哪个阶段，虽然他并不能每次都用言语表达出来，但正如没有完美无缺的投资一样，并没有这方面的权威教科书，也不存在大家可以盲目利用的方法，只有凭借着长期积累的经验，才会具备敏锐的观察力。那么，作为一般的财富追求者应该怎么判断市场处于哪个阶段呢？这就需要我们随时关注市场各个方面的信息。当然，得到信息之后还需要进行准确判断。当市场出现狂热的时候，我们必须冷静，有时甚至必须玩世不恭，不理会大众的歇斯底里，这是成功的前提条件。

【北大名师点拨】

在投资市场，只有少数人能投机成功，财富追求者必须勇敢、明智、全力以赴，甚至表现得自负些。北大财富课提醒大家，要根据市场的行情随时调整自身的投资状态。

趋势跟踪对每个人都适用吗

对于初出茅庐，刚开始进行投资的人群来说，趋势跟踪不失为一个最简便最牢靠的方式，可以在一定程度上弥补自己经验不足的弱势。但是，对于新手，趋势跟踪还需要考虑自己承担风险的能力以及应变能力和判断能力，盲目跟踪，有人会得利，也有人会因此而遭受巨大的损失。趋势跟踪要基于对自身的清楚了解之上。

——北大财富笔记

北大财富课告诉我们，在资本市场中，每一个财富追求者都会有自己的投资理念，但是，这个投资理念是否有效，那就是见仁见智的问题了。我们都知道，投资市场的行情有3种情况：上涨、下跌和平衡发展，也就是投资市场的发展趋势。如果我们能够正确地判断出市场的发展趋势并且跟踪它，不就可以赚到钱了吗?

为什么这样说？其实无论使用什么技术，每一个财富追求者都需要一个趋势来赚钱。大家想一想，如果在我们买进一个投资产品之后它没有一个上涨或者下跌的趋势，我们就没有办法在更高的价位抛出，也就不能够从这次投资中赚到利润。为了能在更高的价位上抛出获利，这个投资产品的价格必须在我们买进之后有一个上涨的趋势。相反，如果我们先抛出了这个投资产品，那么应该有一个相应向下的趋势让我们可以在更低的价格买回来。所以说，趋势跟踪应该是投资界最普遍的投资理念。那么，这么普遍的投资理念是不是适用于每一个财富追求者呢?

不一定，虽然市场总是存在某一种趋势，但是趋势跟踪的理念重点应该是在“跟踪”上面。只有判定出市场的趋势，财富追求者才能够跟踪它。也就是说，财富追求者想要跟踪市场的趋势的话，就要先等待市场的趋势发生转变，然后再“跟踪”这个趋势：如果市场处于向下的走势，接着预示了一个向上的反弹，持有趋势跟踪投资理念的财富追求者就会立即买进。但是，并不是每一个人都能够等到市场发生转变，或者说市场的趋势发生转变的时候并不是每个人都能够捕捉得到的。

在一个财富追求者交流会上，一个刚入门的财富追求者询问一个非常成功的资深财富追求者说：“你这次交易的目标是什么？”而他所询问的这位资深财富追求者刚好买了一些外汇合约，这位资深的财富追求者很聪明地答道：“通往月亮呀。我还从来没有一次交易到达过那里，但有一天会有可能……”

对于市场的变化无常，很多投资大师都曾提到过，市场先生是躁狂抑郁症患者，今天可能欣喜若狂，明天可能就消沉沮丧。而索罗斯则大胆地认为：“市场总是错的。”

索罗斯认为，我们每个人的世界观都是有缺陷的和扭曲的，因此我们对现实的理解是不完全的。

“市价的变化导致市价的变化”是索罗斯的一个核心观点。这听起来似乎有些荒唐，实际并不荒唐。我们做了一个简单的推断：当股价上涨，财富追求者们感到自己更富裕了，于是会花更多的钱，结果企业的销售额和利润都上升了。华尔街分析家们会指出这些“改善的基本面”，鼓励财富追求者们买入。这会让股价进一步上涨，让财富追求者感到自己更富有，于是他们的支出又会增加。这个过程会持续进行下去。这就是索罗斯所说的“反身性过程”，一个反馈环：股价的变化带来企业的变化，继而带动股价的进一步变化，如此循环往复。

可以说，趋势跟踪对财富追求者来说可能是最易于理解和使用的技术之一，指标期限越长，总交易成本对利润的影响就会越小。然而，我们在很多地方也会发现，趋势跟踪这个技术一点都不适合。例如转手倒卖股票只获取薄利的场内交易商就不太可能使用走势跟踪理念，套期保值财富追求者可能会发现使用走势跟踪指标进行套期保值比通过选择某种形式的无息经济套期保值风险更大。

【北大名师点拨】

趋势跟踪并不是对每个人都适用。不同的财富追求者要根据具体的情况来选择扩大自己财富的正确方法。

价值投资是一种生活之道

如果不想办法增加收入自救，仅凭学校发的那点工资不能活下去。

——阿忆（北京大学新闻与传播学院副教授）

大家都知道，市场有涨有跌我们才能够从中赚取差价，但是，市场不会总是大幅地上升或者下降，大部分时候它是平稳发展的。那么在15%的涨跌趋势之外的平稳发展时期我们应该怎么办呢？把钱拿回家捂着，坐等市场的上涨或者下跌？这是不可能的事情，在这个时候，我们可以进行价值投资。

北大财富课告诉我们，价值投资理论不是一项技术，而是一种哲学，也是一种生活之道。价值投资理论创始人格雷厄姆晚年曾经在一场演讲中说明他自己的价值投资哲学，他说："我的声誉——不论是现在或最近被提起的，主要都与'价值'的概念相关。事实上，我一直希望能以清楚、令人信服的态度说明这样的投资理念，也就是从获利能力与资产负债表这些基本要素着眼，而不去在乎每季获利的变动，也不去管企业所谓的'主要获利来源'涵盖或不涵盖哪些项目。一言以蔽之，我根本就不想花力气预测未来。"也就是说，价值投资理论的要诀是：价值财富追求者先评估某一金融资产的基础价值，并将之与市场价格相比较，如果价格低于价值，并能获得足够的安全边际，价值财富追求者就买入该证券。格雷厄姆把价格和价值之间的差额称为"安全边际"。

价值投资理论的基本假设是：尽管金融资产价格波动很大，但其基础价值稳定且可测量。价值投资的核心是在市场价格明显低于内在价值的时候买入证券。高额安全边际能够提高收益，同时降低损失的风险。价值投资的投资步骤非常简单：

1. 选择要评估的证券；

2. 估计证券的基础价值；

3. 计算每一证券所要求的合理的安全边际；

4. 确定每一种证券的购买数量，包括证券组合的构造和财富追求者对多元化程度的选择；

5. 确定何时出售证券。

在这一过程中最重要的就是对所选的证券进行估值，那么在具体对一种产品进行投资的时候，我们应该如何进行有效的价值评估呢？

首先，选择正确的估值模型。其次，选择正确的现金流量定义和贴现率标准。再次，选择正确的公司未来长期现金流量预测方法。准确进行价值评估的最大困难和挑战是第三个选择，这是因为内在价值主要取决于公司未来的长期现金流，未来的现金流又取决于公司未来的业务情况，而未来是动态的、不确定的，预测时期越长，越难准确地进行预测。因此说：“价值评估，既是科学，又是艺术。”

以价值为基础的投资方法的迷人之处就在于：在低于公司真实价值的价位买进股票，不论利率高低、经济盛衰、货币强弱如何，不为一时市场震荡所动摇，坚持自己的信念，那么必定会有惊人的回报。

当然，利用价值投资理论进行投资也是具有风险的，那么，价值财富追求者是如何控制风险的呢？

1. 价值财富追求者只在自己胜任的范围内进行操作。

2. 对安全边际的要求为价值财富追求者提供了一个与分散投资不同的风险降低机制。

3. 利用整体股票市场与事件导向型投资组合之间的弱相关关系进行分散投资。

4. 寻求可靠的确认方法。如信息灵通人士的购买行为、其他知名的财富追求者也持有相同的头寸、经常检查自己的投资策略和定价步骤是否存在错误。

5. 头寸限制。

6. 价值财富追求者回避卖空这种风险管理方法。

7. 市场没有投资机会时的持有现金策略，即默认策略、持有指数基金策略。

一个价值财富追求者要想成功，就应该对投资抱持一种正确的态度，尤其是要对投机持深恶痛绝的态度。格雷厄姆坚称投机并不是投资，进入投机领域，我们很容易被伶牙俐齿的投资专家忽悠，他们想让我们相信：夸夸其谈的收益记录、玄乎其玄的数学公式、闻所未闻的高级概念，这些就是我们把钱交给他们去操作的理由。有时我们甚至会主动陷入自欺欺人的境地中。我们会败给人“好赌”的天性，正如格雷厄姆和多德说的：“即使购买证券的潜在动机纯粹只是投机式的贪婪，但人性使然，总是要用一些看似冠冕堂皇的逻辑与理由把丑陋的冲动给掩盖起来。”

【北大名师点拨】

从长期来看，价值投资法所创造的投资收益比重点选择法和整体市场法更高。

为什么说价差交易是万能的

价差交易的魅力在于，相对于别的投资方式来说，它的风险更低一些，同时也更具有潜在获利机会，是一种灵活多变的方式。

——北大财富笔记

在任意给定时间，买入报价和卖出报价之间的差成为买卖价差。买卖价差是即时买入并卖出证券所需的成本。买卖价差越大，一次证券交易的收益就越高，这样才能覆盖价差以及其他交易成本。大多数低频价格变动都足够大，买卖价差与之相比完全可以忽略。但对于分笔数据而言，价格变化与买卖价差相当，甚至还要更小。

例如，期货市场交易，在期货市场中，价差可以用来建立一些头寸，它的行为就像是做多头或空头头寸。这些合成的头寸是很值得考虑的，相对于直接交易来说，它有更多的优势：看起来很低的风险和更低的利润需求。

经过长期的发展，价差交易已形成多种投资策略，北大财富课将带我们了解一下具体情况：

1. 考虑现货市场对价差的影响

一般而言，在股市上涨过程中，财富追求者的高涨情绪会导致股指期货远月合约上涨的幅度大于近月合约上涨的幅度，这使得价差在股市上涨过程中增大；而在股市下跌过程中，财富追求者的消极情绪会导致股指期货远月合约下跌的幅度大于近月合约下跌的幅度，这使得价差在股市下跌过程中减小。因此，财富追求者可在股市上涨过程中买入价差，等价差增加到一定幅度时再赢利平仓；同样的，也可在股市下跌过程中卖出价差，等价差减小到一定幅度后再赢利平仓。

2. 利用期货的理论定价进行价差交易

根据无套利理论或其他期货定价理论，我们可以对不同月份的期货合约进行理论定价，进而通过不同月份的期货理论价得到期货的理论价差。除两个月份的期货合约同时被高估或低估相同幅度时无价差交易机会以外，其他情形下均存在基于期货理论价差的交易机会。

3. 利用价差的历史稳定关系进行价差交易

在股指期货上市交易一段时间之后，我们会获得价差变化的历史数据，财富追求者可利用这部分数据来挖掘一些价差的变化规律，并将其应用于实际的价差交易之中。比如，通过历史统计发现，过去3年股指期货3～4月合约价差都在[−50，150]的区间内波动，那么我们可以在实际价差接近−50时买入价差，或在接近150时卖出价差，从而把握价差的区间振荡收益。该策略的主要问题是需要大量的历史数据，不适合股指期货推出初期的价差交易。

4. 利用价差的均值回复特征进行价差交易

从国外成熟期货市场的经验来看，价差的波动体现出很强的均值回复性，即价差会在一个区间内窄幅波动。如果沪深300指数期货的价差也表现出相同的规律，那么财富追求者就可计算价差的近期均值和近期波动区间，当实际价差在区间上轨时卖出价差，待其回归至均值附近时平仓，或当实际价差在区间下轨时买入价差，待其回归至均值附近时平仓。

5. 利用振荡指标进行价差交易

由于价差存在很显著的均值回复特征，在K线形态上就表现为我们常说的“盘整行情”，对此我们可以参考诸如KDJ、MACD和RSI等常见的振荡指标进行价差交易，也可自行构建适应性更强的振荡指标进行价差交易。

6. 期现价差的交易

在期现价差交易中，我们过多地关注期现价差在期货合约到期为零的交易机会，实际中，对于普通中小财富追求者，我们很难接受如此长期的交易策略，更愿意在基差变为零的过程中进行多次波段交易。

【北大名师点拨】

如果进行基差的波段交易，那么我们所进行的就不是传统意义上的套利交易，而是价差交易，文中所提到的其他5种策略对于期现价差交易也同样适用。

永远不要追逐损失的财富

> 当今的商业环境中，人是会膨胀的，会忘掉自己，这就要自己不断警告自己。人从容了，企业才能从容。做企业创造财富是一种责任，但要掌握好度。在浮躁社会中，踏实下来本身就已经赢了。
>
> ——黄怒波（毕业于北京大学，中坤投资集团董事长）

北大财富课告诉我们，无论是在扑克牌游戏还是在赌场中，那些输了钱还不停地赌下去，希望能把本钱赢回来的人，等待他们的无疑将是一场噩梦。这对于投资市场来说也是一样的。在投资市场中，如果我们因为操作或者判断失误造成了一些损失，那么我们应把它当作一个过去式，及时抽身而出。记住，永远不要追逐损失的财富。

已损失的财富属于沉没成本。什么是沉没成本呢？沉没成本是指由于过去的决策已经发生了的，不能由现在或将来的任何决策改变的成本。人们在决定是否去做一件事情的时候，不仅是看这件事对自己有没有好处，而且也看过去是不是已经在这件事情上有过投入。我们把这些已经发生的不可收回的支出，如时间、金钱、精力等称为“沉没成本”。在经济学和商业决策制定过程中常常会用到“沉没成本”的概念，代指已经付出且不可收回的成本。

沉没成本是一种历史成本，对现有决策而言是不可控成本，不会影响当前行为或未来决策。从这个意义上说，在投资决策时应排除沉没成本的干扰。

假设现在我们花7美元买了电影票，而买下来之后，我们对这场电影是否值7美元表示怀疑。看了半小时后，我们最坏的怀疑应验了：这电影简直是场灾难。我们应该离开电影院吗？在做这一决策时，我们应该忽视之前花掉的7美元。这7美元是沉没成本，不管我们决定离开还是留在电影院，这钱我们都已经花了。很多人对“浪费”资源很是担忧害怕，被称为“损失憎恶”。比如说很多人会强迫自己看一场根本不想看的电影，因为他们怕浪费了买票的钱。这也被叫作“沉没成本谬误”。经济学家们会称这些人的行为“不理智”，因为类似行为低效，基于毫不相关的信息做出决定而错误地分配了资源。

这些思考可能反映了对衡量效用尺度的不统一，因为这种衡量对消费者来说是主观且独特的。如果我们进了电影院才发现电影确实不对我们的胃口，我们可能会等到散场再走，觉得这样做保存了自己的脸面，同时也是一种满足。我们可能从给电影找碴儿中得到些娱乐，并对自己的鉴赏结果感到自豪，或者我们觉得有足够资格在其他人面前批评电影。而如果我们中途退场，陌生人会发现我们的判断失误，这可能是我们想避免的。

就像在投资中，大多数财富追求者总是不愿意看到亏损确定无疑地出现在账面上，因为对于同样数量的亏损和盈利，亏损给财富追求者带来的痛苦远不能被相同数量的盈利给他带来的快感所抵消。所以，“不理智”的财富追求者总喜欢像鸵鸟一样，在错误的投资面前把头埋进沙子，而完全不考虑将这些剩余的资金及时转移到某家合适的公司，以便获得更大的收益。

当然，也有很多人会把这样的情况当成自己花钱学经验。其实用“拿钱买教训”“交学费”的观点来看待沉没成本是片面的。事实上，除了投资决策失误造成沉没成本这一极端的情况外，很多时候沉没成本是一种必不可少的支出。

【北大名师点拨】

北大衡量投资项目成本，只考虑因进行或选择该行动方案而发生的相关成本。相关成本指与特定决策、行动有关的，在分析评价时必须加以考虑的成本，包括差额成本、未来成本、重置成本、机会成本等。非相关成本则指在决策之前就已发生或不管采取什么方案都要发生的成本，它与特定决策无关，因而在分析评价和最优决策过程中不应纳入决策成本的范畴。

交易你看到的东西，而不是你认为的东西

苹果树值多少钱，并不是以浇了多少水为准，而是以它未来所结的果实多少来定价。

——周其仁（北京大学经济学教授）

在进行投资的时候，我们总会对整个市场或者是对自己所投资的产品拥有自己的看法、理解。有些人根据自己的理解，认为市场即将下降就赶紧卖出，认为市场即将上升就增加资本投入。而他的这种“认为”仅仅是主观的认为而已，并没有具体的事情发生。这也就是大多数投资总是赔钱的原因，因为他们并不是根据事实来投资，而总是凭着感觉来做出投资的决策。但是要知道，没有人能够准确地预测出市场的发展，所以，我们要交易自己看到的东西，而不是我们认为的东西。

北大经济学家们在提到股市时，都会不约而同地感叹，几十年来，他们以及华尔街的任何一个投资大师，没有谁可以预测股市的走势。就像1987年的股灾，也没有一个人准确地预见到。

从中我们就可以清楚地看到，想要准确地预测投资市场的发展趋势是非常困难的。因为投资市场没有规律可循，它永远是千变万化的。所以，我们自己也不要妄图去猜测市场，而应时刻提醒自己：交易我们看到的东西，而不是我们认为的东西。生活中，如果有人夸耀自己能够预测出投资市场的走势，那么，他一定是个骗子。如果他真的能够预测市场的话，他早就成为一个超级富翁了，还会在那里为我们做市场分析、市场预测的事情吗？

可是，为什么在投资界存在那么多的经典理论呢？确实，在投资活动出现后的这么多年里，产生了多如牛毛的理论，但是，由于条件的限制和投资市场运行的多变性，这些理论的指向性很不明确，甚至有些理论彼此是互相对立的，只是还不足以完全推翻对方的理论。这样，就出现每个理论都有道理，就某个财富追求者而言却不具备全面应用的价值的现象。

当然，任何运用在投资市场上的分析工具，只是我们当作参考的一个重要因素，绝不是不可更改的客观规律。一般来说，掌握分析工具并不困难，只要在投资市场做过几年的人都能够很快学会计算和分析。然而，这些都是一个财富追求者所应该具有的基本知识，仅仅靠这些还远远不能够适应错综复杂的市场变化需要。

索罗斯在香港市场的惨败告诉人们：永远不要相信自己的认知是全面而完美的，它与实际情况之间常常有很大的差距。攻击香港市场，是索罗斯多年的心头之痛。这也让他深刻体会到认知和实际事件间存在的巨大差距。

1998年1月，索罗斯利用股市、期市和汇市之间的互动规律再次投机，对港元进行打压。果不其然，他的动作收效明显。香港市场在他的连续打击下，利息提高，导致香港房地产等相关产业利润下跌，股市严重下滑。

这次小小的试探尽管没有达到预想的目的，但是给量子基金带来了很大的利润收益，也令很多原来持反对意见的人对索罗斯的行动更加迷惑。

索罗斯在香港特别行政区刚刚回归中国不久就冲击香港金融市场的举动，引起了中国人的强烈不满。中国政府对香港特别行政区无疑有确保其稳定和繁荣的责任，毫无疑问会想方设法保障其经济安全。索罗斯当然也看到了这一点，但他过高估计了自己的能力。他在前几次的试探中，并没有用尽全力。可是，香港方面一样没有用尽办法。索罗斯预测港元不可避免地会受到影响是正确的，不过，整个中国内地受这次金融危机的影响和打击并不大，其巨大的经济实力和干预能力都没被索罗斯仔细考虑。事情过后，索罗斯总结道：金融市场是在不均衡的状态中运作的，而且参与者的认知和实际事件间总存在一些差距。

【北大名师点拨】

在投资中只能交易自己真正看到的东西，绝不要根据自己的认知盲目投资。

注重概率，而不是某一次交易的结果

打一枪换一个地方的方式，是财富投资的忌讳。学会冷静地综观全局，看重全局概率，而不是某一次交易的得与失，才能为你迎来最稳妥而长期的收益。

——北大财富笔记

在投资的时候，有些人会觉得自己做得不好，总是满仓爆仓；也有些人认为市场永远不缺机会，只是自己手中没有足够的资金；更有些人会觉得自己投资的方向总是不对……总之，他们觉得自己的投资都是错误的，就没有正确的时候。但事实并不像他们所想的那样，这只是他们太注重某一次交易的结果造成的一种错觉。

在实际投资市场中，满仓爆仓，有投资的机会但是手头没有足够的资金，错买错卖……种种迹象大家都不会觉得陌生，这是投资市场每天都在上演的悲喜剧。当然，并不是所有的悲剧都集中在某个人身上，也不存在某些人总是接到喜剧剧本的情况。在整个投资生涯中，每个人都有经历悲喜剧的体验。但是，每次回想自己的投资生活的时候，总是觉得犯的错误比较多，而且会经常犯大部分财富追求者都犯过的同样的错误。为什么会这样？可以说，财富追求者之所以会出现类似的错误，是因为没有理解交易的本质。从某种意义上来讲，投资是一种概率游戏。

为什么说投资是一种概率游戏呢？这是因为我们的每一次投资活动都会有成功或者失败的可能，就跟我们抛掷硬币是一个道理，我们从手中抛出一个硬币，落到地面的结果不是正面就是反面。我们做出的投资行动也是一样，每一次都会有一个结果，赢利或者亏本，不存在百分之百赢利的投资，也不存在百分之百亏损的投资。所以说，我们的投资是一种概率的游戏。

北大经济学教授经常提醒学生们不要过分在意某一次的交易结果，不要因为某一次的交易失败就否决自己的整个投资计划，也不要因为某一次的交易成功而忘乎所以。我们要注重全局概率而不是某一次交易的结果。换句话来说，我们所能够追求的，只能是基于总体意义上的成功，而不是要求任何一次交易都成功。

这也就告诉我们，在投资活动中应该培养一种总体性的眼光。只要我们的总体盈利大于亏损，那么我们的投资计划就是成功的。这样，虽然我们也有失败的投资经历，但是最终我们还是取得了一个比较满意的投资赢利的状态。

就像那些在投资的时候多次爆仓的人，其投资失败最直接的原因是满仓，而之所以会满仓入场，则是因为将“单次的机会”当成了“唯一的、全部的机会”，就想着能够在这一次交易中赢得自己想要的东西，把所有的宝都押在这“一次”上面。他们会出现这样的错误是因为他们没有意识到投资其实是一种概率游戏，没有从概率的层面来理解交易。

至于那些总是觉得自己的投资方向不对的人，那是因为他们没有衡量清楚行情判断与交易策略的分量。他们总是完全依赖于自己对行情的预测来进行交易。要知道，从基本面或者技术面对未来走势做出分析与判断，有助于提高交易的胜算概率。不过，这也只是提高胜算概率而已，并不代表着可以消除亏损的可能。行情预测的正确与否是个概数，可能对，也可能不对。就算有80%的正确率，也一样避免不了20%亏损的机会，而如果处理不好这20%的不利情况，交易的总和就可能是亏损的。所以说，进行分析也是很难达到百分之百准确。我们也不能因为对自己的分析感到自信就把自己的赌注全部押上，否则，如果那不利的20%的因素发生了作用，我们就有可能全军覆没。

【北大名师点拨】

在投资的时候，要培养自己一种全局性的眼光，注重全局概率，而不是某一次交易的结果。对于资金的分配，以及对于止损的规划应该基于概率的层面来考虑，做好自己的投资规划。

第3课　为什么北大不迷信巴菲特

神话的铸就者，本就是一个神话，在激烈的市场竞争中，并非所有人都能够成为神话的主角。每个人的自身条件，包括经济实力、投资经验、承受能力等，都有着很大的差别，并不是每一个认真去研究、去投资的人，都能够成为神一般的巴菲特。

模仿巴菲特为什么经常赚不到钱

照搬成功投资者的投资方式，会限制自己的手脚，与自身实际能力相差太远的模仿，最终会导致致命的失误。

——北大财富笔记

中国建设银行的“汇得盈”2007第一期“投资大师PK”结构性理财产品，包含伯克希尔·哈撒韦控股公司股票和荷银新兴市场债券基金组成的巴菲特投资组合，将罗杰斯商品指数基金和荷银新兴市场债券基金组成的罗杰斯投资组合。

在这款产品的设计中，规定每个月观察一次，取巴菲特投资组合和罗杰斯投资组合中表现好的一组收益并记录下来，产品最终到期时，根据2年内的24个观察期录取的这24个收益计算出平均值，以此决定产品的最终收益。根据产品规定，如果此平均值大于0，则财富追求者一定有或多或少的收益。但实际上，从2008年11月直至产品到期日，录得的收益均为-30%以上，将产品直接拖入零收益的深渊。

从这个资料中，我们可以看到，巴菲特对众多财富追求者的影响不可谓不大，就连银行的理财产品都去追随巴菲特的脚步，更不要说个人了。巴菲特投资的优秀成绩有目共睹，大家在羡慕之余，不免会控制不住模仿巴菲特投资的方法。但是，这份资料最终显示，模仿巴菲特进行投资，并没有能够赚到钱。

为什么巴菲特自己的投资是赚钱的，而别人模仿他的投资法却赚不到钱呢？

模仿巴菲特，很多人都是看他投资哪些股票，然后跟随，可结果就像上面资料所显示的那样，大部分都是负收益。其实，这是因为他们只是模仿巴菲特投资的“形式”，并没有掌握巴菲特投资法的精髓。

巴菲特在近40年时间内投资了大约10种股票，为伯克希尔·哈撒韦公司赚取了几百亿财富。他奉行长期投资战略，当公司股价被市场严重低估时大量买进，然后一直持有。可以说，奉行长期投资战略，进行集中投资、价值投资是巴菲特投资法的精髓。

1994年年底，巴菲特曾经对纽约证券分析师协会做过一次演讲，他说：“我认为有3个基本的观念，如果这些观念牢牢地根植在你的思维架构里的话，我想象不出你会无法在股票里取得不错的收益。这些观念中没有一个是复杂的，没有一个需要数学天赋或类似的才能。本杰明·格雷厄姆说：‘第一，你必须把股票看作是一个企业；第二，把市场的波动看作是你的朋友而不是你的敌人，从市场的愚蠢中获利，而不是参与其中；第三，投资中最重要的是安全边际。”

巴菲特的这段讲话无疑是他投资法的精髓，可是大部分的人都没法领会他的意思，他们总是跟着投资市场的行情跑，总是忽略投资产品背后的企业。很多投资者都会犯同样的错误，盲目跟风、模仿，而忽略投资背后的真相。

北大财富课上有这样一个故事：

兔子们为了囤积食物，种了很多蔬菜，为了防止被盗走，在菜园周围装上了栅栏。可是有一天，兔子们发现园子里的菜少了，于是赶紧加高栅栏。可是第二天，菜又少了，而栅栏完好无损。兔子们觉得是因为栅栏高度不够，于是继续加高。连续加高了4天，菜依然在不断丢失。第五天，兔子们还在努力地加栅栏。远处的小羊们看着这一幕，开始议论起来：“它们还要继续加吗？”“嗯，看样子还打算加呢。”“可是，它们晚上不记得关上栅栏门，再加多高又有什么用呢？”

追逐财富，要从实际出发，一味地盲目行动或者迷信某个精神寄托，只会输得很惨。不对公司做出细致、可靠的分析就投资它，在顺风顺水的大牛市中也许还能赚点钱，可一旦遇到市场动荡乃至市场崩溃，就追悔莫及了。这犹如不学驾驶就开车上路一样，在平坦的地段也许还开得挺欢乐，可一旦走上崎岖的山路，恐怕就只有掉下山崖一条路了。

另外，我们个人的资金规模很小，而巴菲特有一个公司给他撑腰，所以，一般的人也无法像巴菲特那样淡定，因为我们的钱太少了，很难做到巴菲特那样长久坚持。这也就是那么多人模仿巴菲特的投资法，却没有几个人能够像巴菲特那样变得富有的原因。

【北大名师点拨】

巴菲特是一个传说般的存在，而普通的投资者，无论从资金实力还是投资经验或者承受能力上，都不能与之相比。因此，立足于自己的现状进行合理的投资，才是扩大我们财富的根本保障。

长期持有比随机应变风险更大

> 30年之后所谓的有钱人，从根本上来说大家都是穷人乍富，都是暴发户。在这样一种情况下，其实大家怎么样去面对财富，所有人都要重新适应。
>
> ——王志东（毕业于北京大学，新浪创始人）

大家都知道，投资大师巴菲特是以长期持有那些很好的公司的股票，同时不断地加大投资来获取巨额的投资利润的。但是，所有的人也都很明白，世界上只有一个巴菲特，并没有听说过第二个、第三个“巴菲特”出现。长期持有大公司的股票，看着财富不断地积累是一种符合逻辑的简单易行的投资方式，所以只要是理智的人就会相信这是必然有效的一种方式。但是，为什么那么多的财富追求者都没有采取这种方式呢？那是因为长期持有比随机应变投资的风险更大，大家冒不起这样的风险。

买进且持有是最常见的投资策略，因为这样的投资流程几乎是不需要分析或思考的。然而，我们都知道，天下没有免费的午餐，这种买进后持有的策略必定是有陷阱的。主要的盲点在于大多数投资人相信，买进投资产品且长期持有一段时间，就会有丰厚的利润。这样的理论并非全然错误，但它只适用于非常年轻且未来还有数十年日子要过的人。然而，当我们10岁的时候，并没有那么多资金可以用于投资。而当人们到一定的年纪，拥有许多资金，且意识到再过不久就该退休时，这个方法也许已经来不及给我们未来的生活提供保障了。

长期持有是一个非常简单的方法，无须花费太多时间与精力，且最终还是会获利。但是这种投资方法是有很大的风险的。采用这种投资方法，长期而言，平均一年应该可以获得10%～11%的报酬率，但是，市场并不会让投资人每年真的获利10%～11%。要知道，投资市场有时上涨，有时下跌，这个报酬率只是一个长期平均值。投资市场有时甚至会连续数年持续低迷，毫无报酬率可言；有时却可以连涨几年，每年都有20%～30%的上涨行情。从中我们可以看到，长期持有是一种很危险的投资策略。

假设在1968年，一个55岁的投资人开始计划退休，并决定做所谓的长期投资，然而在1968—1982年，股市总共出现几次20%～30%跌幅的下跌行情，如果这个投资人够幸运，到1982年时，他最多也仅能达到损益平衡而已，真可说是非常惨痛的经验。

与长期持有的投资策略相对的就是随机应变的投资策略，为什么我们认为随机应变的投资策略要比长期持有的风险更小呢？因为随机应变的投资策略不“允许”投资人浪费自己的时间和精力试图寻找出几只他们可以买进的好股票，然后把股票扔在里面不管不问好几年，它要求投资人抓住眼前的机会，然后毫不犹豫地去追寻下一个赚钱的机会，每一次的投资盈利都能够确确实实地把握在自己手中。

在彼得·林奇担任股票经理人期间打理的1000多种股票中，约有100种占他投资资金的一半，还有100种占他投资资金的1/6。每天，彼得·林奇大概要抛掉价值5000万美元的股票，同时还会买入价值5000万美元的股票。在操作中，如果他发现一家企业的股票已经超过这只股票的应有价值，那么彼得·林奇会毫不犹豫地卖掉这只股票，即使这只股票仍在上涨；如果彼得·林奇发现有一只股票的股价低于其应有的价值，他也会毫不犹豫地买进。

彼得·林奇采用的就是随机应变的投资策略，他相信相对价值论，他不追求最大价值，聚少成多是他喜欢的财富积累方式，即使利润非常少，他也不会放弃。而且，与每年做出几个大决策相比，彼得·林奇更喜欢每天做出很多小决定，因为在他看来，每天做出几个小的决定一般不会带来很大的失误和错误，但是如果每天做出几个大决定，有可能出现大的失误。

在北大财富理论中，随机应变的投资策略的好处就是你可以大大降低风险，因为我们运用该策略即意味着把握着经济财富的主动权，而不是把主动权交给等待中的好运气。

【北大名师点拨】

随机应变的投资策略使我们能够在判断失误的时候及时地修改我们的错误，免于遭受更多的损失。

为什么不要寄希望于时间来分散风险

> 互联网知识大爆炸，技术革新非常快，创业环境走向成熟，机会也更多，但是创业的人也在增加，行业竞争也就更激烈。无论处于丛林还是平原，无论是在水里还是天空，要想创业成功，就得先适应环境，先生存，然后再考虑打败对手。
>
> ——王志东（毕业于北京大学，新浪创始人）

众所周知，巴菲特是以长期投资出名的，他曾说过这样的言论：“长期财富追求者不必太在意市场的波动，长期投资收益更多取决于买入时市场的估值水平，而当前市场的估值水平低于历史均值适合长期投资。不过就中短期而言，市场可能难有太出色的表现。”在巴菲特投资所获得的令人瞩目的成绩基础上，这些言论令有些人自然而然地认为：只要能够坚持长期投资，就能够分散投资的风险。其实，这是一种误解。我们不能仅仅因为看到巴菲特投资的成功就寄希望于时间来分散风险。

巴菲特的成功，不是因为投资的时间长而获得了安全，而是因为他能够找到那些优良的企业。巴菲特的哲学、逻辑、投资技巧是不易洞悉的，人们只是从他所说的话和做出的行为中抓住他所说的只言片语，然后断章取义，并套用他的行为作为证据，便总结出长期投资就一定安全的说法。

就拿我们自己家的房子来说，如果有人出8万想买我们的房子，我们应不应该卖呢？相信很多人都不会卖的。因为对于不搞房地产投资的人来说，买房子是给自己住的，在买的时候就没想要卖掉。但是如果有人愿意出200万来买，我们应不应该卖呢？相信大部分人在这种时刻都会决定卖掉自己的房子，都会认为这是一个绝佳的机会，卖完之后还可以到偏一点的地方买套别墅，再买辆车，甚至还能剩下一些钱用于其他投资，何乐不为？在这个时候，很多人就会忘了自己当初买的时候就没想要卖的事情，而且说不定10年后房子会涨过200万，现在卖了会不会可惜呢？即便有这些考虑，相信大家也不会犹豫。在买的时候自己并不准备卖，并不是说碰到大好机会也不能卖；而10年后能不能涨到200万还不知道，即使到了200万又如何？现在的20万还不如十年前的12万呢。

其实从这件事中我们也能够体会到，在投资过程中，我们是不能够寄希望于时间来分散风险的。谁知道未来会发生什么事，谁知道未来的市场行情会怎样，没有谁能够肯定未来就比现在的行情要好。

北大经济学家们用股票做出了解释：时间期限越长越可能出现股票市场指数好于债券或国库券的情形，仅仅是因为平均而言，股票业绩预计会更好。此外，时间期限越长，累计的好业绩也越可能转化为越来越大的初始投资比例。投资股票的长期财富追求者应该平均比投资于债券或者国库券的财富追求者做得好，而且时间期限越长会期望获得越多的收益。只要股票投资获得了一个正的风险溢价，比他们支付的高估的额外管理费要高，那么这就没有争议。

实际上的问题是长期内可能出现糟糕结果的风险，其将如何演变为大幅度下跌以及财富追求者可能有多强的愿望去避免这种下跌带来的损失。

近年来推出的各种银行、理财和基金系统的QDII产品为财富追求者提供了投资全球、分散风险和资产配置的更多选择。同美国市场的走向关联度最高的是加拿大，但也只有73%。而同中国内地A股市场关系较为密切的中国香港股票市场同美国股票市场在这10年间的关联度只有51%。这就进一步说明，通过QDII产品将资产的一部分投资于海外市场仍然能够提供有效的风险分散。

【北大名师点拨】

长期内，虽然股票的业绩一般远远超越债券或者国库券，但股票比债券或者国库券业绩差的风险仍是不容忽视的。

为什么“价值洼地”是个危险词

正确的投资方式是先将那些有优良质量的公司选出来，而非先去找所谓的“价值洼地”，进行估值。

——北大财富笔记

“价值洼地”在奉行价值投资的财富追求者中是出现得最频繁的词之一，他们总是强调想要做好投资，就要找到价值洼地。到底什么是他们口中的价值洼地呢？

他们所谓的价值洼地是指一个产品相对于其他已经炒高的同类产品还存在明显的价值低估。乍一看，这不是很好吗？就像进行股票投资，抓住被低估的股票，长期坚持，等到它的价值终于被发现的那一天，自己不就发大财了吗？为什么还要说价值洼地是个危险词呢？

北大经济课上用股票投资解释了这个问题，因为价值洼地会把大家都吸引到那些不好的公司上面去。因为有了这个词，大家在做投资决策的时候就会先看谁便宜，然后再从一大堆便宜的价值洼地中找最便宜的，或者基本面略微好一点的，在矮子里面拔高个儿。这种做法很容易导致财富追求者只抓住一大堆“烟屁股”和质量马马虎虎的公司。

多数价值财富追求者都认为，在价值洼地寻宝比在贵的公司中寻求贵得不够的公司更能让人睡觉踏实，因为毕竟他们所持有的股票估值“便宜”。但是，一旦出现危机，三线股和四线股跌得更加厉害。原因是它们的股票更容易被边缘化，它们的业务更容易出问题，在经济复苏或者资本市场复苏时，它们又往往被遗忘。

大家一般认为，巴菲特的超级成功起源于他1964年收购了一家纺织厂，并以它作为平台不断投资和增值。

可是后来，巴菲特对一家全球性的财经有线电视台的记者说，他1964年收购那个纺织厂是个巨大的错误，致使他在其后46年中起码少赚了2000亿美元。显然，这是个天文数字。他是在瞎吹，或者讲俏皮话吗？巴菲特解释说，在收购那家纺织厂之后，他花了很多时间和金钱做善后工作。如果当时他收购的是一家好的保险公司的话，他的资产净值的增长会快很多，收拾烂摊子所费的时间和努力就可以省下来投入资产增值的工作中。

我们无法核实或者验证巴菲特的计算，但他讲的道理是很清楚的：从短期来看，投资高增长的公司不见得比投资低增长的公司有明显的优越性，但从长期来看，区别就大了。复合增长率是一个十分可怕的东西。20年或者30年下来，即使复合增长率的小小差距都可以导致财富的巨大差异。巴菲特曾这样说过："我们应该在估值方面稍微将就一点，而在企业质量和前途方面尽量提高标准。"可见，公司的质量是首要的，价格稍微贵点也没有关系，只要我们的投资是"物有所值"的。

例如，我们发现了一家经营很好的公司，但是因为其规模或者其他的原因，在未来的3～5年内不可能上市，这样的公司就常常会被财富追求者低估。因为一家公司是否上市是不影响其基本面的。即使它永远都不上市，也不会影响我们的投资收益。大家想想，如果企业的生意红火，每年都能够分红，而且分红还逐年增加，回报率很高，我们为什么一定要追求它的上市呢？例如这家公司每年都能够给我们比较稳定的现金分红20万美元，那么即使它永远不扩大规模，永远不到股票市场上市，我们投资的内涵价值也不会受到任何影响。

所以，北大经济学家们提醒我们在选择投资目标的时候，不要被价值洼地所迷惑，轻易地掉进价值陷阱里面去。什么叫价值陷阱？就是那些看起来便宜而实际上不便宜的投资产品。它们有一个共同特点，就是让你亏了钱以后还不知道怎么亏的。这类公司的致命诱惑力，让多数受害者事后还振振有词地为它们辩护。

【北大名师点拨】

在做投资选择的时候，目光要放长远一点，用动态的思维去看问题，避开价值洼地的陷阱，为自己选择最好的投资目标。

不要去抓正在下落的刀子

一项成功的投资活动，应该是实现了预定投资目标的投资活动，而不是靠好运气的光顾，靠赌博，靠冒险去发横财。

——北大财富笔记

华尔街有一句名言：“不要试图接住下落的刀子。”这句话劝告财富追求者不要急于在市场急剧动荡或下跌时入市。因为在市场大势难以准确把握的情况下，具备经验的操盘手尚且难以准确拿捏分寸，新手入场更难免被“下落的刀子”所伤，成为最后承受风险损失的替罪羔羊。

想要抄底买入一只正在下跌的股票，就仿佛是要抓住一把正在快速下落的匕首，很容易被刀刃割破手。确认市场的底部区域不是那么轻松的，盲目抄底极具杀伤力。真正稳妥的办法是等刀子掉在地板上后再去捡。而且捡的时候，还需要有一个更加充分的理由，而不是仅仅对自己说：“这只股票已经跌了那么多，该不会再跌了吧，应该有反弹了吧。”我们必须有一个价格因素以外的理由。贪婪就像一个魔鬼，它会鼓动我们伸手抓取正在坠落的利刃。

没有人能够做到总是在波谷买入，在波峰卖出。聪明的财富追求者，如巴菲特，追求的是在合理的价格区间买入合适的股票。很可能在他买入某只股票后，这只股票还会继续下跌一段时间；在他卖出一只股票后，这只股票还会继续上涨一段时间，股票的涨跌形势没有人能够完全掌控。

有一段时间，美国金融风暴愈演愈烈，影响全球。中国资本是否应该出击“抄底”，参与华尔街收购兼并活动？有机构或个人认为，这意味着巨大的发展机会，应该及时把握“抄底”时机。当全球经济处于动荡不安的状态时，通过收购兼并实现资源配置优化，是企业或财富追求者的合理经营选择，但此时要注意“共赢”而不要“接刀”。

理论上来说，投资市场中的交易关系常常表现为零和博弈，即伴随着一方之获益的是另一方之损失。但在实际的投资活动中，我们应追求双赢或多赢。对于有人呼吁“中国资本应该抓住机会进场抄底”，既然“下落的刀子”不好接，我们还是不接为好。北大经济学者们告诉大家，不要总是一听到媒体报道哪里哪里有“抄底”的机会就盲目跟从，而应该判断一下，那是不是一把正在下落的刀子，不要轻易地跟着大众媒体的鼓吹去承接正在下落的刀子，让自己陷入难以翻身的境地。

美国经济的放缓给中国的出口带来了严峻的挑战，通胀以及由其引发的调控预期不断加强，低于预期的经济数据加重了财富追求者对于企业盈利增长的忧虑；与此同时，非流通股解禁的累积效应开始显现，估值过高引发的再融资冲动明显加强，而增量资金缺乏。正是多种因素交织导致市场深幅的调整，由于对经济的悲观，很多基金经理在跌后匆忙减仓。

次级债危机的进一步深入及高油价等因素影响下的成本增加，不仅使美国经济前景深陷阴霾，更开始殃及更多的经济体。到2008年3月份，欧元区的经济信心指数已经持续10个月下滑，日本经济对美国的出口占其总出口额的20%，受累明显。关于次级债危机的后续演变，国际清算银行行长马尔科姆·耐特忧心忡忡地评价其为“可能是发达国家自二战以来最严重的金融动荡”。

温和通胀推动企业业绩的增长，但通胀恶化就会导致经济出现拐点。1988年和1993年的通胀结果告诉我们：通胀上行的第二年，企业的业绩就会受到显著的影响，而之后由于紧缩政策导致的经济趋冷和通胀会更大幅度挤压企业利润。

从中我们可以看到，在我们参与投资的大环境中，还有很多可以影响我们投资结果的因素，可以说，一切都充满着不确定，除了政府已经铁定不会进行指数调控。那把快速下落的刀仍在半空中，谁会去伸手冒险？

聪明的财富追求者只要能够做到“粗略的正确”就可以，就很不简单了。北大财富课告诉我们，投资不是为了获取暴利，也不是为了打败其他财富追求者获取冠军，更不是为了打败市场以证明自己的智商或财商，投资是为了我们自己有一个美好的未来，有高质量的生活。

【北大名师点拨】

通常情况下，一只股票在暴跌以后，总会有一个以“年”为计量单位的整理期。所以，即使是一家非常优质的公司，我们也不必过于着急地抄底买入。

第4课　整天想天上掉馅饼，就会掉进财富陷阱

如果你不够了解金融市场，就不要带着贪利的心态去接近这个市场，任何你所看到和听到的，低风险高收益、专业咨询、专业队伍、专业工具等，都有可能仅仅是一个榨取你财富的陷阱。脚踏实地，财富才能稳妥地来到你的身边。

高收益往往是诈骗的明显信号

> 真正对山不害怕的人，不会讨论登山的过程，只有恐惧的人才会讨论还有多高，要怎么走。这样的企业家一定能走到最后，因为不着急，不急于求成，所以能把企业做好。
>
> ——黄怒波（毕业于北京大学，中坤投资集团董事长）

不管在什么时候，一个最传奇的财富追求者投资的正确率是70%。这意味着他们有30%的犯错概率。不幸的是，紧张与失误总会接踵而来，当时你会感觉一切似乎永无止境。但是，投资是一个概率事件，而非必然事件，30%的失误率已经是一个神奇而惊人的成功概率。

金融危机后，人们突然发现在美国诈骗行为的一个惊人特征。麦道夫维持了20年——这可能是一个破纪录的"成功"庞氏骗局。据说仅斯坦福"爵士"的长期诈骗可与之匹敌。至少自1995年以来，约瑟夫·福特已从受害者手中骗走5000万美元。尼古拉斯·科兹莫的骗局也维持了足够长的时间，据称他偷走了大约3.7亿美元。柯克·赖特则维持了10年，可能骗走了1.85亿美元。

毕业于北大的林东伟，几年时间便成了圈子里的销售精英，买了房，买了车，也找到了即将与自己步入婚姻殿堂的妻子。于是，很多刚入学的学弟学妹纷纷跑去向他取经，问如何才能够像他一样，在这么短的时间里拥有这么多的

财富。他淡淡一笑说："挣钱最快最多的办法，我可以告诉你，那就是，全副武装起来，抱着炸药出去，绝对能在两个小时之内，获得巨大的财富，但是，之后你会在哪里，那就不好说了。这个世界上确实有最快的挣钱速度，但挣钱的速度和灭亡的速度是一样的。先让自己活得实际一点，再说挣钱的事儿吧！"

你观察市场，很容易就会找到年收益超过50%的人，第一年如此，第二年如此，甚至连续七八年也如此。可是你见过连续20年的平均收益率都达到这个指标的人吗？根本就没有出现过这样的传奇经理人。

你的投资顾问根本不能承诺未来的收益。你要了解投资市场的历史。股票收益40%，投资顾问带给你80%的收益，它可能是合法所得，说不定就是一场豪赌的回报。投资顾问告诉你，他可以稳定地得到这样的收益，你就要去了解他是在另辟蹊径冒险投资，还是在捏造收益。如果是前者，你要考虑是否能够接受这样的风险；如果是后者，你的钱还有剩余的话，赶紧远离他。

为什么高收益和骗局可能挂钩呢?

首先，高收益的确可能发生在任何其他年份。经理人几次豪赌碰巧失误，所以在全球股票市场上涨9%的2007年，他可能会因下"大赌注"到当年不景气的银行和消费板块而使收益下跌15%。下跌15%的确是个糟糕的年份，这严重拖了市场后腿，然而是诚实的征象。

其次，高收益和稳定性之间并不相关。投资并不总能得到高收益，本来就是这样。一个货币市场基金可能会得到百分之几的稳定收益——这相当正常，也相当不错。股票的年收益，取决于你衡量的时间。不过，最终肯定是平移掉大起大落后的结果。

比尔·米勒就是一位卓越的、能够成功地长期超过市场平均收益的共同基金经理。他在相当长的一段时间里，每年的年收益率都超过他的衡量基准——标准普尔500指数的收益，但他不能总是维持正收益。米勒有时获利微薄，有时获利良多，波动性很大。他有得到20%、30%或更高收益的年份，也有惨败的年份——就像市场一样。超过市场平均收益并不代表总是正收益，仅仅意味着超过市场而已——市场平均收益下跌35%，那么下跌25%即超过了市场平均收益。

最后，基准和记录决定了高收益的特点。你的资金经理要有一定的参照基准。只是泛泛地表示要"超过市场平均收益"还不够，你要问他指的是哪个市场。

专业的资金经理通常会选择一个指数即"市场"作为他们的参照基准。标准普尔500指数、世界股票指数、罗素2000指数、EAFE指数、纳斯达克指数等。不管是普通股票指数、固定收益证券指数、混合指数还是其他市场指数，都是参照物。没有一定的参照基准，或者基准经常转变，你就要深入地挖掘一下原因——这可能不是个好兆头。

回过头来看，麦道夫没有基准，斯坦福也没有。他们怎么会有？没有任何指数能够每年都得到10%～12%的收益。即使是国债也不能做到，但麦道夫比国债还高明吗？

【北大名师点拨】

任何收益保证都是一个巨大的危险信号——法律规定，投资顾问不得承诺将来的收益。

对于天花乱坠的诱惑，一定要小心

生活与工作一样，一切都应该立足于实际。

——李彦宏（毕业于北京大学，百度创始人）

徐瑞想知道诚信公司将要为他购买什么投资组合。他认为自己是个业余爱好者，而且相当聪明，但即便如此，他还是抽不出足够的时间来做决策。诚信公司的接待人员眨眨眼，回答道："我们的投资策略是独特而复杂的。"

徐瑞信心十足地说："跟我说说吧。我在大学里学过两个学期的经济，而且打理自己的投资组合已经很多年了。"诚信公司的接待人员郑重地点了点头，解释道："也很简单。我们在国外进行货币以外的期权套利，以有合理价值的精益指标为重点，在进行大量外国普通股交易的同时做空与核心投资组合关系不大的股票，以减少波动和产生更可靠的收益。"

徐瑞深吸一口气，点点头，回应道："是的。我能理解是怎么回事。"

徐瑞正在陷入金融骗局的第三个信号：对浮夸或含糊的策略视而不见。

大多数财富追求者，都雇用专业人士帮助他们投资，即使他们一无所知，也竭力装出自己什么都知道的样子，以免让投资顾问看出自己并非不关心。

如果你常与北大经济学家们交流，他们会告诉你一个简单的道理，那就是：不承认自己一无所知可能会保住你的自尊，但会使你损失掉你所有的钱。你不承认无知，可骗子们知道你是无知的，即使你有所掩饰，骗子们还是可以看出来。骗子们用混淆或者恐吓防止客户问过于详细的问题。投资策略应该是直截了当的。

麦道夫监管客户资产，向客户汇报“好到不可置信”的收益，但他的投资策略是完全难以理解的。如果你遇到类似情况，那就要小心了，投资顾问们没有理由不解释清楚他们的投资策略，除非以混淆为目的，心存欺诈。《巴朗》2001年发表的一篇文章，从麦道夫的营销资料上直接归纳出他的策略类型：

通常情况下，仓位由持有30～35只最能代表标准普尔100指数的股票、卖出成分股看涨价外期权和买入成分股看跌价外期权构成。卖出看涨期权被用来提高收益率，同时股票投资组合涨至看涨期权的执行价格。买入看跌期权的资金大部分由卖出看涨期权所得，用以限制投资组合的损失。

这从金融理论角度来讲是完全不可能的。除非你有预测期权看涨和看跌时机的基本策略——在这种情况下，你根本不需要标准普尔100指数上的那30～35只股票。标准普尔100指数的成分股由美国股票中规模最大、交易最频繁、最能代表市场变动趋势的1/3构成。存在一个能够预测股票动向以及它们与市场相关的股票期权涨跌趋势的方法，那它至少对这些股票都起作用。要知道这些指数化的类型本质上的标的就是标准普尔指数，它们的流动性永远高于指数化的山寨品。

这其实就是说谎的策略。从长期来看，规模大、流通性好的股票期权的看涨和看跌必定相互抵消。它们是同一硬币的两面，因此根本不可能出现“买入看跌期权的大部分资金由卖出看涨期权所得”。

受害者虽然受到了欺骗，但他们并不是傻瓜。很多财富追求者都在麦道夫手上损失了巨额资金，大机构包括对冲基金公司也陷入了骗局。对冲基金经理们都很清楚大多数期权交易策略是如何进行的。然而，特里蒙特对冲基金公司仍然将33亿美元——超过他们管理资金的1/2——交给麦道夫去投资。不过，最大的养老基金——哈佛大学养老基金、杜克大学养老基金、宾夕法尼亚大学养老基金——并没有出现在麦道夫的受害者名单上，州养老基金也不在名单之列。

大型养老基金和捐赠基金有非常严密的核实程序，它们不会仅仅被“巨额收益”所吸引。通常来说，它们会寻找一位有特定参照基准的投资经理——就像你应该做的那样。然后，它们会坚持不懈地花费大量精力来弄明白投资经理如何，以及为何偏离基准。

金融“老鼠”们寻找的并不是对金融一窍不通的人。他们理想中的受害者是不喜欢追根究底的人——因为他们很忙、对投资很畏缩，或者已经被自己的优秀表现扰得六神无主。

【北大名师点拨】

金融市场的谎言层出不穷，粉饰骗局的案例应接不暇，面对财富路上的种种诱惑和骗局，财富追求者一定要擦亮双眼，理智分析，谨慎选择。

“专项性”很可能是烟幕弹

骗子们经常会说，你资金的高收益和安全性来自专业和专业性的配置资金的操作。这个骗术的高明之处，不在别处，正在于专业。

——北大财富笔记

麦道夫在被逼问之下会承认他的投资策略是“可转换价差套利”。这听起来挺神奇，但他没有任何理由采用这种晦涩的描述——他就应该直接说“我们采用利率上下限期权交易”，然后向刚接触期权投资的财富追求者解释什么是“利率上下限期权”。

可转换价差套利是什么？

请问那些被胡言乱语控制的读者：可转换价差套利（即利率上下限期权交易）的确切含义是什么？确实能带来好收益？它是如何起作用的？假设你用100美元买进ABC股票，同时你以110美元的执行价格卖出ABC看涨期权，用卖出所得买入执行价格为90美元的ABC看跌期权。

股票跌至低于90美元，看跌期权开始生效，股票将被卖出。即使股票下跌到1美元，你也是以90美元卖出，所以，你的损失不可能超过10美元。你的股票上涨空间也是有限的。股票看涨超过110美元，看涨期权生效，你同样必须卖出，收益不可能超过10美元。到行权期前，股票一直在90～110美元波动，你所拥有的就是一只表现一般的股票。

麦道夫不必去欺骗每个人——只要有足够的人相信他就可以了。一个投资1000万美元的财富追求者，或许不愿意承认他不理解可转换价差套利是怎么失效的。当被问及时，麦道夫的一个客户说："就算最博学的人也不能确切地告诉你他在做什么……那些拥有所有交易确认和财务报表的人都解释不清楚。"

理论上，包括发明了衍生工具的大人物罗伯特·莫顿和斯科尔斯也在概念上栽过跟头，夏普先生则干脆躲到斯坦福校园一角。这并不是说没有原因。因为这些工具的发明者早就提出，他们的方法和设计并非谋利的工具，只是保持风险资产的安全性。所有的工具本身只有在安全的边界内执行才是有效的。所谓的安全边界，通常只能是这样的内容，比如不能超越非系统风险，显然麦道夫的做法很明显出格了，他可以每年保证15%的收益率。这是个不可能的任务。

在最后的实践中，人们没有发现衍生工具具有传说中减少风险的能力。早在长期资本管理公司倒闭的时候，格林斯潘的副手就警告说，这个公司是在玩火。只不过在那个时代，金融工具的衍生产品的副作用还没有全部释放出来。道理很简单，那时候的市场还不像如今这样庞大；疯狂的次级债券还没有成为魔鬼；人们正在对20世纪80年代的垃圾债券的良好表现恢复信心；标准普尔和穆迪很乐意昧着良心做些提高评级的勾当。

不过具有讽刺意味的是，大多数庞氏骗局会在这个时候暴露出来。当财富追求者惊吓过度想要兑现的时候，他们会清算他们在庞氏骗局中的投资以获取现金。这样一来，庞氏骗局就不能再继续以新资金冲抵兑现资金的把戏，因为此时的财富追求者已经不敢将钱投入到市场中了。没有（或少有）新财富追求者以及新的资金流进入，庞氏骗局的操纵者便无法偿还离开者的资金，于是骗局被揭穿。

市场的衰退滋生了悲观情绪，使得骗子们的游戏难以为继。你知道，2008—2009年的熊市态势迅猛。不过，我们还可以换一种方式来了解这个熊市的规模——它终结了持续20年之久的伯纳德·麦道夫的庞氏骗局。1990年的熊市规模不大，没能揭穿麦道夫的骗局。1998年的熊市规模也不够大。2000—2002年的熊市也不够大。但是2008年的熊市做到了，它就大到这种程度。

【北大名师点拨】

专项性骗子们挥舞的旗帜，总有一天会因为资金断裂而暴露。这证明市场还是具有一定的有效性，也证明骗局总是在非系统风险面前失败。在没有出现这种有效的检验工具的时候，你要小心，那些看上去没有问题的好项目和回报都可能是庞氏骗局。

金融工具都是合理的吗

对金融工具抱有怀疑态度，远比全部相信来得稳妥。

——北大财富笔记

被美国证券交易委员会指控骗取5000万美元的约瑟夫·福特宣称他进行的是标准普尔500指数期货交易。据说，自2000年起，共计挪用了2000万美元的罗伯特·布朗承诺通过期权交易在8个月内使财富追求者的资金翻一番，布朗还声称他从未在股市中失过手。

有很多方式组合期权，如利率上下限期权、期权双向套利、蝶式套利、宽跨式期权、铁鹰套利等。诚信的投资顾问也一直都在使用期权工具，对其他任何金融衍生工具也是一样。但无论何时都要对一个被吹嘘成神奇灵药——能够产生巨大、稳定的收益——的工具保持怀疑。同样，如果有人跟你说他们手中有一根魔法棒，能带给你巨大的投资收益，你也一定要对此保持怀疑。

骗子们知道找到不熟悉复杂衍生工具的受害者更轻而易举，这样他们便能将骗局隐瞒更长时间，或者他们知道财富追求者不会轻信简单的、不起眼的、合理的多元化股票和（或）债券投资组合能够带来极高、极稳定、好到难以置信的收益。

历史上最富传奇色彩的财富追求者都不是将卖空作为主要投资手段的人，大多数人是纯粹的长期财富追求者。作为战术，他们可能偶尔卖空，但他们不会全部卖空，也不以卖空为主要手段。本杰明·格雷厄姆、沃伦·巴菲特、约翰·邓普顿、菲尔·费雪等，他们都以买进而非卖空著称。

北大财富课为我们列出了那些基于卖空的金融工具骗术。

第一类是靠在费用上做手脚的。

财富追求者们普遍讨厌各种费用。谁愿意呢？但有些费用是必须支出的——你愿意免费工作吗？即使你爱干本行工作，你的时间也还是有价值的。因此，如果有人收费很低，比其他同类投资经理或其他人选的收费低得多，这可不一定是世纪大特价，倒可能是“好到令人难以置信”的谎言。首先，通常你付出的和得到的成比例。其次，没有人会免费工作。这样的投资经理可能推荐了某个不能满足你的要求的、不必要的产品，又或者他得到的报酬是为了掩饰贪污。两样都很糟糕！所以在做出投资决策之前，一定要询问投资顾问的收费方式，要确保它合理而正常。

麦道夫不收顾问费——他只收取交易费。真的，因为麦道夫也有自己的经纪公司。投资顾问/券商只有在独立注册时可能会以这种方式操作。从战略上来讲，在特定某一年中有可能交易次数很少，投资顾问们应该找各种理由多进行交易才对。

对麦道夫的收费结构保持怀疑可能会早些挽救你。还有更值得怀疑的一点，他在进行“联接基金”投资时，直接管理客户的资产，因为麦道夫只收取交易费，客户们便将这笔本应付出的费用留了下来——很有可能是一大笔钱，特别是当资产看起来神奇般地增长时。这对他们来说，当然是一个利益冲突的危险信号，因为在选择将资产交给麦道夫的同时，他们也选择了将自己的资产置于最昂贵收费的境地。

另一类是浮夸类型的诈骗。

有很多诈骗大师会使用浮夸的或者听起来学术性很强的战术——利率上下限期权、卖空等。

柯克·赖特也采用了这种战术。一份官方简章称他管理的一只基金“旨在依赖令人信服的业务基础以及强大的管理团队，利用某些以稳健、高价值为特征的特定机会将资本增值”。

麦道夫也知道自己的策略纯粹是胡诌。你直截了当地问他，他会说这些策略是“复杂”而具有“专项性的”，他不能向你透露太多。根据一些客户的反映，麦道夫在被逼问之下确实会变得“暴躁易怒”，他甚至不希望客户之间相互谈论。他禁止客户之间相互谈论，并威胁一经发现立即取消客户资格！没有任何理由出现这种行为，除非你在隐瞒着什么阴谋。

【北大名师点拨】

在金融市场里，要认准一个原则，那就是，合法的投资经理从来不惮于客户在业余时间谈论他们的策略。

为什么中间人其实是矛盾的存在

在现代信息社会中，没有中间人和多重保障的信用体系是不可行的。有中间人的存在却包含了许多变数。

——北大财富笔记

据说弗兰克·格鲁塔朵瑞亚从50位客户的手中盗取了一笔钱，金额在4000万～1.15亿美元，不过确切数字很难知道。格鲁塔朵瑞亚抬高账面价值，于是客户便认为当一切结束时他们损失得更多。

格鲁塔朵瑞亚以前是欧文公司的股票经纪人，后来成为雷曼兄弟克利夫兰分公司的经理。雷曼兄弟公司现在已经不复存在，但是在当时，这两家公司都是全美知名的大型公司。格鲁塔朵瑞亚说服了很多客户给他自行决定权——因此他不仅可以执行自己作为经纪人的正常托管职责，也成为一位决策者（现今的券商不喜欢机构内部的股票经纪人有全权决定权，但这类事件仍然时有发生——请保持警惕）。

格鲁塔朵瑞亚设立了有他客户本人名字的邮政信箱，还将真的雷曼兄弟公司的财务报表寄到那里。在助理的协助下，他伪造了看上去和印有雷曼兄弟公司名称的官方文件类似的财务报表，并将这些财务报表寄给客户。同时，格鲁塔朵瑞亚通过活跃的交易产生巨大亏损。活跃的交易为他和他的公司带来了巨额佣金——这令公司很高兴。为了掩盖他所造成的损失——因管理能力不足和不遗余力的“盗窃”而造成的——他夸大了账面价值，这样一来客户便更加信服于他。客户们很满意自己的收益，而不愿让其“放任自流”。不过一旦某人要求分红，格鲁塔朵瑞亚便从另外一个人的账户里取钱给他——典型的庞氏做法。

这是再明显不过的诈骗了，这种类型有一种特殊的称呼，即中间人诈骗。同样的，稍微扩大一下想象力，你就会发现，所有的第三方类型的中介都可能是这种庞氏骗局的执行者。

通常，人们相信第三方托管几乎可以保障你的安全。但是也有例外——当决策者与托管方同谋，或者操纵托管方的时候。在互联网时代，这种做法已经变得很难——对你来说更好——但并不是完全不可能。这就是为什么你不仅仅要找一个第三方托管，你还要找一个大型的、财力雄厚的、在你的投资决策者出现问题时能够保全你的第三方。

只要存在你不知道的信息，合谋总是有可能发生的，为了不让自己成为受害者，你必须让自己的第三方看上去一个比一个可靠。为了最大限度地降低他们合作谋取你的钱财的危险，你需要在一家有声望的、独立的、苛刻的第三方托管机构内设立一个自己名下的账户。你不应为此感到恼火——这可以确保别人无法靠近你的钱。

不过，以上只是考虑到合谋动机的危险。如果你在北大财富课的课堂上，导师们就会提醒你，反过来想一下，造成如此之多的不便和费用叠加的都是谁呢？当然是没完没了的中间人交易。

正是因为有了第一个中间人，为了防止信息不对称，你还要更有信用的中间人监督前一个中间人，这就形成了委托代理制度。

对冲基金投资、风险资本投资、私募股权投资，以及其他另类投资特点就是资产混合，这可能意味着要放弃一些潜在的利益。记住，并不是所有的对冲基金、私募股权等的回报都只上升不下跌——这种投资方式的风险也很大。财富追求者常因不可避免的资产混合而承担额外的风险。这就是你必须支付高额管理费的另一种基础。

北大经济学家告诉我们，并不是说对冲基金经理都有盗窃的企图。对冲基金通常也实行合伙制度，没有面对面的直接信任是很难维持下去的。问题是，对冲基金并不愿意直接和你的账户发生关系，这意味着交易活动无法查询，容易引起各方的怀疑。所以通常这么做，必然是发财的好机会。为此，在一些案例中，对冲基金经理想买那些少量资金难以购买的，或者对于个人财富追求者来说不易通过普通期权账户接触到的证券，如商品、期货，或其他衍生品。

【北大名师点拨】

决策方和托管方彼此独立，不混合资产，是预防陷入骗局的坚强保障。

专家推荐就一定可靠吗

为什么经济学者对这个大时代的转变反应迟钝？这个问题让我想了很久。一个可能的原因是，观察经济大时代，往往有特别的困难。没有深入可靠的观察，分析难有用武之地。

——周其仁（北京大学经济学教授）

1936年5月25日，在柏林奥运会上，欧文斯创造了10.3秒的百米短跑世界纪录，这一纪录保持了30年。德国医生詹姆斯·格拉森为代表的医学界权威断言，人类的肌肉纤维所承载的运动极限不会超过每秒10米，不可能在10秒以内跑完百米。这种说法在田径场上流行了30年，所有人也都相信这是真的。同样是来自美国的短跑运动员吉·海因斯也相信专家的这一说法，但1968年，在墨西哥奥运会的百米赛道上，海因斯完成了一次突破。他撞线后，转过身子看着运动场上的计时牌，指示灯打出了9.95秒的字样。海因斯看着计时牌，摊开双手说了一句："上帝啊！那扇门原来是虚掩的。"

北大经济学教授指出：市场从来都不是专家的天下。专家推荐的股票和基金，并不等于专家管理或者操盘。即使是专家操盘，也不一定会有更好的业绩。追溯一下历史，很少有经济学家在金融市场上的表现能够胜过华尔街的普通经理人。

金融界网站做了这样一个颇有意思的调查：逐一查证国内数十家券商推荐的金股组合的业绩，结果发现除了为数不多的几个组合平均业绩为正外，其他组合皆为负值。也就是说，这些知名证券公司推荐的股票绝大多数都跌了！

这个统计结果出炉后，众多的中小财富追求者感到甚为纠结：在目前的投资环境下，将自己的钱交给别人去打理总觉得不太靠谱；自己投资虽然还放心些，但没有那么多的精力和专业知识；跟着市场的"领头羊"做投资吧，居然也会亏。这年头，还有谁是靠得住的呢？

早在12年前，一个年轻的华人小伙子从耶鲁大学商学院毕业后，在华尔街找到了自己的第一份正式工作——金融分析师。上班的第一天，老板就这样告诫他："一个职业投资人，最重要的品质是会独立思考！"

多么形而上的建议！但是，在随后的日子里，这位小伙子才逐渐体会到"独立思考"的真正含义：没有什么是靠得住的，想投资成功只有依靠自己。后来，当他成为富兰克林、AIG等全球大型资产管理公司最受欢迎的投资专家时，依然忘不了这句话，并将它放在了自己著作的序言里。

对于如何选股，费雪的基本观点就是：寻找最出类拔萃的企业，因为它们拥有卓越的管理，能通过不断进行的新产品开发而走在竞争前列，并引领未来潮流，与此同时，他们的股票又尚未被机构财富追求者完全接受和高估，因此，股价能在企业增长率的范围内持续上涨。即使是在今天，这一策略依然行之有效。

即使在今天，仍有无数财富追求者和专业投资顾问坚信，对于一个明智的投资决策而言，其核心就是要尽可能准确地预测未来经济。若经济前景看好，则买进股票；反之，则卖掉股票。

至少我们总可以找到一定的规律去选择能给我们带来财富的股票，这就是我们的幸运之处。不同寻常的杰出管理之所以能创造出不同寻常的非凡股票，这背后肯定有规律可循，尽管我们不能总是精确无误，但在现有的发展态势下，经济尚未达到可以用衰退预测来确定投资决策的地步。在当今高度复杂的经济环境中，影响这些预测的因素太多了。对这些越来越多、越来越复杂的因素，我们对其中内在联系的了解度还远远不够。

【北大名师点拨】

独立思考，自己研究，永远都是最可靠的投资前提。对于专家的建议以及成功案例，要学会理智对待，去芜存菁。

第5课 如何在未知市场中做正确抉择

面对未知的世界，人们总是充满了迷茫与无措，尤其是在瞬息万变、天花乱坠的金融市场。而急于扩大财富、增加收入的人群，总是被金融市场的现象所左右，举棋不定，或者跟风行动。如何在未知的市场中做出正确的选择来帮助自己顺利提升财富值，是每一个财富追求者都需要掌握的能力。

与群体一致，直到发现改变的催化剂

任何关于长期价值的观点都必须从今天已知的信息中得来，所以，不管时间范围为何，追求财富都要利用短期内能够获得的信息持续不断地去检验、评估和修改各自的理论。

——北大财富笔记

世界上不确定性的表现形式多种多样，在扩大财富的过程中，不确定性更是泛滥。几乎所有的财富追求者都希望看清未来，但是至今为止，还没有出现一个能够真正预测未来的能人。如果我们能够清楚地预知未来市场的发展，我们就能够让自己的资金在安全无虞的基础上为自己带来更多的金钱。那么，该如何在难以预知的市场中做出正确的投资决策呢？

2007年夏初，房利美的股票价格是50美元，而且很多金融分析师都给出了“增持”的评级。大家都认为它的担保抵押贷款业务可以有效地避免违约风险，它所收取的高额费用也足以补偿偶尔由于不良贷款造成的损失，因此都觉得房利美的业务回报率很高。

然而，从当年的7月份开始，抵押贷款证券化市场的流动性开始枯竭，风险较高的次级贷款支持的债券已经停止了交易。到了8月份，资本市场的问题开始恶化。很快，就连次级贷款证券化产品评级最高档的交易也停止了。

而这个时候，房利美的股票价格依然在55美元左右徘徊。在过去的几年里，高企的房地产价格引发了次级贷款爆炸性的增长，而房利美已把其几乎一半的市场份额转让给了抵押贷款的贷款人，正是这些贷款人把风险越来越高的贷款投到了证券化市场当中。在这种情况下，房利美和房地美成了人们竞相追逐的唯一对象。没有迹象表明资本市场的波动性会危及房利美的基本面，相反，公司还有机会提高价格并占据更大的市场份额。

但是，这个让所有金融分析师都看好的公司最终陷入了极端波动中。2009年，房利美的股票价格已经不足1美元。

从这个故事中，我们可以深切地体会到投资市场的波动性是多么让人难以预料。在这个总是存在极端波动因子的资本市场里进行投资，财富追求者们可以时刻高枕无忧那是假的。那么，资本市场为什么会存在这样极端波动的因素呢?

经过考察，北大有关学者认为波动性之所以会产生是因为现实世界本身就很复杂，并且具有非线性的特点，这就意味着某些事件就如同天气或地震一样难以准确预测；而且集体行为就其本性而言，往往会导致共识思考发生突然的变化，因为人们在形成意见时经常会互相模仿；再加上市场不仅仅会反映出基本价值，也会与现实世界互相作用，有时还会产生正反馈效应，从而导致极端结果的出现。

我们现在已经知道，印度洋上一只蝴蝶扇动翅膀这样一件看起来毫不起眼的事，通过一系列复杂的相互作用却有可能在大西洋上引发飓风。如果企业和经济的基本面也受到类似效应的影响，那么想要进行长期的预测几乎就不可能了。很多人都认为长期投资比短期交易更为可取，但在极端波动时期，这种理念就未免有些不切实际了。

预测现实世界殊为不易，狂暴的天气正是对这种困难的一个恰当隐喻。不过，现实世界中还有很多其他种类的非线性、难以预测的事件，其中一些就如同地震或者山崩一样：先是长时间的平静，突然，不可预测地爆出极端的结果。出现这种现象，我们可以这样理解：如果在一个沙堆上方一粒一粒地向下落沙，那么迟早有一粒沙落下以后会引发沙崩，但是想要预测哪粒沙会引发沙崩非常困难，除非你能够理解每一粒沙的重量如何改变了沙堆自身的压力并导致了临界点的出现。

可以说，最后那一粒沙子就是导致沙崩的催化剂。当然，要发现这个改变市场的催化剂，就需要我们提高自己的分辨力。我们的目标就从理解市场转变为发现市场所遗漏的某些东西。对基本面研究分析师们来说，分辨力取决于他们所能获得的信息、他们所进行的分析以及他们所提出的假设。这里的挑战在于提出带有可检验的预测的具体假设，而不是模糊的意见。

这种检验被称作“催化剂”，指的就是能够支持或反驳该投资假设的后续信息，能够推动投资产品的价格向自己希望的方向发展，即便不能，至少也可以让自己的假设受到关注。不过，北大经济学家们也指出，想要依据某种催化剂来判断理论的准确度绝非易事，这一要求迫使分析师对将要发生的事件进行某种形式的预测。

【北大名师点拨】

在面对资本市场的变动时，如果发觉前景不明，则要与群体保持一致，直到发现改变市场的催化剂。

用概率树展示所有的可能性

> 概率树并不能确保我们预测到下一个市场的转变会在什么时候出现，但能够帮助我们了解出现类似情况的可能性有多大，并帮我们在灾难发生之前采取行动。
>
> ——北大财富笔记

面对一些不确定的事情，我们总是习惯用概率的方式进行思考。对于重大的、利益攸关的决策而言，确切地了解各种可能性是至关重要的。对于追求财富的人们来说，能够了解到自己所处的市场变坏或者变好的可能性是影响自己决策的重要因素。而能够很好地使用概率的方式进行思考的工具就是概率树，它可以使我们主观的概率估测变得清晰易懂。

在20世纪80年代，普罗威登金融公司已经开始专门从事信用卡业务。它利用复杂的计算机模型来分析消费者数据，并持续对新的信用卡产品和不同的消费者目标群体进行测试，寻找能够提高向特定目标客户发送的邮件回复率的角度。一旦发现了一个大有可为的利基市场，这些公司就会发起规模巨大的信件群发攻势以招徕新客户。

对于这种分析技术，很多人是持怀疑态度的。但普罗威登公司交易的市盈率一般都在20～30倍，比其他金融类股票的市盈率高出很多，这表明财富追求者对于其持续增长抱有很高的预期。1997年6月，普罗威登公司的股票首次公开发行时为10美元，到1999年年初，已经暴涨到65美元，以复利计算，平均年回报率达到惊人的175%。

然而，到了1999年中期，公司被披露因涉嫌以欺骗性手段营销受到货币监理署的调查，其股票价格立刻跌去1/3。最终货币监理署对普罗威登公司处以3亿美元的罚款，消息一出，它的股票价格开始回升。

从普罗威登金融公司的发展经历中，我们可以深刻体会到这个市场中的不确定性是多么的强烈。在信用卡业务成立之初，很多人对公司的业务充满怀疑，但是，这些民众的态度并没有影响该公司的迅速成长，该公司依然拥有很高的回报率。而后来由于业务上的问题，受到货币监理署的调查，也许有人认为这个公司完蛋了，所以其价格立刻跌了1/3。而最终因为只是做出了罚款的处罚，其股价又迅速上涨。可以说，在当时，谁都无法预料这家公司的命运如何，未来充满了不确定性。

在估计股票价格的时候，我们就可以利用概率的思考方式。用这种方式思考的辅助工具就是我们前面所提到的概率树。

概率树也被称为“决策树”，是用图形来表示不确定情形的一个基本工具。概率树可以只有1个节点、2个分支，也可以有多个节点和分支。最基本的要求是，各分支之间必须是互斥的，并且所有分支加在一起要代表所有可能出现的结果，也就是说，概率的和是100%。对于节点多于一个的概率树，一般我们会把最重要的变量放在第一位，或者在某些特殊情况下，把最有可能较早地解出来的变量放在第一位。

例如我们前面所说的普罗威登公司的情况，我们也可以利用概率树来反映市场对它的看法，这也是“校准”的一种形式。在利用概率树展示各种看法之前，我们先要指出几个会对该公司产生影响的重大问题：第一，即将到来的经济衰退的风险；第二，信用卡行业已经进入亏损周期；第三，普罗威登公司商业模式的稳定性。我们可以把这3个问题当成概率树的3个节点，经过分析，这个概率树就有8种可能性。每种可能情况都对应一种估计的股票价格，这些价格都是以适合每种可能情况的赢利预期和估值倍数为基础计算出来的。

北大财富课告诉我们，概率树除了能够计算出股票价格之外，还有如下功能：

1. 识别非对称的结果

了解到各种可能发生的情况的一个好处就是，分析师们可以据此识别出非对称的结果。在一个充满不确定性的世界里，分析师们必须考量不同的收入增长率对应的各种不同情况，以便尽量包括各种可能出现的结果。如果市场并不确定哪一种收入增长会最终成为现实，那么与当前收益相比，理论上该股票将溢价交易。此外，因为函数向上弯曲，收入增长越高，股票价格的波动性就会越大，极端结果就越有可能出现。

2. 抓住重大问题的相关性

概率树能够帮助分析师厘清重大问题之间的相关性。相关性之所以非常重要，是因为它会把末端分支的分布扩大到比正态曲线更为广阔的范围，因为正态分布假定输入变量之间是互相独立的，也就是不相关的。

【北大名师点拨】

用概率的方式进行思考，就意味着财富追求者能够清楚地认识到股票价格不是一个单纯的数字，而会在某一个价格区间内波动。

面对信息过载，要有战略意识

> 把信息浓缩成一个较小的相关数据集合，过滤掉那些无用的信息，能够让财富追逐者在面对信息过载这一问题时，不至于手忙脚乱。
>
> ——北大财富笔记

我们会对极端波动的事件感到意外，原因之一在于这个世界所包含的信息量非常大，任何个人、团体或组织都无力处理如此大量的信息。而我们现在身处的就是一个信息时代，经常需要面对大量的信息。在市场上，分析师、交易员和投资组合经理的工作就是处理大量数据。而个人财富追求者为了能够得到事情的真相，也会尽自己的能力到处收集信息，也需要面对过多的信息。那么，我们该如何处理这么多的信息呢?

诚然，信息管理是一个至关重要的技能。虽然我们现在拥有功能越来越强大的计算机，可以帮助我们组织和分析信息，然而遗憾的是，不管是人工计算还是通过计算机进行计算都面临着物理和数学上的限制，即便是有了计算机也解决不了信息过载问题。而且毫无疑问，帮助某一群决策者分析数据的计算机将会在其他地方创造出新的产品和战略，于是就会产生更多的信息，这样造成的结果就是我们永远都不可能有足够的能力去处理所有的信息。

就每一个信息而言，都直接含有成百也许上千因素，而每一个因素在每一个不同时段都会产生不同的影响。即使一个人对每一个因素都能考虑得极为周到，这个“极为周到”也仍然有不确定性，或者说变数。事实上，一个财富追求者对未来的“认知”比他对未来的“无知”要少得多。这个简单的概念实在太重要了，它值得一提再提。相对于我们对未来的无知，我们已知的实在太微小了。在当代金融领域内最为人所接受的理论中，有许多的设想都过于简单。它们令潜在的未来事件所可能导致的不确定性大打折扣。

1994年，在印第安纳大学执教数年的易纲回国。遵守北大经济系里的新锐精英林毅夫、海闻、张维迎之间的君子协定，易纲在新成立的中国经济研究中心担任副主任和博导。和善文雅的易纲，意外地“水土不服”。平时在课堂上就乐于向学生表达个人学术观点的易纲，将归国后种种不适都巧妙地诉诸笔端。

易纲的这些担忧，并非杞人忧天。1994年，美国硅谷正沉浸在互联网泡沫破裂的创痛中；中国则刚刚实现了“软着陆”，价格回调，经济从高热开始退烧。在整个宏观环境一片降温的气氛下，北大所在的中关村意外地热闹起来。任何一个经济学家，面对反常现象，都会下意识地感到不适。这就是所谓经济直觉。

经济直觉对于投资者来说是相当重要的能力，如果投资组合的风险有太多不同的层次，以致很难与测量一个市场的标准相比较时，他们可能会用另一个办法。这个办法就是试图把这位资金经理人与和他类似的那一领域的经理人相比较。其想法是，他们都有目标相似的潜在客户，这种相似性意味着他们的投资组合风险也类似。不幸的是，这个同领域的想法虽然乍一听很吸引人，实际上漏洞百出。

实际上，投资公司一般是通过投资于专家知识的方式来应对如此大量的信息，比如雇佣分析师、聘请咨询师或是利用其他机构的研究服务。那些对企业和行业知之甚深的人士能够分清哪些是噪音，哪些是真正重要的信息。正因如此，专家知识是主动信息战略的一个必要组成部分——尽管专家知识本身并不足以克服信息过载的问题。

尽管信息过载这一问题无法解决，但做出决策并不需要掌握全部信息，相反的，它需要我们把信息浓缩成一个较小的相关数据集合。这就需要进行计算。计算能力与专家知识一样对我们大有裨益，同时也是非常重要、必不可少的。尽管大脑和计算机能够处理大量的信息，但二者都不能回答所有与股票、市场或其他重大问题相关的问题，因为二者的能量供应都不是无限的。

【北大名师点拨】

在追求财富的路上，要找准重大问题，过滤掉一些无用的信息，不被空枪所迷惑，拥有战略意识，尽可能地把有限的计算能力用到刀刃上。

实时决策，随时修正自己的想法

在极端波动期间，针对新信息采取迅速而准确的行动，是一项至关重要的生存技能。

——北大财富笔记

我们已经知道每个人在投资的过程中都会面临过多的信息，但是，我们都是假定决策者拥有足够的时间来对信息进行搜集和比较，而在真实世界里，一切都发生得太快了，容不得我们慢慢去收集、去分析。这就需要我们能够实时决策，随时修正自己的想法。

张小林从北大毕业后，随着一众青年跑到深圳闯天下。在广阔的环境中，他发现餐饮业、休闲业、娱乐业效益都很不错。在进行了市场调查之后，思前想后，他决定投资餐饮业。可是才不到一年，他就想要放弃了，因为他进入这个行业之后发现，消费热点并不一定就有创业的机会。再到后来，他准备租个房子，开个小公司慢慢发展，却发现找房难、房租贵成了最大的问题。不过，张小林也从中发现了隐藏着的商机。他决定叫几个靠谱的伙伴，一起投资开发中低档商务办公楼。而这次的选择，果然为他带来了巨大的成功，办公楼建成之后，在最短的时间里，吸引了大批的中小公司入驻，资金很快回笼，张小林又开始了新一轮的投资。他时常会感慨，虽然努力很重要，但是，抉择也一样重要。

认知不协调是指这样一种倾向：无视与已有观念相冲突的信息、为某些行为找借口使之看起来与自我观点更加一致，或是改变自己的态度使之与此前曾采取过的行动保持一致。当我们无法解决复杂的问题并因而选择性无视彼此矛盾的数据时，认知不协调就发生了，其结果就是对不断变化的环境视而不见。

在做决策的过程中，认知不协调是不可避免的。说到底，任何一个决策都有出错的风险。提出一个投资假设不可避免地会让财富追求者面临认知不协调的窘境，财富追求者必须提出一个不同于“零假设”的理论。那么，变化盲视又是怎么回事呢?

变化盲视现象是认知不协调的一种反映，是指当变化缓慢地以增量的方式发生时，人们往往意识不到这种变化。这一现象也叫作温水煮青蛙综合征，也就是说，我们身处投资市场中，对于投资市场的变化我们常常熟视无睹，从而失去了投资的机会。

为应对波动性和认知不协调问题，市场参与者都会采取某种应对策略。例如长期价值财富追求者相信购买不受欢迎的股票是需要一定勇气的。当股市向对他们不利的方向变化时，价值财富追求者们立场坚定，不为所动，认为是市场出错了，并且还会坚持买进。这一策略表明财富追求者接受了认知不协调。与长期财富追求者相反，短期交易者的典型做法是遵循止损规则，一旦价格降到某一特定数值之下，就立刻出清头寸，不管他对于该头寸多么信心十足。他们随时都能够做到实时决策，随时修正自己的想法。

在极端环境下，长期财富追求者如果赌对了就会大赚一票，如果坚持了错误的头寸则会大败。毫无疑问，他们会被指责为认知不协调的受害者。在极端环境下，止损规则会迫使交易者多持有现金少持有头寸，因而会得到有效保护。不过，他们也会因此失去赚大钱的机会，而被批评太过缺乏自信。

避免认知不协调的一个办法就是，要了解到我们的能力是有限的，不要去做力所不及的事。在很多情况下，新信息出现后，正确的做法往往是出清某一头寸而不是去捍卫某一理论。实时监控信息需要时间和精力，还需要对模型进行更新、重校，有时甚至需要重新建立模型。在某些情况下，新信息需要我们全盘考虑可能出现的各种情形。如果分析师没有机会研究这些问题，就没有办法针对这些问题做出及时、深思熟虑的决策。

如果我们能意识到认知不协调，那么即使会因此承受一些压力也不会有太大的问题；一旦这种不协调存在于潜意识，那么我们做出不良决策的风险就会更大。为了应对这一风险，当新信息与之前的理解不相符时，我们应该对这种意外的感觉给予足够的重视。我们不应无视新的数据，相反，我们应该高度关注这种新鲜感，并利用它来对境况进行更深的挖掘，还有就是要尽量减少陷入认知不协调情境的次数。

【北大名师点拨】

如果我们面临着3种情境，而每种情境中都存在着认知不协调的问题，那么我们就应该放弃其中之一，集中精力应对另外两种情境。

判断为什么要立足于现实的变化

在做判断的时候，不要让自己的预期干扰自己。要根据现实的数据来分析，还要时刻考虑竞争对手，权衡各方面的利弊后做出自己的判断，尽量让自己的判断有利于自己的投资决策。

——北大财富笔记

判断，无时无刻不在参与我们的理财活动，如果判断正确，我们就能够做出一个成功的理财决策；而如果判断失误，我们将不可避免地遭受巨大的损失。在那种难以预知的市场中进行投资，判断更显得重要。

根据自己的亲身经历，大家不难知道，一件事的发展前途越模糊，关于这件事的消息越多样。而在难以预知的市场中进行投资，小道消息难免遍地飞，在这样的情况下，我们的判断一定要立足于现实的变化，不能听信那些虚无缥缈的消息。因为只有判断的依据是正确的，我们才能够做出正确的判断。世界投机大师科·托拉尼就曾经因为判断失误，导致自己的投资损失殆尽。

科·托拉尼发现法国杰出汽车商安德烈·雪铁龙的岳父宾根一直在不断地购进雪铁龙的股票，不过据他了解，当时雪铁龙的股票并没有什么上涨的迹象。

但因为宾根是安德烈·雪铁龙的岳丈，他又觉得雪铁龙的股票肯定有什么内幕，最近肯定要涨。做出这个判断之后，他立马在自己经济允许的范围内做了一笔投资。

几乎难以置信的是，虽然雪铁龙在科·托拉尼购买股票的6个月前还付了50法郎的红利，却在6个月后就破产了，破产后一分钱都付不起。

投机大师科·托拉尼的投资失误是因为他做了一个错误的判断，那就是他认为安德烈·雪铁龙的岳丈是非常了解雪铁龙的股票的。在这种错误判断的引导下，他不顾自己观察到的现实，做出了错误的投资决策。从中，我们也可以看到，没有立足于现实变化的判断是多么可怕。

所以，我们不要让自己的预期来主导自己的判断，一定要让自己的判断根植于现实之上。在信息爆炸时代，因为话语权和影响力的竞争，人们很容易在不知不觉之中被梳理过的信息尤其是各类预期所引导。这类信息，作为参考未尝不可，如果实情不符合预期，那应该是预期有误。若迷信这类预期，甚至将预测当真，则未免本末倒置了。

因为一旦数据与预期不符，思路就会偏向认为数据有误，或者认为是形势运行偏离了预期，而不是预期错了。这就把事情弄反了。预期并非真实的状态，只是在一些假设条件下的事前判断，受到不同偏好和信息不对称甚至利益导向的影响，过高或者过低的各类预期屡见不鲜。如果对预期过度依赖甚至信以为真，比较容易误判形势，误导各方面的决策行为，所以，我们的判断一定要立足于现实。那么，我们该如何根据现实来做出判断呢？

我们可以用量化的数字来代替赞成和反对，并利用线性模型把这些数字加总。这样我们不仅可以更为精确地进行计算，还能够排除情感、偏见以及其他人为原因造成的误差。判断是一个回归过程，我们可以利用分析工具对该过程进行分析并得出结论。当太多的人采用同样的分析和决策方式，而又对他们的集体行为将造成与过去割裂这一结果缺乏清醒认知的时候，黑天鹅事件就可能出现。而立足于现实的判断正是预防黑天鹅事件的一个有力武器。

有时候，所谓判断就是给某个复杂的计算机模型得出的结果，赋予一个看似非常任意的约束条件。比如，投资组合经理常会利用统计模型来寻找有效边界，试图通过最优配置资本的方式来使得风险调整后的收益最大化。

北大财富课提醒我们，如果其他的财富追求者也在分析同样的历史数据并得出相似结论的话，那么就会给我们的投资带来巨大的风险，所以，我们在做判断的时候，还要关注自己的竞争对手的动向。

【北大名师点拨】

现在计算机的决策模型比我们人的速度更快，它做出的结论也更具有一致性，但如果不能正确对待，就会导致我们原本正确的判断变成错误的决策。

如何应对小概率的大规模事件

一分为二地看待市场，决定了财富追求者采取冒险还是保守的方式去投资，只有选择适合自己的方式，才能够安全度过小概率所引发的大规模攻击。

——北大财富笔记

彼得·伯恩斯坦在风险管理经典著作《与天为敌》中讲过一个统计学家的故事：二战时期，在德国对莫斯科进行空袭的一个夜晚，苏联的一位统计学家出现在了当地的空袭隐蔽所，人们见到他时都很惊讶，因为他之前总是说："莫斯科有700万人口，为什么我就会被炸弹击中？"人们好奇是什么改变了他的主意。他解释道："莫斯科有700万人口和一头大象，昨晚，他们击中了大象。"虽然被炸弹击中是小概率事件，但对大象来说是致命的，教授称他承担不起这种小概率事件所造成的损失，所以他推翻了之前的想法，选择去隐蔽所。

确实，虽然被炸到的概率只有七百万分之一，但是，如果真的被炸到了，自己的一生也就没有了，所以，安全起见，还是躲到隐蔽所比较好。其实，这个道理一样适用于我们的理财。在理财中，小概率事件总会引起大规模的影响。

长期资本管理公司的团队堪称全明星阵容，由诺贝尔经济学奖得主、美国前财政部官员和华尔街精英组成，他们依据历史数据建立了复杂的定量模型，认为新兴市场利率将降低，发达国家的利率走向相反，于是大量买入新兴市场债券，同时抛空美国国债。但1998年8月，俄罗斯宣布卢布贬值延迟3个月偿还外债，导致俄罗斯国债大幅贬值并完全丧失流动性。这家对冲基金的资产在短短150余天内下降90%，出现43亿美元巨额亏损，仅剩5亿美元，濒临破产。而俄罗斯国债的大幅贬值就是一起无人能预见的黑天鹅事件。

从中我们可以看到，小概率事件虽然发生的可能性不大，但是，一旦它真的发生，就有可能造成毁灭性的伤害，发展成一个大规模事件。全由投资精英组成的长期资本管理公司就仅仅因为俄罗斯国债的贬值而濒临破产，让那么多人的投资产生巨大亏损。那么，我们该如何应对这样小概率的大规模事件呢？

“9·11”之前的某一天，塔勒布的一位好友来看望他。这位朋友是一位数学分析大师，他听说了塔勒布的投资组合后惊诧不已，说道：“塔勒布，除非有一架飞机撞进了我们的办公楼，否则你的投资简直就是慢性自杀。”这位朋友的办公楼，正是纽约世界贸易中心。当恐怖分子真的劫持飞机撞入世贸中心后，塔勒布的公司当然获得了惊人的盈利。

塔勒布为什么能够从容应对这样的小概率事件呢？这是因为他把世界分成两个部分：平均斯坦和极端斯坦。高度、重量、卡路里摄入量、面包师和小餐馆老板的收入、车祸、死亡率受平均斯坦控制；而财富、名人知名度、谷歌搜索量、地震造成的损失、恐怖事件死亡人数、金融市场、商品价格、通货膨胀率等则属于极端斯坦的范畴。

在平均斯坦，我们受到集体事件、常规事件、已知事件和已预测到的事件的统治；在极端斯坦，我们受到单个事件、意外事件、未知事件和未预测到的事件的统治。在极端斯坦的影响下，不经常发生以及非常不经常发生的事件时而左右世界，它会在无数“白天鹅”之后抛出一只“黑天鹅”。但在我们的心理范式里，忽略了极端斯坦的存在。我们倾向于错误地把对过去的一次天真观察当成某种确定的东西或者代表未来的东西，这是我们无法把握黑天鹅现象的唯一原因。

为了能够应对这样的事情，北大财富课提醒我们要将黑天鹅事件一分为二。当我们有可能受到正面黑天鹅事件影响的时候，就可以采取非常冒险的做法。而当我们可能受到负面黑天鹅事件影响时，就必须采取非常保守的做法。遵循这样的原则，我们就可以从黑天鹅事件中获益。反之，如果背离这个原则，那么，黑天鹅事件也可以让我们损失惨重。

【北大名师点拨】

我们倾向于错误地把对过去的一次天真观察当成某种确定的东西或者代表未来的东西，这是我们无法把握小概率的大规模现象的唯一原因。

第6课　管好情感因素，让理性握紧你的钱袋

可以说，金融市场是冷酷的，也是狡猾的，它通过各种手段招揽你的钱财，聚拢一笔又一笔资金，甚至，让你的钱财有去无回或者大打折扣，当然也有可能会让你收获很多惊喜。在这个狡猾善变的敌人面前，如果无法把控自己的情感而被对方牵着鼻子走，让感性战胜理性的话，最终会导致财富的大量流失。

为什么说战胜自己才能战胜市场

像比尔·盖茨、巴菲特，看似低调，实际上你可以看到他们内心是很高调的，因为他们的自信是在他们所有的行为里面的。

——王志东（毕业于北京大学，新浪创始人）

财富追求者唯有战胜了自己才能战胜市场。因为与市场之间的较量其实就是与自己的博弈。换句话，财富追求者唯有意识到自己未来可能犯哪些错，才会保持自身的理性思考和理性行为，避免发生类似错误，从而战胜市场。

而我们在投资市场中无法理性的原因是什么呢？从生理角度来说，人类的大脑具备两种功能，一种是认识并接受外面世界的讯息，另一种是认知并体会自己的内心，在这个时候，因为受到外面世界讯息的干扰或太在意外界的讯息，我们的认知被自己所忽略或轻视。或许我们非常了解自己所投资的这个市场，但因为对自己的认识不够而无法战胜自身的人性弱点，那么想战胜市场同样也是无从下手。

这里所说的我们的认知会被自己忽略或轻视的意思并非故意为之，而是财富追求者会惯性地产生一种错觉，觉得自己是最了解自己的。可实际上人最难认识的就是自己。因为我们时常会将自己主观的愿望强加在外部的事物之上，与此同时，外部世界的纷争同样也会干扰我们对世界的认知、看法、态度等。一

个不能清醒认识自己的人，往往也不能认识他人和其他事物。这点并非空穴来风的“纯理论派”说辞，而是确有其事。

新兴的行为金融学研究表明，通过和亏损的财富追求者接触与交流不难发现，那些经常出现行为认知偏差，容易受市场波动影响的人，在进行投资决策时，往往会因为受到各种心理因素的影响，出现大量认知、行为偏差。在投资市场，这些人有个可爱的名称叫“聪明人办傻事”。

某些“聪明人”购买了黄金期货，认为它肯定会上涨，但任何投资产品都有其自身的规律，如果我们不能客观地认识这些规律，而是用自己的直觉也就是所谓的主观愿望来看待它，那么黄金期货的走势图就会客观地告诉你，任何人的主观愿望都无法改变它自身的规律。

每一位财富追求者的理性都是相对、有限的，所以，出现这种认知、行为偏差不足为怪。可市场对待任何财富追求者都是毫不留情、一逮到机会就会立刻发起猛烈攻击的“洪水猛兽”。那么怎样才能和市场一较高下呢？我们观察众多优秀的金融学家、投资商人不难发现，独立的思考和行动是战胜自己和战胜市场的关键所在。因为，思考在决定该采取什么行动方面扮演了重要的角色，行动在改善我们的思考方面扮演了重要的角色。

除此之外，我们还要认识自己的弱点，利用自己的长处去指导自己的行动，而不是人云亦云。例如，有的财富追求者耐性好，这一类财富追求者可以长期持有大盘蓝筹股，持股待涨，不畏高点，不畏波段；有的财富追求者眼光好，他们就可以勇敢地做波段，博取小差价；有的财富追求者胆子大，那就可以勇敢地追高，勇敢地止盈止损；还有的财富追求者触觉比较敏锐，这一类财富追求者就容易发现不为人知的小小变化，可以及时地调整仓位。而人类自身存在的贪婪、恐惧、猜忌和妄想等弱点是我们必须克服的，贪婪的财富追求者要及时止盈，恐惧的财富追求者不要过分惧怕风险，猜忌的财富追求者要拓宽自己的视野，妄想的财富追求者要多听听别人的见解。

最后，我们还要根据市场来不停改变我们自己，因为市场有自身的规律，我们应该顺应市场的规律，而不要企图凭借个人的力量让市场来适应你。

情感因素在很大程度上影响着财富的扩大和积累。在北大财富课上，流传着这样的一个故事：

有一匹体形健硕的大白马，它总是为自己跑得太慢而感到忧虑。一天，它脱离马群自己四处溜达，渐渐远离了马群。正当它走神的时候，突然听到身后传来了惊天怒吼，大白马赶紧扭头看去，却发现一头雄狮正在不远处眼巴巴地看着自己。大白马心中焦急万分，撒腿就跑，几乎拼尽了全力朝着前方奔跑。终于摆脱雄狮的追踪之后，大白马静立于河边吃草时才发现，自己这一下，竟然跑了千里之多的距离，原来自己也可以成为一匹出色的千里马！

【北大名师点拨】

任何投资都是一个长期、艰辛的过程，我们需要保持平和的心态，面对市场短期波动时做到处变不惊，摸索市场规律，果断做出投资决策，毕竟唯有战胜了自己才能战胜市场。

我们真的常常恐慌吗

中国风险投资市场实际上不但没有过热，反而还有很大的发展空间，还有许多优秀的创业项目拿不到融资。

——阎焱（毕业于北京大学，软银亚洲信息基础投资基金CEO）

“人们都疯了，见东西就买，不管需要不需要，也不在意质量好坏，冰箱有冷气就要，电视机出图像就抱。”这是北大经济系社会主义经济研究室前副主任，中国价格协会会长王永治的描述。1988年8月19日，中央人民广播电台播出“价格闯关”的消息。据说一夜之间，有人买下200公斤的盐，500盒的火柴，连金条和首饰也不能幸免。银行挤兑，甚至因运输不畅，不能及时汇兑，民众愤怒地将柜台推翻……

大城市蔓延的疯狂抢购场面，让不少人心有余悸。在当时任教于北大的王永治眼里，这是一场非理性的恐慌。事实上，对工资比司机还少的北大穷教授，抢购更是威胁他们生活的噩梦。而1989年2月，王永治调到国家物价局，从旁观者变成了局内人。价格改革的动荡，随着时间的推移也逐渐平息，王永治则成为价格协会的会长。

投资市场里，群体恐慌心理是由具有威胁性的突发事件所引起的。每一个财富追求者在任何投资风险前都是微小且敏感的，恐慌情绪时常在我们周围出现，而当恐慌大面积出现时，就会造成一系列市场悲剧，例如2008年那场让我们记忆犹新的全球金融风波。

2008年，全球都笼罩在恐慌的情绪中，几乎所有的报纸和媒体都以“恐慌”为标题，美债危机所造成的影响大面积蔓延。由于标准普尔降低了美国的债务信用评级，全球资本市场陷入一片灾难中，数万亿美元市值瞬间蒸发，经济前景太过悲观导致市场恐慌情绪不断蔓延，国际油价当时暴跌5%以上，纽约油价创2008年6个月中收盘最低点。

不要觉得这一切是凭空捏造，在每一个事件经历者心中，2008年美国次贷危机所造成的恐慌毫无疑问是一场全球性的、令人至今仍心有余悸的巨大灾难。在2008年9月的纽约，无论你怎样转换电视频道，充斥整个屏幕的几乎都是相同的内容：股市如何动荡、银行是怎样破产的以及人们的互相指责……虽然这次金融危机是空前的且局势迷离不定，但每一个播音员为了生计，还是使用大量形容词尽力描绘市场上所发生的一切。

当时，几乎所有的财富追求者都追随着“领头羊”的言行，出现了“羊群效应”。其实每一个财富追求者的心理都是脆弱且敏感的，他们无暇顾及传闻的真假，而仅仅依靠媒体的评论、媒体的舆论去考量过滤着投资信息的危害程度及危机程度，并且还抱着“宁可信其有，不可信其无”的态度，于是加速了一系列市场悲剧的发生。

北大财富课告诉我们，财富追求者可以利用以下方法克服恐慌的心理：

1. 在做出任何投资决定前都要做认真、细致、全面的准备。这里所说的准备不单指投资产品信息或投资环境方面，还包括财富追求者自身的心态。

2. 要有完善且完备的资金管理计划。要对自己的投资资金做出合理分配及控制，不要轻易地将鸡蛋放在一个篮子里。如果财富追求者没有设定好投资结构或投资结构不合理，比如全都投向期货市场时，财富追求者的心理最容易趋于恐慌。

3. 培养冷静、乐观、理性的投资态度。任何投资都有赚有赔，在赔钱的状态里更需要冷静，唯有冷静才能正确地审时度势，才能利用合理的操作手段将损失降到最低限度。

4. 树立稳健、灵活、多变的投资风格。选择投资产品时，重点要选择那些有价值的、稳健型的、需要长期培养的投资产品，只有这样在遇到涨跌、出现异动的时候最不容易恐慌。

5. 学会坚持和忍耐。当市场出现一些非理性跌损时要采取忍耐的态度。

【北大名师点拨】

要提高自己对于投资产品未来趋势的判断能力。因为容易产生恐慌心理的财富追求者，一般对于市场整体行情的研判能力较弱，对投资产品未来的发展趋势总感到心里没底。

为什么墨守成规不是成功之道

> 比尔·盖茨当初创办了微软，绝对引领了世界的潮流。但是今天大家可以看到大量的媒体，包括微软自己内部的高级人士都在批判他们的落后。他们有太多的东西本来应该占领，但是没有占领，因为他们成了老大，他们最有钱，但他们忘了还有很多没有钱，但是有思想、有敏锐的市场意识和创新意识的人，这些人走到他们前面去了。
>
> ——俞敏洪（毕业于北京大学，新东方创始人）

美国有一个叫杰夫斯的牧童，他每天都要将羊群赶到牧场，并监视羊群不越过牧场到相邻的菜园里吃菜。可某天杰夫斯睡着了，当老板叫醒他时菜园已经被羊群啃得一塌糊涂。之后，杰夫斯就想，怎样才能使羊群不再越过铁丝栏杆呢？他发现在有玫瑰花丛的地方，即使没有坚固的栏杆羊群也从不过去。根据自己的推测，小杰夫斯在铁丝上加了一些刺以挡住羊群的步伐。

起初羊群仍会试图跨越铁丝网去菜园，但被刺疼之后便惊恐地后缩，多次之后羊群就再也不敢越过栅栏，小杰夫斯成功了。半年后他申请了这项专利并获得批准，于是这种带刺的铁丝网风行全世界。这其实说明不墨守成规，创新的动机越为直接越为单纯越能成功。

还有这样一个类似的例子：

在一家大公司的CEO招聘会上，200多人落选，只有一个人当场被录用。为什么会这样呢？因为这家公司为考察应聘者随机应变的能力而出了这样一道题：如果在一个下着大雨的夜晚，你开车下班回家的途中路过一个车站，车站里站了3个人，一个是曾救你性命的医生，一个是生命垂危的病人，还有一个是你的梦中情人。如果你的车只能坐一个人，你会怎么办？

有人说选医生因为他救过自己的性命，有人说选病人因为伤得较重，答案不一而足。只有那个被录用的人这么说："我会把车留给医生让他带着病人去医院，而我可以留下来陪梦中情人一起等车！"毫无疑问，这是最佳的答案。

墨守成规的意思是思想保守，守着老旧的规定不肯改变。在投资市场里，如果你还是秉持着墨守成规的投资心态，就好比鱼儿失去了水源，画面缺少色彩，你的投资之路将会出现很多磕磕碰碰，无疑是把自己推向了死胡同。要知道，规则是前人总结出来的，我们应该怀着尊重的态度去看待，但在这个日新月异的投资市场上，一些老规则是无法用来解决新问题的。打破常规寻找新的规则是成功的必备条件之一。

不要觉得打破常规是一件可怕的事，如果我们每天都重复着别人的投资脚印，不加思考就盲目地跟在后面，追逐着一些看不到的东西，奔向别人已经达到过的目标和终点，这才是最可怕的。甚至很多财富追求者盲目跟从到了愚蠢的地步，眼看着前者走向投资的悬崖峭壁，哪怕有其他人在旁劝阻也不肯停止脚步。他们虽然看不到前方的路，但他们会自我安慰："前人这么做自然有前人的理由，如果他失败那就是一起失败，而他不会让自己失败，我又害怕什么呢？"这样负面的心理只会让财富追求者消沉下去，永远都跟在别人的后面，永远都不会有大作为或成功。

在投资方面，北大财富课建议分散投资。分散的定义非常广泛，从买不同类型的投资产品，如股票、物业、债券、商品或现金等，到在同一类别下选择多款投资，都可以视作"分散"。而如何才能正确投资，这取决于创新的思维方式。

墨守成规必然导致失败，唯有求新求变才是成功之道。因为变是事物的本质特征，变也是市场经济的基本形态。面对风云际会的市场经济，财富追求者的态度只有3种：一种是以不变应万变，但如果没有强大的实力作为支撑，不是出于投资策略的考虑，这就是一种非常消极的态度。一种是以变应万变，这也只能算作无奈的选择。一种是以变制变，换了一个"制"字，情况就大不一样了，这不仅体现了一种主动进取的精神，还意味着拥有一种审时度势的能力，于是这种变会成为机遇，在变中才能寻求投资上的新发展。

【北大名师点拨】

在投资过程中，不要墨守成规，即使之前的经验曾经给我们带来很多的收益。随着时间的推移，过去的很多经验早已不再适用，我们要学会随机应变，让自己在投资的道路上走得更远。

为什么越急于赚钱越会赔钱

如果那时就一心想着荣誉和成就，也不会有今天的成绩，过分追求荣誉的人一般会急功近利。那时追求的是价值，是看到了取代铅与火带来的变革（其价值）不可估量，是一场技术革命。

——王选（北京大学教授，计算机科学家）

很多人经历过或听到过关于赚钱的故事，尤其是赚大钱的传奇，存在着许多常理无法解释的奇特内容，看起来似乎都有一种所谓“天意”的安排，让不少人羡慕不已。而那些传奇故事的羡慕者，往往对金钱、对事业、对投资都有强烈的向往，可现实又往往不因人的主观意愿而改变，当然就容易失望、失落。也有些人因急于求成而借钱投资或随意听取小道消息，不断自我加压，总是苛求自己，结果常常因心有余而力不足导致失败，并诱发抑郁症、自闭症等心理障碍。

按理说，这类人应该是理性的财富追求者，为投资所做出的努力不可谓不大，他们应当是投资市场里的主力军，通俗一点说，他们应该个个都能成大款。不承想，最后投资成功者并非都是他们，反而是一些看似投资欲望不强烈，并且不懂数学模型，不精于计算的普通财富追求者。成功的财富追求者没有花费多么大的时间和精力，在一种似不在意又关心的过程中，“无意”中获得了高额的投资回报率，这一结果让许多精明的财富追求者心有不甘。

北大厉以宁教授在课上讲过一个意味深长的笑话：有个人去宠物市场，看到一只鹦鹉，问：多少钱？回答：2000块钱！他说：“怎么那么贵呢？”答：“它会两种外语。”又问：“那只多少钱？”“4000块钱！”他说：“难道它会4门外语吗？”回答：“不错！它能用4门外语说‘你好’‘谢谢’！它都会！”又走到另一只鹦鹉面前，一打听，这只鹦鹉要卖好几万！他问：“它会那么多门外语呀？”

回答："它不会！""那它为什么这么贵呢？""因为那两只鹦鹉管它叫老板！"

在不信"天意"安排的投资信念下，财富追求者将高回报率设定成人生的目标，特别是回报率的比例与财富追求者个人全部人生的安排、设计、努力、投入等目标紧密地联系了起来。在这些财富追求者的心目中，唯有一心想成功，才能成功；只有一心想获得高回报率，也才能真正获得高回报率。

可我们遗憾地发现，在这个过程里，现实无数次毁灭了急功近利的财富追求者们的设计和努力。他们越是一心想获得成功，越是一心想拥有高回报率，就越是赔钱，就越容易失败。因为当财富追求者一心想着投资成功时，他们会过于敏感地对待投资活动中的一切细节，过于紧张地进行计算，过于匆忙地做出反应，过于强烈地采取行动，过于鲁莽地做出投资决策。结果，从投资的思维方式到投资行为选择全面过度，投资最为讲求的"理性"就自然而然地走到了他们的对立面，也就是"不理性"。

我们可以举一个例子，假设炒黄金杠杆1：5和1：100哪个比较合理？为什么说杠杆越大炒黄金赚钱快赔钱也快？我们分别以4万、2000元同时建立两个20万的账户，4万1：5建立20万的账户，还是日内按3%的波动算，如果最大亏损是20万×3%=0.6万，亏损比例为0.6/4=15%；0.2万1：100比例建立20万的账户，还是3%波动算，如果全程亏损，最大亏损是20万×3%=0.6万，亏损比例为0.6/0.2=300%；从亏损额度上来看，都是0.6万元，但是亏损额占投入资金比相差极大，15%～300%，如果你投入的资金是固定的额度，比如说都是4万来配资，那第一种配资日内最大亏损是4万×15%=0.6万，而第二种配资日内最大亏损将是4万×300%=12万，这就是配资比例不同的差别。这也就是越急于赚钱越会赔钱的最佳写照和说明。

当我们没有积极地去争先反而领先，当我们置自身于世外反而能够存活下去，当我们没有自我之念时反而能够成就自我，这不仅仅是一种处世的哲学，更是一种人生的哲学，或许从表面上看是非常消极的思想，实际上包含非常积极的因素。想想投资之事，其中的道理不也有着相通之处？

【北大名师点拨】

在对待投资的时候，必须保持平和的心态。这是每一位财富追求者必须具备的基本素质。

贪婪为什么是投资的大忌

光有奋斗精神是不够的，还需要脚踏实地一步一步地去做。要先分析自己的现状，分析自己现在处于什么位置，到底具备什么样的能力，这也是一种科学精神。你给自己定了目标，还要知道怎么样去一步一步地实现这个目标。从某种意义上说，树立具体目标和脚踏实地地去做同等重要。

——俞敏洪（毕业于北京大学，新东方创始人）

贪婪是人类的一种天性，是对利益的追求永无止境从不满足的心理。对人们来说，投资是为了快速聚集财富，成功获得高于其他人数倍乃至数十倍的金钱的一种“捷径”。这是人们投资的初衷，也是财富追求者对投资保有热情的原动力。尤其是那些初入市场就尝到甜头的财富追求者，贪婪的心理会更为强烈。而这恰恰犯了投资的大忌。

在投资时财富追求者总希望以更低的价格买入，以更高的价格卖出，于是犹豫不决、优柔寡断，常常坐失良机，让一项有可能获得成功的投资因为自己的贪婪走向失败。贪婪还有很多不同的表现，具体来说：

1. 见好了还不收。没有什么投资是永远赢利的，而有些财富追求者从来不愿相信呈上涨趋势的投资产品会突然回落。他们往往忽视了市场价值规律的作用，经济学中有一个理论是，任何投资只能达到次优，永远无法达到最优。而贪得无厌的人总想追求最大利益，容易因小失大。

2. 只买便宜的投资产品。从投资的角度来说，低进高出是最为寻常的经济要点。可有些财富追求者一味追求低进，容易忽视市场的客观规律和产品本身的发展前景，导致自己的投资资金“被鸡肋”，陷入左右两难的境地。

3. 死咬不放。某些财富追求者在投资时会为自己设定一个目标值，若手中的股票未达到这个目标值就绝不卖出，却未曾想到，自己是否为了赚取更大的利益而将目标值设定得太高，或许那只股票没有涨到预估值的可能呢？

北大经济学家们曾做过一个研究：从心理上讲，财富追求者都希望最大限度地赢利，于是在贪婪的诱惑下一个接一个地犯错。在这里也提醒大家，投资的时候，一定要保持清醒的头脑，知道什么是“细水长流”，贪婪只会带来灭顶之灾，如果我们懂得提前退出，往往会得到更多。

1966年对于“股神”巴菲特本人及其公司来说，无论是道·琼斯工业指数还是公司的发展业绩，都创下了利润纪录。1966年当道·琼斯工业指数下跌15.6%时，巴菲特公司的投资收益率却恰恰相反，比道·琼斯工业指数高20.4%。

1968年，巴菲特曾说：“从公司1967年的经营状况来看，是值得骄傲的一年。当年道·琼斯工业指数仅上涨了19%，而我们公司上升了35.9%，超出了原先设想的奋斗目标。”当年巴菲特公司的总收入约为1938万美元，即便发生严重的通货膨胀，也有足够的财力大量买进百事可乐公司的股票。

当时形势一片大好，按理说巴菲特应该很高兴。可作为一名理性的财富追求者，巴菲特却感到深深的忧虑，他非常担心因为投机因素过浓而导致股票市场崩盘。巴菲特在1968年7月的一封信中表示，当时无论是发起人还是职业顾问、高级雇员、股票投机者、投资银行家，似乎所有人都能从股票中狠赚一大笔钱，可他很担忧随时随地可能引发的长期后果。

1957—1968年，当道·琼斯工业指数平均年增长率为9.1%时，巴菲特公司的收益率则高达31.6%，一位资产超过10亿美元的投资经理在1968年说：“对于证券研究现如今必须按分钟来进行。”这让巴菲特感到股市中弥漫着浓厚的投机氛围。

1967年年末，巴菲特估算伯克希尔·哈撒韦公司每股25美元为内在价值，而此时它的股价是20美元；1968年年末，巴菲特估算伯克希尔·哈撒韦公司的内在价值为每股31美元，此时它的股价是37美元。他感到，无论是从市场环境还是从个人因素来说，都已经到了对未来经营目标进行修改的时刻了。

1970年，巴菲特在人们震惊的眼光中解散了巴菲特有限公司。巴菲特对其公司资产进行了彻底的清算，按照股东应得的收益及按比例规定应得到的利息，全部分给每一位股东。

巴菲特有限公司刚刚解散完毕，也就是在1973—1974年，股票市场一如他曾担心的那样崩盘了。

由此可见，巴菲特始终保持着对投资环境的警觉，对如何完美收场拿捏得恰到好处。巴菲特公司解散后，巴菲特本人拥有的股票价值约2500万美元，其中的大部分均被他投入到伯克希尔·哈撒韦公司。如果他没有及时收场，就会在日后的股市崩盘中遭到毁灭性的损失，巴菲特也就不能问鼎世界首富了。

【北大名师点拨】

当财富追求者懂得什么叫见好就收时，就是卖出股票、基金、房产等投资产品的好时机。

过度自信为什么不好

从自卑中间走向自信的人是真正的自信，从一开始就盲目自信的人其实没有自信。

——俞敏洪（毕业于北京大学，新东方创始人）

古罗马非常著名的政治家及演说家西塞罗曾说过：“自信是一种由内而外的感觉，只有拥有这种感觉，我们才能怀揣着坚定的信心和希望，进行我们伟大而光荣的事业。”没有自信或者缺乏对自己的信心，人们就会丧失前进的动力，动辄贬低自己，做事畏首畏尾，自然很难有什么成就。

但也正如孔子所说，“过犹不及”，任何事一旦过了头就会变了本质。尤其对于投资理财来说，很多财富追求者存在的问题不是没有自信，而是太过自信。

学过经济的人应该都知道凯恩斯，他的著作影响深远，并且他还一直积极地从事货币和股市投资。作为20世纪最负盛名的经济学家，凯恩斯的投资具有相当强大的理论支持，他的自信心远高于常人也在情理之中，可这种过分自信并没有给他带来财富。1920年，凯恩斯预见德国即将出现通货膨胀而大肆卖空马克，结果市场却大幅反弹，最后他不得不以破产收场。后来凯恩斯东山再起再次涉足股票投资，虽然在最初几年依靠保证金的大胆交易获得了相当不错的收益，但再次因为过度自信，最终没能逃脱1929年美国大股灾的噩运侵袭，又一次几近破产。

北大财富课指出，在投资中最怕的就是过度自信，因为过度自信会让你忽视掉各种风险，做出比较危险的决策。我们更倾向于寻求对已知信息的认可，这比考虑相反证据的可能要高两倍。心理学家利林菲尔德表示：其实每一个人都很懒。因为将注意力集中在我们假设支持的讯息上，比寻找可能错误的证据要容易得多。

我们也很容易为自己找各种借口。当我们了解得越多，就越相信自己是正确的。虽然信息越多越会让人感到信心十足，但我们的预计不能因此而变得更为准确。每一个最新的讯息都让我们寻找其他相似的讯息，这样会降低很多信息的多样性。

曾任价值投资型公司Southeastern Asset Management总裁同时也是Longleaf基金管理者的盖茨说，我们每个人或多或少都遇到过很多心理陷阱，其实这些陷阱都是可以得到克服的，但对于“确认偏误”这个陷阱，再谨慎也无法避免。盖茨说，Longleaf基金坚持投资美国著名的通用汽车的时间过于漫长，虽然注意到成本的削减和产品的改善，可对政府长期救助才能活下去的事实却视而不见。

来自研究公司Applied Research Associates的心理学家克莱因先说建议，我们可以先假想在“预测未来”时就看到自己的投资已经失败，然后从中找到失败的最重要的原因。这个游戏可以帮助我们意识到，其实我们所相信的东西并没有我们所想的那么有根有据，现在戴维斯基金的戴维斯已经将其收录在价值投资型公司的研究流程中。

我们不妨现在就估计下自己分析出现错误的可能性，如果我们承认出现坏结果的可能性为20%，那就是说，你每5次就会出现一次错误。如果一直投资仍不断出现失误，那么你一个劲地做事后分析，以证明自己仍然正确的可能性会低一些。著名投资管理公司Legg Mason Capital Management的首席投资策略师莫布森先生也曾表示，这种“小游戏”其实是为承认失误提供了一种非常有用的“心理建设”。

将真实的投资整合在一起，产生一个假想的投资组合。通过这个假想的组合，我们可以随意买卖，毕竟不会对你的财富造成危险。和实际的投资比较一下，这个组合到底是赚了还是亏了呢？盖茨说，Southeastern Asset Management公司会要求每一位分析师和每一位投资经理自行运营一个纸面上的投资组合，如果这个投资组合和公司真实的投资组合出现了差异，就会要求分析师和投资经理找出原因。其实这样更有助于公司了解大家的真实想法，盖茨说。

【北大名师点拨】

在买进之前，用本子与笔记下来，发生什么事会让你想卖出。假设这样的事情真的发生，那么在笔记的面前，你就无法假装没有任何事发生或者假装此事与你无关了。

第7课　学会收手，北大教你如何保护财富

“见好就收”是财富扩大的路上需要铭记的一点，提醒人们切勿贪得无厌。当然，见坏，也要懂得及时正确地收放，才能保证将损失控制在最小的范围内。不管是不甘心还是想要证明自己，或者别的原因，学会及时收手，才能让你的财富拥有安全的成长环境。

绝不赌“不设限”，现金为王

> 无论是整体风险，还是个体风险，只要出现了止损计划所设定的止损情况，我们都应无条件地果断迅速执行计划，要避免随时主观修改计划。
>
> ——北大财富笔记

市场最根本的特征是波动性和不可预测性，而它们也是产生交易风险的重要原因。市场交易存在不确定，意味着所有的市场分析预测都只是一种可能。因此，当突如其来的交易风险发生时，财富追求者都希望采取有效的措施来控制风险的扩大——止损便应运而生了。

北大经济学家们常提醒财富追求者，学会止损，千万别和亏损谈恋爱。所以，我们在进行投资时绝不赌“不设限”，要坚持现金为王。

巴菲特是很多长期财富追求者所推崇的最佳导师，也是专注于长期投资而真正赚到大钱的名人。也许你会认为巴菲特一旦买进，就永远持有，都不会卖出，那你就错了。

实际上，像巴菲特这样的大投资家也会止损。在哪里止损？在所投资公司失去成长性、基本面恶化时止损。投资的止损不同于投机的止损，投机的止损只看价格的变化，投资的止损则关注基本面的变化。投资家宣称真正的投资永远

都不需要止损是不对的。

在投资中，面对策略的失误、资金的损失，很多人总是一味地坚持，而不是及时制止亏损，总结经验以利再战。在股票、期货等证券投资中，面对市场的波动和突如其来的亏损，很多人心慌意乱、手足无措，想尽一切办法却唯独不肯止损离场。亏损意味着犯了错误，而犯了错误，最好的办法就是改正它，而不是一直错下去，使之酿成更大的错误。简而言之，如果出现了预期之外的亏损，那么我们应该做的只有一件事，就是止损。

就拿股票来说吧，我们以40美元的单价买了某公司的100股股票，现在它的价格只有28美元，对于持有成本为4000美元的股票来说，现在只值2800美元，我们损失了1200美元。不管我们卖掉股票而改持现金，还是继续持有股票，它都只值2800美元。如果不卖，股价下跌时我们还会遭受更大损失，那时我们将无法清醒地思考问题，会自欺欺人地对自己说："不会再降价了。"其实，我们都知道还有其他许多股票可以选择，通过它们，弥补损失的机会可能要大一些。所以，我们在遇到亏损的时候就要衡量各方面的情况，做出理智的止损决策。

很多人看到"止损"这个词，就有一种心理上的排斥，这是因为他们只看到了"损"而没有想到"止"。在进行投资的时候，人们总会对赢利寄予很大的期望。这种期望越是强烈，在遭遇亏损的时候，就越难以承受。

如果我们能够理性地看待亏损，就可以很容易地得出及时止损的正确结论。但很多时候，遭受了亏损的人们往往执迷不悟，难以及时做出正确的决策。

资金的亏损比例和赢利比例，对应着不同的基数。当财富追求者的资金出现了50%的亏损时，若要挽回损失，就需要让剩余的资本产生100%的回报。要知道，本金对收益起着绝对的制约作用，而且，财富追求者还无法通过自身的努力，使整个证券市场出现任何有利于自己的改变。所以，北大财富课提醒我们，一定要制订切实可行的止损计划，并且严格执行。

当然，对于财富追求者来说，止损绝不是目的，但止损理念的确立和止损原则的恪守是财富追求者通向成功之路的基本保障。在实战中，这一理念的不断贯彻将使财富追求者的出手成功率不断提高，出手点日益精确，虽然不一定能做到"百战百胜"，但一定会做到"百战不殆"，止损规则设定的终极目标必将显现出来！

俗话说，凡事知易行难。在投资中适当地止损，也有点这样的意味。但无论做起来多么艰难，为了投资中不大伤元气，财富追求者必须以严格的止损纪律约束自己的操作。

【北大名师点拨】

不管是哪种止损计划，都需要考虑亏损承受力和技术因素。止损的目的是避害，而投资的最终目的是趋利，只有将高质量的大势研判、选时、选产品等综合起来，才能实现赢利的目的，而不必为了止损而止损。

为什么出来比进去更重要

进入股市是为将来做实业积累资本。

——李非列（毕业于北京大学，飞尚集团董事长）

大部分普通财富追求者投资亏本，是因为投资进去很容易，但要退出来很难。投资的时候，必须考虑的最重要的战略之一就是“退出战略”。

进行一项投资就像结婚一样，刚开始时非常兴奋，但相处不融洽，离婚的痛苦就比开始的兴奋和快乐多得多。所以你必须真正意识到投资就像一桩婚姻的过程，进去比出来容易得多。

50%的婚姻会以离婚告终，而几乎100%已经结婚的人认为他们会面临离婚的危险。这也许就是如此多的投资新手要购买股票的原因。关于这个问题，富爸爸最好的忠告是：要时刻牢记，当你欢天喜地购买资产时，往往是有人正在兴高采烈地卖这个资产给你，因为他比你更了解这个资产。

当人们通过玩《现金流》游戏来学习投资时，他们要学的一个技能就是什么时候买进，什么时候卖出。富爸爸说：“当你买进一份投资时，你应当也有什么时候抛售的想法。当进入这类投资时，你心里应当有一个计划，投资进展顺利，有什么样的事情会发生；投资失败，又会有什么样的事情会发生。”

沉迷于高投资的回报，或者念念不忘高风险的亏损，常常让许多人堕入投资的巨大陷阱中。这是市场投资中最常见的现象。有些华尔街的投资家用这个经典行为嘲笑专家们有效市场理论的荒谬性：既然市场价格什么都告诉他们了，明知是个陷阱，为什么还有这么多人要往里跳呢？可见有效市场中信息的假设是多么的荒唐啊！

但是，金融学教授坎贝尔对此会毫不犹豫地加以回击：华尔街根本不知道有效市场和信息的真实含义是什么。这就像点燃一束火把，因为燃烧得不充分，有的人看不到光明，只闻到烟味而已。等到火真正点燃后，就算你是在500米外知道火把点燃，此时大家看到的火把也都是一样的，并不存在任何差异。

之所以在进出之间的频率和系数难以把握，主要只是信息披露和获取信息难易程度上有差异，燃料的燃烧率为100%，而且燃烧释放出来的能量全部用来驱动机器的发动机是不存在的，同样如此，完全效率性的资本市场也只是理想中的市场而已。现实的市场存在人们信息获取不对称的特点。对于市场外面的人，他们了解的信息不充分，所以他们多数只看到股票投资损失很大，而对于市场里面的人正好相反。

外部人对股市不感兴趣，很可能是他们不相信那种收益，对于风险持更为谨慎的态度。而市场里面的人已经习惯高收益，对于风险反倒关注得很少。普通人风险厌恶的比例较高，所以只要股市的收益稍微提高，进入就十分容易。

对于股票的财富追求者来说，他们在退出的时候要花的成本，比进入的时候要高些。这是因为，此时退出不但有支付高收益的机会成本，还有部分风险损失也得自行承担。显然，没有多少人愿意这么做。这就像是登山运动一样，上山容易下山难。处于不同的形势，人们很难有相同的成本可以比较。

毕业于北大的研究生赵志清拿出自己多年的积蓄，又筹措了一些，开了一家电脑专营店。生意刚刚有所好转时，听说附近有家大公司在处理库存的电脑，价格低廉，性价比很高，于是他找朋友又借来25万，一次性将库存电脑都买了回来，准备大干一番。可是，新电脑在他手中卖出去不到5台，便有3位顾客找了回来，反映电脑的光驱有问题。赵志清赶紧与处理电脑的公司联系，对方却人去楼空了无踪迹了。赵志清只好先赔偿顾客的损失，然后想着如何低价处理掉手里这堆“废品”。这时债主们也找上门来了，赵志清一筹莫展。

正在发愁的时候，他发现，公司附近的那所大学每天有好多学生排队上网，很是费劲。他突然来了灵感，由于当时网吧比较少，并不流行，所以，赵志清萌生了用这批电脑开网吧的想法。说干就干，网吧在学校附近开起来了，顾客越来越多，短短几个月，赵志清还清了所有的债务，并且开始规划扩大网吧。没几年，他便成了同学圈里的小富翁。

【北大名师点拨】

根据著名的风险预期理论实验的结果，人们对于风险损失的评价要高于收益的心理评价，简单地说，就是喜欢收益，更厌恶损失。

为什么不要妄想把本钱捞回来

> 轻易地将短期的损失评价为永久性的结果，可能会让你在某个时刻轻易地抛售止损。但此时的行为是最无意义的，既没有完全止损，也可能失去长期持有的增值机会。但是死守不放的话，也会让你成为最大的失败者。
>
> ——北大财富笔记

有的财富投资者在大跌之后，死抱着股票不放，期待它终有一天会回到原来的价位。手中持股暴跌50%，你可能要抱着它直到有一天自己可以赚回来。但此时股价必须暴涨100%，你才能勉强打平。

你曾经买过SUN公司的股票，它曾经上涨到原价的21倍，而现在已经跌回原价，你持有这种股票，必须幻想再来一次新造富运动。

…………

这类故事给人们的教训是，设定一个你能承受的损失上限，比如20%或者更多，简单地说不要痴心妄想“坚持到底”就能把本钱捞回来。如果你还是想不通，不妨把这些损失看成是冲抵税收，直到接下来你在新的交易中全部冲抵完。

为什么人们不需要思考捞回本钱，成为一些华尔街名家的劝告。除去上面这种赤裸裸的计算外，还有更多的因素。

现代的经济学家和投资家们的研究证明，至少有以下一系列因素让你不再想着捞回本钱：

首先是投资的机会成本。有些人明明是看到了成本的，不过他看到的是自己的损失，很明显投资被套牢的部分已经成为一部分成本。这当然是让人感到心疼的，这是明显的利益损失和付出。问题是，你是否想过，关注已经成为事实的损失是否也要付出成本。包括心情不好，沮丧和拒绝向前看的同时，应得的交易机会丧失，这些都是存在的成本。

对于赌徒来说，之所以久赌必输，并不是因为赌博的损失突然扩大，赌注增加了。因为赌鬼已经足够穷，他不可能在更高的赌注上下注。根本上导致赌博者丧失能力的原因是，赌博者在损失不断的时候总是考虑找回本钱。

其次，从亏损的角度来说，亏损之后，最重要的是不再扩大损失，而不是挽回损失。因为，从亏损的趋势来看，亏损的边际损失也是递减的。也就是随着时间的流逝，这些损失都将是微不足道的。越早止损，从中得到的边际收益也越高，最好的止损方式就是停止交易。这等于彻底掐断了损失的可能性。

壮士断腕的勇气本身并不是勇敢那么简单，而是一种智慧。不斩断感染的手臂，很可能面临的是感染死亡的结果。在损失的大小相权中，两害取其轻。

再次，有些损失是一种误判。通常，股市局势的短期变化缺乏规律性，在长期则表现出很强的规律性。在短期内出现投资的亏损是一种自然现象。即使是股神巴菲特，他的投资大多数年份也是普遍出现亏损的。只是就长期而言，那些最有价值的投资会不断增长，甚至超过大盘的平均水平。这里面的价值，就在于不轻易改变自己的股票价值判断，关注长期趋势。

在2010年年底，巴菲特表示，房地产复苏很可能在未来一年内开始。此后，巴菲特承认这一判断错得离谱。总体来说，巴菲特公司投资的5家房地产相关公司在2011年税前利润为5.13亿美元，与2010年相当，但明显低于2006年的18亿美元。但巴菲特依旧坚称，房地产市场会复苏的，随着时间的推移，房屋的数量会与家庭数量相当（此前当然应考虑容忍通常比例的空置率）。

事实证明这是一次错误的研判，不过巴菲特的高明之处是将这些损失早就记在自己的账单上了。这和普通人死抱着不放的做法并不相同。

最后，损失本身必须有一定的限度，超过限度是没有价值的。超过心理承受限度外的损失，已经不是损失了。无法用理智控制自己情绪的人，就会在非理智的感情下做出更多的非理性投资行为，诸如羊群效应、厌恶风险、好高骛远等情绪化的投资行为，都是不用理智的计算给投资设置红线的后果。

北大财富课告诉我们：每个财富追求者都应该设置止损单。如今这种要求可以通过交易系统的设置轻松做到。

【北大名师点拨】

止损单本身并不能帮你止损，因为损失该发生的还会发生，只不过这种形式，可以把损失波动的范围局限在某个区间内。

为什么在入场之前就要看好退路

不要轻易将主动权交给投资人，在创业的过程中没有人会乐善好施。

——李彦宏（毕业于北京大学，百度创始人）

有个人布置了一个捉火鸡的陷阱。他在一个大箱子的里面和外面撒了玉米，大箱子有一道门，门上系了一根绳子，他抓着绳子的另一端躲在一处观察，只要等到火鸡进入箱子，他就拉扯绳子，把门关上。一天，有12只火鸡进入箱子，然后有一只偷溜了出来。他想："我等箱子里面有12只火鸡后，就关上门。"然而他在等溜出箱外的火鸡回到箱内时，又有一只火鸡跑出来了。他想："我等箱内有11只火鸡后，就拉绳子好了。"可是他在等待的时候，又有3只溜出去了。最后，箱内一只火鸡也不剩。

北大财富课上常会出现这个故事，这个故事中主人公的确很像股票财富追求者。不管他们是在交好运的时候还是不断亏损的时候，同样是适用的。大部分投资人无法在亏损时做出止损的决定。

在北大财富大师看来，财富追求者在入场前就应该为自己的退路做好准备。应该说，就这个建议来看，对比一下财富追求者的各种非理性投资行为，显然这个建议是最贴近投资本身的。欧奈尔的投资观念，具有鲜明的时代性。这种特性使他和流行的电子交易系统联系得异常紧密。这种交易系统更看重投资经验和风险系统的人为风险分散机制。

许多人在确定的投资系统下出现各种非理性行为，从投资过度冒险，到羊群行为，缺乏风险意识，都具人力时代的特点。而欧奈尔的理论则不然，他从系统本身的现状出发解决问题。正如信息时代的发展趋势那样，在人类越来越依赖机器的时候，为了避免最大范围的错误，显然有必要加强这些机器的管理和监管机制。

真正让你必须学会认清现实想好退路的事情是，包括大师在内，都根本无法做到不亏损。在投资中，亏损是再正常不过的事情了。从学术界的观点来看，亏损甚至和赢利的概率是一样的。投资总是要有赢利的动机的，可是在真实的世界里，你必须把亏损作为头等大事来抓。对于多数普通财富追求者来说，他们在资金上的劣势，让他们在亏损的时候有可能付出更高的代价。依靠个人资金，实现战胜市场的做法只是人们的一厢情愿。

一个美国老太仅仅持有3只股票，却留下700万美元的遗产并捐助给一慈善基金。她服务的公司是惠氏。从1935年第一次买入惠氏股票，后来不断拆股、分红，以至于股票价值如滚雪球般增加。如果她不幸服务于安然、世通或者雷曼等公司，长期持股的结果，就是让她的财富灰飞烟灭。其二，寿命足够长。这个老太太一共活了104岁，持股时间超过70年。在这么长的时间里，买买国债，财富也不少。其三，老太太未婚未育，且生活节俭。换作普通人，这点财富，恐怕早就被孩子的抚养费用、教育费用所吞噬掉了，哪里还有什么巨额财富。

止损的那点成本，本身是一种交易成本。交易成本并不是说只对证券交易所有益。因为从风险本身而言，这种交易成本实际是有利于交易者本身的，长期付出这类成本有效减少损失的个人可能因此获利。这和你在银行所交的管理费是相同的，长期给予银行较高的管理费用，的确有利于账户的安全。和完全不受保护的行为，比如高利贷相比，银行账户长期而言带来的确实是净收益，而高利贷则是绝对的损失。

有的投资家建议人们把止损的部分看成是税收或者保管费，其道理还不至于此。理论上说，所有的投资产品都是风险中性的，在交易中某些产品有更多的风险，那么可能就会出现一种尴尬的局面：绝对亏损的风险项目并不是没有，而是很多，如赌博性的产品，像次贷。因此通常其设计中必须有对冲的机制，才能保证风险中性。

【北大名师点拨】

风险在一定程度上是可知的，你看重收益，那么很可能就淡忘了风险的高压趋势。这可不是个好兆头，有去无回的警告并非空穴来风。

如何知道该何时出脱手中资产

> 面对犹豫不决的现象，股民应制定最有利的“目标卖价”。这是一种预测过程，不应追求以最高价卖出，而应根据股价比买价上涨了几成来决定卖价，至于这几成的数字，完全要根据股票性质及财富追求者的个性及态度来定。同时，还要考虑公司的经营情况、市场环境等。
>
> ——北大财富笔记

称黄金是“终极泡沫”的亿万富翁财富追求者乔治·索罗斯已经在2012年第一季度将所持的近8亿美元黄金资产几乎全部出清。索罗斯脱手黄金的时机远早于大宗商品价格大跌之前：索罗斯清仓的消息也是大宗商品，特别是黄金价格大跌的一个主要动力。

另一名投资巨头约翰·保尔森则是以看涨黄金著称，他依然维持黄金资产保有量。根据各投资企业提交给美国证券交易委员会的监管文件，与索罗斯一样退出黄金市场的其他投资名人还有埃里克·敏迪奇和保罗·图拉迪。

普通财富追求者都有一个疑问，既然保本和止损如此重要，那么普通人如何判断出售资产的良机呢?

表面看上去这好像不是什么难题，对于财富追求者来说这好像是自己的事情，而且其操作极其简单。实际上，真正能够正确出脱资产的人，在华尔街也找不到几个。一个人凭借理智的计算，理性地做到这一点十分困难，更别说判断出脱的时机了。

在买入股票后，见其价格继续上涨，许多财富追求者感到危险降临，结果低价出售。另一种情况是买入股票后，价格稍一震荡，或者听到一些传闻，便急于割肉，或者只赚了很少便清仓，未料到股价的涨跌最终并没有达到自己的预期。前者是财富追求者对自己的判断信心不足，后者却是财富追求者贪心过大。

对于爱好价值投资的人来说，格雷厄姆的投资要旨是真实价值，待股价涨到偏离其投资价值、市场投机气氛浓重时才卖出。此时股价一般较高，回调可能性较大，选择适时卖出，一方面价差较大，另一方面即使卖价不是最高价，也会在顶部区域附近。即使是业绩稳定、股息丰厚、股价昂贵的大公司股票也可能成为投机炒作的对象。

北大财富课还告诉我们：转换股票，也是一类出脱的手段。卖掉持有的未来预期悲观的股票，转而投资股价即将走高的股票，从而提高投资收益。财富追求者在准备买入股票时，还能够谨慎小心，做好充分的准备。具体来说，主要有以下几种情况：

1. 找到投资机会时

能够准确预测价格走势的底部和顶部，可以说是财富追求者梦寐以求的理想，但现实很难做到这一点。因此，一个较好的策略就是不去判断哪里是顶部哪里是底部，而是一旦确定发现了更好的投资机会，便随时把原来的股票抛出，买入新的股票。

2. 在调整投资组合时

股票投资的成功主要取决于如何分配资金比例，采用了合理的投资组合才能稳中求胜，并且应不断定期调整投资组合。

3. 在股价超过目标价位时

你定下了目标价位后，一旦真的达到这一价位，就应该按计划抛掉。因为在制定目标价位时一般会比较理智，但当股价上涨时，多数人会头脑发热。

除去这些方法外，北大财富课还告诉大家一些可利用的规则：

1. 本利分离法

本利分离是指把卖出后的本金和获利区别对待，即以本金做短线投资，追逐强势股，而利润则做长线投资，投放在绩优股上。其优点是，本金可以及时出手获利；利润放在长线股上，心理负担轻，可以静待股价向有利位置发展。

2. 定点了结法

根据对股票质地、股价走势等综合因素的分析，确定一个赢利定点，股价一旦涨升到该定点便果断抛出。

3. 止损了结法

止损了结法是确定所持股票股价回落到一定价位时即卖出了结止损。比如不管股价如何上涨，投资人确定只要回跌1元即行了结。这种方法对小股民很实用，让出了小利，却解决了无法把握股市涨跌的问题。

【北大名师点拨】

财富追求者一旦持股，情绪就容易紧张，难以把握卖出时机，因此需要给自己确定一些基本的卖出策略，以摆脱不理智的情绪对投资决策的干扰。

为什么止损点要设为8%

止损是财富追求者交易行为的组成部分，是为交易系统服务的，绝不仅仅是控制风险。

——北大财富笔记

不同的财富追求者设置止损点的依据不同，主要有以下几个依据：

1. 根据亏损程度设置，如当现价低于买入价5%或10%时止损，通常投机型短线买入的止损位设置在下跌2%～3%，而投资型长线买入止损位设置的下跌比例相对较大。

2. 与近日最高价相比，当汇价从最高价下跌达到一定幅度时卖出，假如此时财富追求者处于亏损状态的叫止损，处于赢利状态的叫止赢。这种方法在大多数情况下用于止赢。下跌幅度达到多少时止赢要看汇价的活跃度，较为活跃的货币要把幅度设置得大些。

3. 技术形态。大部分财富追求者利用支撑位、阻力位、前期盘中高点和低点等技术指标来衡量，日内交易也是如此。

4. 震荡形态。震荡形态是设置止损点的一个重要指标。

5. 利用百分比设置止损点。日内交易者通常采取这种做法，具体情况由起始交易规模决定，通常是1/2或1/4个点。

6. 利用支撑与压力找出止损。

在投资中经常提到的一种说法是保持止损点为8%的做法，止损点为8%的说法也在投资界广为流传。

很多财富追求者从轻微亏损演变为损失惨重，之所以亏损由小变大，就是不止损所致。100万的投资，出现2万亏损时，你不止损亏损可能就变大到5万，你还不止损亏损就会变大到10万，再不止损就到20万，还不止损就到30万、50万甚至更多，当然最终也有可能亏完本金。

不过为什么这个数字是8%而不是别的，这是许多财富追求者十分感兴趣的事情。最早提出8%的止损点说法的是投资大师欧奈尔。在他看来，像美国这样的市场，相对于其税率和平均利率来说，8%是个比较合适的止损点。后来随着欧奈尔的理论流行，投资保持8%的止损幅度也成为一个投资铁律。当然这主要还是和美国证券市场的规则发育最成熟，各个市场都选择模仿美国有关。

而8%的标准其实只是一个华尔街经验，只不过经历过像欧奈尔这样的大师验证是成立的。美国的不少调查公司对这一经验进行过多次数据检验，发现这个止损点的确是最为准确的。大致在标准普尔的指数检验中，其可靠性也是最为优秀的。

不过，并不是所有的止损点都可以用8%。止损点是动态的，不是静止的，随着价格的波动，止损也应做相应调整。不同的单量止损点也不尽相同，但总亏损应控制在总资金而不是进场资金的3%～5%。假设有10万元资金，若止损点只有10点，可能进场50手，若止损点为50点，则只进场10手，若价格有利，则止损相应上调，若不利，则立即出场，不管对与错。

就如世界上不存在统一的交易模式一样，止损也没有统一的方式；就如不存在完美的交易一样，也不存在完美的止损。止损的使用绝不是如教科书所写的那样简单，止损更大程度上是一种艺术，完全因人而异，因财富追求者的交易风格而异。

例如，外汇财富追求者下单时设置了止损，但止损经常被打掉，止损触发后，行情又拐头向对自己原有头寸有利的方向发展，交易者经常陷入“建仓—止损—再建仓—再止损”的恶性循环中，此时，所有的分析和预测都不重要了，因为止损成了交易者如影相随的噩梦。设了止损是正确的，但这种现象很令人无奈，原因在哪？在投资和投机中，止损的观点被公认为必需的功夫和原则，没有止损的交易是危险的交易，在杠杆式交易中，它几乎关系到投入资金的生死，许多爆仓者不缺乏分析交易技巧，但最终还是以失败告终。

一旦失败的交易来临，交易者浑然不知，自以为判断没有问题，行情的反向发展是暂时现象，迟早会回头，但结果往往是以巨额亏损收场，甚至血本无归。

假如你和恋爱对象结婚后，每天都为一个梦想中的幸福家庭打拼，却发现不管你怎么努力，对方都在有意无意地和你争吵，严重影响你的日常情绪、工作表现和身体健康状况，此时你是继续撑下去，还是及早结束这段婚姻，“止损”重来？

【北大名师点拨】

北大财富大师提醒，凡是你投入了时间、精力或钱财的事物，当产出是负数时就该及时止损，不止损只会让你的损失越来越大。

为什么不要相信“这次与以往不同”

运气不可能持续一辈子，能帮助你持续一辈子的东西只有你个人的能力。

——俞敏洪（毕业于北京大学，新东方创始人）

在华尔街，最昂贵的教训就是“这次与以往不同”。历史不断地重演，泡沫还是要破裂，不了解市场历史是一个重要的障碍。

例如，2000年春天，财经出版物上开始充斥半导体股票将不再有周期性的论调，这扭转了芯片类股票处在顶部的走势。一年以后，能源股疯涨，很多分析师预测，未来几年这些股票的收益将以20%左右的速度增长。然而，经济增长放缓，能源的需求受到打击，新的工厂提高了供应能力。结果，能源股票像Mirant公司和Calpine公司下跌了50%～60%，在安然公司崩溃之前，它们的命运就已经注定了。

这个道理很简单：你必须成为市场历史的学生，才能清楚股市的未来。任何时候你听到某人说“这次与以往不同”，请你关掉电视散步去吧。

“这次与以往不同”，这是每一次股市狂潮中最大的卖点。不妨看一下华尔街商业销售的广告用语吧，今天推荐你用信用卡的商业用语和几十年前惊人的相似。美国运通的卡片只是稍微改了一下还款利率的数字，其他的细节没有发生丝毫变化，甚至华尔街本身也是一样。

邓普顿说，投资中最贵的5个字是“这次不一样”。作为世界上最为成功的基金管理人之一，投资大师邓普顿承认：自己一生中有1/3的投资是糟糕的。

很多财富追求者都喜欢在市场中以身试险，他们盲目地相信自己的判断，乐观地预期未来的成长，当风险缓缓降临时，他们告诫自己这次不一样，不会再像过去那样一输到底。

这时候他们抱持着这样的观念：价值投资的价值定理毫无价值，坚持长期投资的人是可怜的傻瓜。这个时候华尔街会诞生一大批专门教人如何发财的图书和教材，甚至百万富翁训练营。某个人不去参加，会被认为是顽固不化。在次贷危机的风潮中，大量中小投资机构之所以购买那些他们完全不理解的信心产品，主要是因为雷曼兄弟的推销员两个小时的口水。期间他们所使用的说服话语都重复同样一个说法：这次和以前不一样，这是比米尔肯的债券更有创意的发财机会。

但是当次贷危机崩盘的时候，人们突然发现他们抛售的动机，和当初疯狂买进的理由几乎如出一辙。大部分人在经历了十几年的疯狂牛市后突然意识到：这一次和上一次完全一样。

要知道，即使正统的教科书都会专门用一章的篇幅记录这些惨痛的华尔街风暴。回到华尔街的那条大街，这里和1929年时并没有多大差别。更让人惊讶的是，甚至在这里发生的泡沫性失败也和过去一样没有差别。那为什么还有人如此漠视这些历史的教训?

对于那些投资的失败者来说，他们不愿意承认历史的轮回，认为以前的错误只是偶然的，太阳每天都是新的。

北大财富课还展示了另一个重要的现象，对于市场的各种历史性的失败，财富追求者更相信这些失败自己有能力驾驭。许多人了解并很清楚这些风险的存在，甚至对每一次风暴都能详细讲出细节，不过，他们更相信自己的独特能力。那些战胜市场的观点之所以长期受到欢迎，除去这意味着可以赚到更多的钱外，它们还部分地迎合了人们的侥幸心理。大多数人相信自己并不一定会随波逐流，自己的判断比别人的更加明智。

只可惜，市场终究是无情的，在人们的各种侥幸和健忘之后，华尔街总是历史性地重演各种悲剧。只有教科书能够平静地记叙这里发生的种种已磨灭的神话兴盛又消逝的历程。而在真实世界，有多少人会相信5美元一本的华尔街历史书能够让自己避免悲剧？

【北大名师点拨】

财富追求者最容易犯的错误之一就是重复错误，因为那是他们的视角盲点和行为硬伤，需要不断提醒注意才能有效克服。

为什么不要陷入对公司产品的偏爱

从根本上说，因为偏爱产品，进而偏爱投资其股票，本身就是一种非理性的投资。

——北大财富笔记

你认为苹果公司的产品不错，所以你决定购买苹果的股票。同样因为扎克伯格的脸谱网站是个逗乐子的好地方，所以你判断人们永远有社交的需求，进而大量购买这家公司的股票。凭借偏好购买股票并不罕见，有些人还振振有词地举出巴菲特的例子。

在生活中，巴菲特天天离不开可口可乐，对可口可乐表现出异常的狂热。有人对他说："巴菲特先生，这是我们最好的葡萄酒，50年陈酿，请您品尝一下。"巴菲特一摆手，道："谢谢，我不喝，我只喝可口可乐。"巴菲特每年召开伯克希尔·哈撒韦公司股东大会时，特别规定，股东大会官方指定饮料是可口可乐。巴菲特的妻子苏珊说："每个认识他的人都知道，巴菲特是多么狂热地喜欢喝可口可乐，巴菲特的血管里，流的不是红色的血液，而是红色的可乐。"1988—1989年，巴菲特一共买进了12亿美元的可口可乐股票，后来这批股票升值到96亿美元，上涨了8倍，是巴菲特赚钱最多的一只股票。你能想象得到吗？一个人竟然能从自己天天喝的饮料上赚到近100亿美元。

巴菲特1989年投资买入吉列公司的股票，一个重要原因在于他非常熟悉、了解吉列。"每当我在晚上入睡之前，想到明天早晨会有25亿男人不得不剃须的时候，我的心头就会涌起一丝喜悦……吉列刀片已经有100多年的历史。消费者需要不断更新自己的刀片，所以他们对吉列公司产品的消费支出也会不断增加。”

问题是这些例子靠谱吗？真的能从你的生活中找到投资的灵感，大获全胜吗？实际上，真正让巴菲特购买可口可乐股票的原因是：他从市场上看到在这个大众口味日趋相同的世界里，可口可乐的股票价格并没有表现出在国际市场中的绝对增长。换言之，可口可乐独特的品牌价值是巴菲特投资的原因。

至于吉列公司，巴菲特本人并不使用这家公司的刀片，所以在宝洁公司宣布收购吉列的时候，这位股神立刻成为宝洁公司的新股东。巴菲特的投资都是在事先调查并精心分析后才进行的。甚至对于美国大部分公司的股票，他都会买上一手，为的是看一下这些公司的财报，判断真实的公司管理情况和价值等内容。与其说巴菲特的投资是对产品的偏爱，倒不如说是对研究产品价值和市场定位的偏爱。

最初购买升阳公司股票的股东，很多都是其产品的发烧友，许多人支持升阳公司的原因是：升阳是硅谷最具技术实力的公司，不仅在服务器市场上占有领先地位，软件产品同样无出其右。

这家公司的股票最初受到疯狂追捧，其中最大的支持者就是硅谷本身的科技人员，升阳股票可谓技术爱好者最偏向最喜欢的股票。就在英特尔公司发布盈余预警时，这个公司的股票还一度高达每股100美元。当大部分高科技公司为股价大滑坡而一筹莫展之际，升阳公司却忙于在2000年12月拆股，与硅谷的气氛形成了鲜明的对照。

从技术上说，升阳的产品战胜了微软，可是在股市上这家公司的业绩一败涂地，如今其股价只有3美元左右。你在100美元的时候因为偏爱购买了这家公司的股票，那么暴跌的后果和下地狱差不多。

北大经济学教授指出，高科技公司发售股票并不是因为它们的产品足够优秀，这些公司的股东，更多的时候想的是从财富追求者那里获取足够的现金，让自己成为新的亿万富翁。既然如此，个人凭什么忠诚于产品而做出情感型投资呢？

【北大名师点拨】

陷入产品偏爱而盲目投资正是一些财富追求者落入投资陷阱的开端。

为什么不要试图选择市场时机

如果你根据空气动力学来研究蝴蝶，它不可能飞起来。正因为蝴蝶不知道这个道理，所以它飞了。

——李非列（毕业于北京大学，飞尚集团董事长）

美国主流社会其实根本没有“炒房文化”，这是因为存在一个P/I值的约束，这个值也就是平均房价和当地居民的平均家庭年收入之比。长久以来它维持在3左右。2005年以来次贷泛滥，人们太容易从银行得到贷款，人人都能得到贷款买房。结果房价起飞，P/I值猛涨，曾经超过5，形成房地产泡沫。泡沫破灭之后，虽然房价一路下跌至平均一栋20万美元，但按美国家庭的平均年收入5.2万美元计算，P/I值依然超过3，所以包括北大教授在内的大多数人认为至少还有25%的下跌空间。房价一旦下跌，复苏需要相当漫长的时间。美国上次房市泡沫破灭，跌势始于1989年，到1996年才止跌，又过了几年才回升。

经过这次房市大风暴，美国政府出台新法律，限制金融机构随意发放房贷，再加上美国住房拥有率高企，估计未来房价只会随着通胀的幅度上升而已。

在美国次贷危机3年后，中国新移民多半选择中国人聚集之处，像纽约、洛杉矶、旧金山和芝加哥，有些人认为趁着美国房地产的低迷投资，应该是最聪明的时机选择了。有些广告公司介绍说，这是房地产抄底的最佳机会。对于那些特别偏爱波士顿和加州等好地段的中国移民来说，学区房尤其是他们的关注点。有些人声称，这些房子在下跌40%后，随着美国经济的复苏，迟早将成为最有价值的资产。

聪明的北大经济学家们指出，这不过是一个关于选择和逆向投资择机的美丽宣传。随着时间的流逝，最有可能发生的是中国新移民买房后将因为高税收导致房屋的价值不断下降。特别是在经济复苏之后，随着通胀因素的增加，房产税的比例还将更多地摊到每个人头上。

即使在别的市场，这样的选择仍是一个空前的投资神话。经验证明，根本没有一种策略能持续不断地告诉你，何时入市，何时离场，否则也不会有广告公司和大量的推销人员存在了。

《财经分析师》2001年2月号上有个有趣的研究，它采用一流的方法对1926—1999年的“买入并持有”和“市场选时”策略之间的差别进行研究。作者根据市场转换的频率，基本找出了1926—1999年市场选时变化的所有可能。

作者假定在任何一个特定的月份，一个财富追求者既能在国债市场上又能在股票市场上投资，然后计算各种可能的组合转换的投资回报（不寻常的是，在两种资产中间有超过4096种可能的组合），并把“买入并持有”策略和全部的“市场选时”策略进行比较，看一看选时组合比简单的买入并持有能增加多少收益。

他研究的结果怎样呢？全年大约1/3的月份中，市场选时组合打败了买入并持有策略组合。你也许会认为：“我用市场选时策略，将有33%的机会打败市场。我要抓住这些机会！”

这是伯顿·马尔基尔用来拆穿市场选择神话的一个例子。对于这个例子，这位投资大师分析说，这个例子存在很多硬伤，这篇论文的计算结果夸大了市场选时策略的收益，因为它对每一年的考察用的是不连续的期间。股票市场的收益是不对称的。晨星公司所追踪的数以千计的基金，没有一只在过去20年中能够持续不断地做好市场选时。

学者们调查了数千家基金，观察他们的策略和业绩的关系，最后发现，除去出现基金经理后知后觉的表现外，还有一些基金根本就和不采取任何策略一样。他们的业绩在采取策略的时候，还可能表现得更加糟糕。市场本身说明，选时不是一个持续可行的策略，对于运作共同基金来说，某人找到了一个可靠的市场选时的方法，他们早就开始那样做了。

有的时候，选时策略根本就是一种变相的欺骗。其中最为令人印象深刻的是分析师们的投资咨询。你观察过投资分析者的报告，并且了解他们所坚持的长期投资战略劝说模式，那么随便调用一下同一个人不同时间段对于同一公司的报告，最终你会发现，他们得到的结论几乎是自相矛盾的。扩大一下范围，没有哪两个分析师在同一时间对同一公司的看法是相同的。更有意思的是，在这种混乱中，每一个分析师都会告诉你他的方法最有效。这显然是一种不靠谱的明显证据。

北大经济学讲师指出：股票分析师们如此荒诞，主要是因为在他们看来，分歧越多，投资的机会也就越多，显然通过忽悠各种互相矛盾的观点，有助于扩大这类分歧。在这些报告影响下的个人做出的投资行为越偏离、越怪异，那么分析师们的老大也就越可能从中渔利。比如大人物索罗斯显然就是这种制造混乱，从中获利的专家。

【北大名师点拨】

应该放弃充满投机性质，毫无道理的选择时机的做法。这不可能带给你机会，你没有那样的运气。

第8课　财富组合理论：不把鸡蛋放在同一个篮子里

理财组合的形式，对于初入金融市场的新手或者拼杀多年的金融江湖老手来说，都是比较稳妥的投资方式。作为财富积累与扩大的方式，资产不集中于一处，才能让自己拥有更多的发展机会，在分散风险的同时，广开门路，为增长财富带来多重可能性。

为什么要建立理财组合

> 我们说，苹果的伟大，这个过程并不是乔布斯一个人闭门造车出来的，乔布斯自己的伟大不是他想出来这些技术细节，而是他对各种idea有判断力，然后能把不同的idea串在一起，形成一个技术完美结合的产品。
>
> ——蔡洪滨（北京大学光华管理学院院长）

投资市场上常说，不要将鸡蛋都放进同一个篮子里。道理很明显，将鸡蛋都放在一个篮子中，万一出现意外，篮子倒了，鸡蛋就会全部打碎。这句话经常被用来引导财富追求者进行决策。为什么要这样做呢？

众所周知，财富追求者进入市场的目的是获得利润，但市场并不是总能如财富追求者所愿，它有自己的运行规律，并且，大多数时候我们得到的市场信息是不充分的，在这种情况下，财富追求者做出正确决策的难度又会增大。然而，投资总是包含着一定的风险，财富追求者会有收益也会有亏损。在这种情况下，马科维茨提出了投资组合理论，通过对投资的方向和品种适当进行分散和搭配，财富追求者可以避免在投资过程中出现被市场全面套牢的情况。该做法旨在分散投资风险，以使财富追求者的利益得到保障。

如今，投资组合已经成为市场中被广泛使用的一种风险规避方式。最常见的投资组合就是在银行储蓄、债券、股票、房地产、贵金属和其他投资品种等投资方向上进行搭配和结合。但是，从更广泛的意义上来讲，有时候一个投资方向也会涉及投资组合的问题。因此，投资组合事实上是一个比较宽泛的概念。

北大财富课告诉我们：建立投资组合需要一定的前提，首先，它要求市场中存在着不同的投资机会和多品种的投资类别，这为财富追求者的选择提供了一个基础，他们可以对不同的投资进行评估，这就使组合投资具有实现的可能性。其次，市场中的各种投资有着不同的发展趋势和状况，要知道，大盘所指示的只是投资的一个概况，不管整个投资市场发展如何，市场中都会存在处于不同阶段的各种投资机会。

大行情上涨时，并不是所有的投资价值都上升，而大行情下跌时，也不是所有的投资价值都下跌。更多时候，市场中的各种投资呈现给我们的是一种此消彼长的状态。在这样的情况下，如果财富追求者进行集中投资，选择正确的情况下会得到不菲的收益，这固然好，但是，一旦财富追求者选择错误，最后的结果往往是鸡飞蛋打。这时候，投资组合就显得尤为重要。

在明确了投资组合的重要性后，我们开始思考，有效的投资组合应该怎样建立。我们知道，投资组合的目的在于分散风险，提高收益。所以，财富追求者首先要做的就是根据市场状况和自己的承受能力，确定可接受的风险水平，然后就是在确定好的风险接受水平下尽可能地扩大预期的投资回报率。这样的投资组合预期要实现两个目标，一是预期的回报率要高于同等风险的其他投资方式，二是在同等风险的不同投资方式中，尽可能达到最高的投资回报率。

建立投资组合的关键在于选择投资项目，只有高明的选择才能建立有效的投资组合。我们知道，市场中品种相近的投资往往具有相似的风险和报酬，财富追求者若要分散投资风险，最重要的就是分散投资的品种，品种之间的相关性越弱越好。

这里所说的“弱相关性”主要包括以下几个方面：一种是行业间的相关性。财富追求者可以选择不同的行业进行跨行业组合，如同时购进电子类、金融类、建筑类等品种的投资。二是地区间的相关性。不同的地区由于发展水平、政策因素等方面的不同，导致投资的不同，选择来自不同地区的投资能在一定程度上增强抗风险能力。三是不同投资种类的相关性。不同的投资种类往往在风险水平、赢利期间和赢利额度等方面存在巨大差异。例如，财富追求者可以选择投资股票市场、债券市场、期货市场和贵金属市场等，以达到分散风险的目的。四是持有期间和投资时机的不同。市场之中存在许多机会和风险，财富追求者不仅要选择何时投入资金，也要选择持有期间的长短。例如财富追求者可以选择分期投资，伺机而动，以保证机会来临时有可用资金。又比如在持有期间上，财富追求者可以选择将投资期长利润高与利润低投资期短的投资相结合等。

一般情况下，投资组合理论还有一个组合分散度的把握问题。在实际操作时，财富追求者还要考虑市场的状况和自己持有的资金量等方面的因素。北大财富课提醒我们，投资组合的选择并不是一个简单的问题，它涉及多方面因素和多种环境影响，并根据财富追求者的能力与期望的不同而不同。

【北大名师点拨】

投资组合更多的是作为一种防御手段出现，首要目的是分散风险，获利只是进一步的要求，不能过分强求。当然，在能够确认某个“篮子”的确不会倒的情况下，财富追求者就不必再将“鸡蛋”放到可能倒的篮子里了。

为什么要不断地优化理财组合

追求财富，必须保持对市场的敏感度，时刻注意市场的变化，并根据变化及时调整自己的投资组合。要结合外部投资环境和财富追求者预期收益的改变随时做出合理调整。

——北大财富笔记

市场总是处在变动之中的，财富追求者在选定投资组合之后，并不是一成不变的。很多财富追求者之所以在选择合理投资组合之后仍没有获利，很重要的原因就是没有及时对变化做出反应。近些年，在经历资本市场的调整、全球金融危机之后，作为财富追求者，是时候花些时间来进行理性思考了，衡量投资收益、风险与自身需求的关系，主动出击，通过优化投资组合来应对市场变化，不应该再盲从于市场。在北大厉以宁教授看来，适时调整方向本身就是力量。

已经建立科学投资组合的财富追求者很清楚自己手中持有的投资，这里面包括持有的各项投资的数额、相对比例、风险等一系列因素。因为财富追求者在进行投资时，是根据当时的市场状况和自身的条件而设立的，所以，在这些内在或外在的因素发生变化时，起初的投资组合很难适应这些变化，从而影响财富追求者的收益。因此，由于以下几个方面因素的存在，财富追求者需要经常地优化投资组合：

第一，由于市场环境是经常变动的，财富追求者最初选择的投资种类的风险和收益也会随之变动，当然，这些变动有可能是好的，也有可能是对财富追求者不利的。财富追求者要根据出现的不同情况来对自己手中持有的投资进行调整，以达到优化组合的目的。还有一种情况，当市场中又出现更好的投资项目时，财富追求者若有能力，也需要对现有的投资组合进行优化。

第二，投资计划不是一成不变的。在不同的投资阶段，财富追求者对投资的需求各有不同。投资的最优配置是一个动态的问题。

第三，在投资过程中，财富追求者时常会对自己的投资组合进行评估，将现有投资组合的获利情况与自己的目标进行比较，并发现其中的差距。当两者的差距较小时，财富追求者一般不需要进行变动，只需要维持原有的投资组合就能保证预期目标的实现。而当两者之间的差距比较大时，财富追求者需要思考其中的原因，看看产生差距的原因究竟在哪里。

走出北大校园后，杨远志心潮澎湃地投奔远在上海的亲戚去了。到了之后他才知道，亲戚一直以卖废品为生，虽然过得倒也不错，但总让人觉得不是那么回事儿，自己也不能跟着他们一起收废品卖废品啊。正在迷茫时，他突发奇想，如果把这些易拉罐熔化，是不是能比熔化前更值钱呢？百无聊赖中，他试着让亲戚将一个易拉罐熔化成了一个很小的金属块，然后花钱请鉴定部门做了化验，本是一个无聊的尝试，结果却让人很意外，熔化成的小金属块居然是一种价值不菲的合金。

经过一番计算之后，杨远志发现，易拉罐熔化后再卖出比熔化前卖多挣6~7倍。于是，在他的鼓动下，亲戚和他一起开始大量回收易拉罐，并且筹资建造了金属加工厂，高价收回的易拉罐经过加工后，以很高的价格卖了出去，3年的时间里，杨远志和亲戚的厂子不断扩大，生意越做越大，收入也越来越多了。

市场不会永久下跌，也不会是一直上升的，这就要求财富追求者对市场进行良好的把握。对于成功的财富追求者来讲，不管市场如何变动，他们总是能保证自己的安全，当一类投资市场的行情不好时，他们就会选择暂时收回投资或转而投资其他领域。他们通常会固定持有一些长期投资，同时保持一定的流动资金，以便在看好某项投资时及时做决定。财富追求者只有根据市场适时调整自己的投资组合，才能最终获得成功。

市场上升时有升市的投资方法，市场下跌时也有其对应的投资方法，没有一成不变的市场，也没有一成不变的投资组合。投资组合应当是动态而非静态的组合，可以随时变动，以免失去应有的投资机会。

【北大名师点拨】

在投资中通过学习与实践来增强自己的辨别能力，不断地优化自己的投资组合，才能成为市场上最后的赢家。

资产分散得越广越好吗

投资应该相对集中，然后结合自己的资金量进行适当的分散，这对财富的累积和增长才是可靠而有效的。

——北大财富笔记

马科维茨所创立的现代投资组合理论在投资市场中得到了广泛的响应，并被广为传播，得到了一代又一代财富追求者的推崇。的确，这种投资组合方式有着多方面的优点，理所当然成为财富追求者的选择。但是任何事情都存在一个度，一味追求分散只会导致过犹不及的效果。

试想，过分地分散，把鸡蛋放到太多篮子里，肯定会出现一个监督问题。任何人的精力都是有限的，如果篮子的数量太多，必然会有一部分超过我们的监控能力范围，财富追求者不可能时时盯着所有的篮子；还有一个问题也是值得注意的，太过分散会导致很多鸡蛋没被放进好篮子，这其实就是放弃了本来的赢利可能，而追求了多余的安全。

因循守旧，遵循被广泛认可的理论，很多时候只能保证财富追求者的安全，而不能保证其在投资中获利。现实中，很多财富追求者被过分灌输了分散投资的重要性，总是担心自己将过多的钱投入到一项投资中会彻底失败，于是将手中的资金分为好多份，并做成各种不同的投资。这样一来，很多财富追求者难免会将资金投入到自己不熟悉不了解的行业中，而对自己彻底了解的投资却买进不多。其实，这样才是错误的做法，财富追求者不仅失去了获利的机会，更增加了自己的风险。因为在投资市场上，盲目投资所带来的风险远比集中投资要高。

在我们身边比较常见的有两类财富追求者。一类财富追求者所拥有的资金量并不大，但买了很多股票，当被要求把买的股票一一列出时，他们往往只能去查找自己的交易记录。更可怕的是，当被问起他的股票状况时，财富追求者更是不甚了解。他们大多是听信投资经理或者完全靠报纸电台的推荐，并且不断地换股。这类财富追求者是最为常见的。

还有一类财富追求者看起来比较神秘，他们往往有较大的资金量，而且在投资界有一批朋友。他们的投资则是根据朋友的建议，相信那些所谓的内幕消息，然后把所有的资金都投入到一个投资产品上，期待能大赚一笔。事实上，这两种财富追求者都鲜有能真正长久赢利的，他们在投资市场中走了两个极端，而这两个极端都是我们应该避免的。

北大经济学教授指出，真正能为财富追求者带来收益的，绝对不是仅仅带来微利的一打投资产品，而是包含巨额回报的两三个投资产品。行为理论认为，投资种类持有越多，人的反应速度就越慢。而投资种类越少时，越容易进行管理，行情不好时便于清仓，机会来临时也更容易抓住机会。

最好的情况是把有限的资金放到自己比较了解的投资上，并随时关注其变动。那么，在意识到过分分散投资的弊端之后，一个财富追求者究竟应该怎样进行投资，对于财富追求者来说持有多少投资产品比较合适呢？

除非财富追求者有百分之百的把握，否则，没有人会将所有资金投入一项投资中，因为这样显然是行不通的，任何人都无法确保一个投资产品的收益。所以，在这种情况下，财富追求者最好还是多买几个。华尔街一些著名投资家认为，财富追求者选择的准确性一般在30%～40%，也就是说，财富追求者持有3只投资是必要的。

著名的投资家欧奈尔曾经就这个问题发表过自己的看法，他认为，财富追求者的资金量在5000美元以下的，持有投资数最好不要超过两只；投资额在

5000～10000美元的财富追求者，持有2～3种投资比较合适；在10000～25000美元的，财富追求者可以持有4～5种投资；在25000～50000美元的，可以持有5～6种。同时，无论我们的资金量有多大，作为投资组合，最多也不要超过15种。

【北大名师点拨】

分散投资仅关注数量是不对的，聪明的财富追求者应该建立科学的投资组合，对投资的行业、板块等进行合理布局，适当持有以求赢利。

怎样建立科学合理的理财组合

在复杂多变的情况下，通过一系列综合思考的决策技巧，应变式地找出或开发新的解决方案。

——李彦宏（毕业于北京大学，百度创始人）

在前面我们提到，作为聪明的财富追求者，要建立科学的理财组合。可是，怎样的理财组合才算得上科学？是否有一套原则来对其进行约束呢？当然，财富追求者在选择合适的投资组合时，需要考虑多方面的因素，其中最主要的是两个方面：一方面要结合自身情况，另一方面，还要遵守以下一些原则。只有兼顾二者，财富追求者才能保证投资的科学性。

首先，财富追求者需要对自身进行一系列评估。这些评估主要包括财务状况评估、风险承受能力评估、预期目标评估等多方面的内容。一般来说，一个人的全部财产大致会被分配到储蓄、消费、保险、置业、投资等多个方面。财富追求者进行投资的前提条件就是自己要有部分的闲置资金，可以供财富追求者在一定时期内进行支配，并且不会对原有的生活质量造成影响。

在明确了自己的投资可能性后，北大财富课提醒财富追求者还需要对市场有一个良好的认识。必须时刻做好准备，并认清自己的风险承受底线在哪里。风险承受能力高的财富追求者，可以尝试高风险高收益的项目；相反的话，就比较适合采取保守的策略。然后财富追求者要做的就是，结合自身财务状况与风险承受能力，设定切实可行的投资目标，这个目标越切合个人实际，其实现的可能性也就越高。

在对自身进行评估后，需要依据一些准则来建立科学的投资组合，以实现自身收益的最大化。通常情况下，这些准则包括以下几方面的内容：

第一，要遵循资金原则。在对自身的财务状况进行评估之后，可以清楚自己可支配的资金数额。同时，由于财富追求者的闲置资金较多，财富追求者更能以平常心对待，有利于自身做出正确的决策，即便发生失误，也不会过分地影响生活。而对于闲置资金较少的财富追求者来说，适合选择风险较小，相对来讲比较稳定的投资组合，以保证投入资金的安全性。

第二，需要掌握投资时间。包括两个方面，一方面是指财富追求者为投资所花费的时间，包括投资前期的信息搜集、资金准备、投资组合的构建，投资中对市场信息的把握，投资组合的调整等。另一方面，投资的时间也指财富追求者选择投资类别的回收期，也就是说，财富追求者在进行投资时，需要对长期投资和短期投资有一个合理配比。

另外，北大财富课还提出，在选择投资组合时，财富追求者还要注意使投资组合的选择与自己的能力相配比。要寻找自己擅长的投资类别，充分发挥自身优势。对于能力较强的财富追求者，可适当增加组合中投资的数量，多选择几种自己看好的投资。而对于能力较弱，或者接触投资时间不长的财富追求者来讲，一定要在各种备选项中选择自己最熟悉的2～3种，以保证自己有足够的能力来监控投资的变动情况。

最后一个原则是，在评估确定的风险接受水平下，尽量扩大预期的收益率。一个科学的投资组合，能慎重地接受适当的风险，并且对风险进行管理，然后得到可预见的一定的投资报酬。这里就需要对各种投资风险进行组合，通过组合的作用，将那些我们无意接受的风险内化掉，消除单个投资所带来的影响，以达到组合投资所设定的风险水平。有效组合的一个显著特征就是，在同样的风险水平下，有效的投资组合能带来的收益高于其他可行的投资组合。财富追求者需要对各个投资备选项进行风险与收益评估，并根据预期的目标进行选择。

【北大名师点拨】

科学合理的投资组合是良好投资收益的保障，财富追求者要想在投资中获益，需要对投资组合的选择与构建进行清晰的认识。

为什么要剔除劣质“牛排”

财富追求者应该时刻对自己的投资候选对象持有谨慎的怀疑态度。

——北大财富笔记

在对市场进行分析之后，我们会得到一批目标企业，并将这些目标企业定义为投资候选对象，下一步我们要做的就是对各个投资对象进行分析。通过分析，我们需要确定哪些投资是值得买进的，哪些应该敬而远之。

我们知道，一项投资的价格低可能是两种不同的原因导致的，一种是其价值被暂时地低估了，这样的投资迟早会升值，重回它本身应有的价值；而另一些投资之所以价格低，仅仅是公司本身就存在根本性的问题，以至于不可能有什么价值。财富追求者要做的就是识别出优质投资，剔除劣质投资。

财富追求者需要剔除的第一类劣质投资就是那些存在问题的投资，它们之所以便宜，主要在于债务过多。债务过多会带来很多问题，首先，过多的债务就意味着过大的财务风险，进而使公司经营管理面临的风险过大，这样一来，稳妥的投资公司就不会再借钱给它。而且，一旦被投资公司的资金链出现问题，很可能会面临倒闭的风险，很多时候，破产拍卖的钱都不够偿还财富追求者。面对这样大的风险，任何一个理智的财富追求者都不应该将自己的资金投到里面。

当然，对于价值暂时被市场低估的投资，其公司的增长业绩低于市场分析师的预期，结果就导致了股价下跌。但是，这种低估只是暂时的，由于公司的内在价值是好的，所以升值是迟早的事情。这种状况为财富追求者提供了买进的好机会，其存在的价值差就是财富追求者的潜在投资目的。对于我们大多数财富追求者来讲，可能会比较多地关注一项投资的短期收益，而忽视长期的成功。这就使很多财富追求者错失良机，看着好机会白白从眼前溜走，自己却毫无察觉。所以说，财富追求者要想进行明智的选择，需要对投资的知识有更多的了解，才能保证自己在众多的投资中甄别出优质投资。

第二类需要财富追求者剔除的劣质投资是劳资环境不佳的投资，劳资协议的不合理也会导致股价下跌。现在市场环境比较好，但是有些公司和行业依然对工会的要求置之不理，当市场中出现新进入者的威胁时，企业总是通过增加职工薪酬来试图留住员工，这样就导致企业利润的减少。

第三类财富追求者需要避免的就是行业竞争过于激烈的领域，竞争加剧也是股价下跌的原因之一。如果一个行业的利润水平高于其他，就会吸引更多的竞争者进入，竞争者的增加意味着利润水平的降低，当这种现象在一个国家的某个行业发生时，会导致行业中出现高薪酬和高费用管制并存的现象。这时候，其他一些不受限制，竞争不是很激烈的国家的同行业就拥有了进入本国市场的机会，竞争者会以更低的价格出口其商品。

最后一类需要财富追求者剔除的就是存在会计舞弊的公司，会计舞弊是导致股价下跌的最危险也是最难以挽回的因素。目前来讲，我们在衡量公司业绩等一系列指标时，主要的衡量方式总是通过数字，所以会计信息显得很重要。近些年会计舞弊层出不穷，形式也更加多种多样。所以在追求财富的路上，一定要读懂那些深奥复杂的报表报告，并选择所在行业被大部分人所了解的领域进行投资。

北大财富课提醒我们，在积累财富方面，市场中还有很多好的投资机会与投资选择，但是一定要注意尽量避免投资那些在技术上容易落伍的公司。

【北大名师点拨】

在构建投资组合时，需要将各种投资进行综合分析，对于一些存在问题的投资果断地放弃，并选择自己熟悉的行业进行投资，以保证对投资有充分的理解。需要注意的是，并不是所有便宜的投资都是值得购买的。

如何以最少的理财产品组合赚取最多利润

将资金集中在几家优秀公司上，合理分配投资比例，用最少的产品组合赚取最多的利润，有效规避风险，是取得财富的最稳妥方式之一。

——北大财富笔记

巴菲特在和年轻人谈投资的时候，总是反复强调，在投资过程中，最多的利润来自最少的产品组合。巴菲特的这种观点与拒绝分散化投资有异曲同工之妙。在进行投资经验总结时，巴菲特总是喜欢将投资比作婚姻。

他说："投资好像结婚一样，选择过多的妻子不仅需要投入更多的资金，并且会耗费一个人大量的精力，即便如此，最后也不一定能照顾好。而把精力都放在一个妻子身上就不一样了，照顾起来要简单很多，而且更有可能维持两个人良好的关系，也比较容易修成正果。"以最少的投资产品组合赚取最多的利润，这是巴菲特所提倡的。对于众多财富追求者来说，要达到这样的境界还需要注意以下几个方面的内容：

首先，财富追求者选择的投资对象必须是最优秀的公司。一个成功的财富追求者要具有敏锐的观察能力，善于发现市场中业绩优秀、业务简单、管理层能力强、发展潜力大的企业。

不管一家公司发展得多么大，市场状况多么好，它的投资机会都是有限的。因此，对于财富追求者来说，必须谨慎地对待每一次投资。最先要了解的就是公司的业务范围和未来发展前景，评估公司的综合能力；其次要对公司的管理层人员的能力和水平进行了解，考察管理人员的实际能力和管理文化，看是否能保证公司在管理上的稳定性和持续性；最后综合考虑选中的几家公司，看在能够接受的价格范围内如何分配自己的资金，以求达到最好的组合结构。

当然，分配投资绝对不是简单地将资金平分在几家公司上，而是根据具体情况进行适当的取舍。过分分散投资只会增加投资风险，减少投资收益。一般来说，一个成功的财富追求者不会做分散投资这样的事，因为他完全清楚自己的目的，并可以根据自己的判断选择3~5家合适的公司，这也是我们一般财富追求者需要学习的。

其次，要选择自己最了解的领域进行投资。成功的财富追求者必须具备对被投资公司的情况做出正确判断的能力，也就是说必须清楚了解自己所投资公司的状况。

在清楚自己的能力之后，应该在相应的领域进行选择。我们的任何投资都应该是在准确了解公司的基础上进行的，因此，对于一般的财富追求者，最好的选择就是投资那些本身性质简单、收入稳定的公司，这样便于对自己的投资进行跟进，而且公司反映给我们的信息一般来说也比较直观。

如果你选择了一个结构很复杂的企业进行投资，就很难准确地预测公司的未来发展情况，这种投资和赌博没有什么差别，我们不能依靠碰运气在市场中生存，否则最终会被淘汰。对于绝大多数财富追求者而言，至少要明白自己不知道什么，然后尽量避开自己不熟悉的领域，这样投资就能避免重大失误的产生，也就足以保证赢利了。

北大财富课告诉财富追求者，投资时应该有一个适合自己的投资计划，明确自己的投资目标，以合理的价格买入自己熟悉的优秀企业，最好是能够确信这家公司在未来的投资收益可以保持上涨的趋势。最后，在选择时要保证所面临的风险最小。在选择投资时要综合考虑各种方式所面临的风险，并选择风险最小的组合进行投资。

【北大名师点拨】

最少的产品组合赚取最多的利润，这样既能避免财富追求者在一些情况下不由自主地进行分散化投资，又能确保在发现真正有价值的投资时有能力、有财力进行大规模投资。

第9课　储蓄是聚宝盆还是亏损冠军

储蓄在中国是一种常见并且最为人们所认可的投资方式。作为财富积累的手段，储蓄可以说最为简单而安全，也最容易被中国人所接受。但是，储蓄真的像我们所了解的那样吗？在其背后隐藏着怎样的秘密与技巧，还需要更进一步来研究和了解。

为什么说储蓄也是一种理财

一定要在尚不缺钱的时候借到下一步需要的钱。

——李彦宏（毕业于北京大学，百度创始人）

按照2004年数据，美国年收入1.89万美元以下的家庭中，接近25%在银行没有账户。美联储分析认为，从1989年至2001年，无银行账户家庭比例原本呈减少趋势，但此后便保持稳定。据2006年调查显示，一般美国家庭的平均储蓄仅4000美元，到2011年，只有36%的美国人拥有超过1000美元的银行账户。金融危机后，七成以上的美国人碰到1000美元的资金缺口，也只能通过向朋友借贷甚至典当家产来渡过难关。

多数美国人潜意识中会将储蓄从投资的选项中删除。他们的口头禅是："说不定一年后就会因为一分钱不存，倒欠银行15美元管理费。"他们相信，储蓄不是投资。美国近来流行的观点认为，只有进行资产配置，购入优秀的股票或共同基金才能积累财富。他们的理由不外乎以下3个：

一是，只要短期内你能在各种不同的资产间踩好跷跷板，那么投资的面越大，则风险越小，总体上还是可以超过银行收益的。哪怕一年的收益率只有不到7%，也比银行的2%～6%的利率高得多。再说定期存款账户还要纳税，活期存款连利息也没有，还不如直接消费享受。

二是，市场上总有那么一两只股票或者基金是被低估的，只要眼光好，长期持有，不愁不涨，不用储蓄也能安乐无忧。巴菲特和马尔基尔不都是长期投资优秀股票的天才吗？

三是，婴儿潮一代认为既然自己的父母没有储蓄也可以安然度过一生，而自己正好赶上格林斯潘任期下的市场繁荣，连养老金都是由投资法人控制操作的，若把钱存在银行就是在浪费赚大钱的好机会。

马尔基尔教授用自己的投资经验和理论反驳了这类说法。在他看来，这些说法本身就是投机取巧，目光短浅：

第一，缺少定期储蓄计划，完全依赖投资，也是不可靠的。因为投资只是一时，而储蓄却是一辈子的事情。即使拥有再多的投资收益也无济于事，金山银山也会被不断夷平、清空。马尔基尔坚信，一个人若能从年轻时起坚持定期储蓄，并持之以恒，那么他在生命的最后时期一定能拥有一笔稳健增长的财富。

毕业于北大的马先生是小区里鼎鼎有名的富豪，一向乐于助人，给予他人金钱方面的帮助也十分爽快。有不少人向他询问致富秘诀，他总会问大家同一个问题："如果你有一个糖果罐，每天都存进去5颗糖果，当天吃掉4颗，那么结果会如何呢？"人们总会很自然地回答，过不了几天，糖果罐里的糖就会满满的了。因为虽然我们一直在吃，但是，每天放进去的糖果都比吃掉的多一个。每到这个时候，马先生都会笑着和大家说："发家致富没有什么秘诀，首先要做到的就是，在你的钱包里放入5颗糖果，但不论怎样，最多只能吃掉4颗。"

第二，资产的长期持有是以一定的资金准备为基础的。马尔基尔做教授的时候，人人都认为教授们接受低工资是理所应当的。教授们谈钱是学界大忌，一般人都认为，如果马尔基尔没有教职和华尔街的顾问费，他也只能像其他教授一样，通过和有钱人结婚继承大笔财富，或者花掉更多的钱，但是绝不会赚大量的钱。

第三，马尔基尔遗憾地发现，美国人都缺乏储蓄的意识和行为，喜欢给这种行为找借口。在他看来，凡是不可预期、没有规划的个人资金活动都是投机行为。他认为大多数美国人缺乏理智和耐性，数百万人面临着财富紧缺的威胁，很多人的财富早在互联网泡沫的破灭中化为乌有，却仍对投机乐此不疲。

马尔基尔强调，美国人的失败，特别是金融危机后的窘迫，主要是随意挥霍财富的坏习惯作祟——马尔基尔建议每年消费额最好不超过家庭总资产的4.5%。

【北大名师点拨】

把储蓄划为另类，是一个美国式失败投资的案例。不管美国人表面生活多么光鲜，临死之前却有大量的债务留给下一代，这不是投资和积累财富，而是给下一代的失败埋下祸根。

为什么说储蓄是隐形的亏损冠军

储蓄和消费就相当于烧鹅和房子，人们在银行存款中获得了微薄的利息，与此同时，其他人利用低成本贷款增值远远高于你获得的利息。

——北大财富笔记

美国《新闻周刊》报道，2011年美国各个城市正在掀起一场规模浩大的偷井盖风潮。其中芝加哥一个月就丢了200个井盖，据说有40个是在一天之内丢失的。美国费城供水局下水道清洁部门负责人马丁·麦科尔说："我们过去每年都会丢一些，但没这么多。光昨天晚上费城北部地区就丢了12个井盖。"这简直就是若干年前欧洲井盖丢失现象的再现。

记者调查发现，废旧金属价格上涨，而中国、印度、韩国和其他发展中国家对回收金属的需求增大，导致铸铁井盖不断被小偷偷走。美国通常每个井盖的重量有100～2000磅（1磅约为0.45千克）。2001年，每吨废旧金属的价格为77美元，2004年每吨300美元，后来达到每吨500美元。据美国警方分析，盗窃通常由2～3人完成，他们卖掉一个井盖只挣10～20美元。不过，这个价格对于低收入者仍然很有吸引力。

实际上，美国被盗的不只是井盖，小偷已经染指所有可回收的金属，如铝、铜和不锈钢，等等。随着需求增长，所有金属的价格都不断上涨，只要含有可回收金属的东西都有被盗的危险——从汽车的催化式排气净化系统到家里的铜管，甚至啤酒桶。美国啤酒行业估计，每年被盗的不锈钢啤酒桶的价值大约为5000万美元。

像井盖这样的有形耐用品之所以被小偷们盯上，主要是因为其具有增值的可能性，或者说具有潜在的价值——可以回收循环。你当然可以随便处置任何一美元纸币，这不会改变它的价值。可一美元的投资价值，只要放到银行家那里“回收”，必然产生新的变化，比如会带来几美分的利息。

这种回收并不是毫无条件的，假如井盖下是放射性物质，没有人胆敢以身犯险；而储蓄碰到通胀的威胁就会被自动打破。很多人习惯于储蓄，忽视投资理财，到最后却发现，通货膨胀已经渐渐地把自己的积蓄吞噬掉。

北京大学出身的投资大师们认为，21世纪的前几十年很可能只发生轻微的通货膨胀或根本不发生，财富追求者也不应无视通货膨胀在未来某个时期加速发展的可能性。尽管20世纪90年代和21世纪初生产率加速提高，但历史告诉我们生产率提高的速度总是不平衡的。

让我们再看一下市场的事例，来自股市市盈率和银行账户存款折现回报率的历史的证据表明，巴菲特1964年的个人资产是400万美元；到1977年，他的资产变成7000万美元，增长了大约15倍；到2004年他的个人身家已经达到415亿美元，比1964年增长了10000倍以上。假设同一时间，巴菲特将400万美元存到银行里，那么结果会怎样呢？

银行储蓄利率永远低于银行贷款利率，这是银行赖以生存的基础。而银行存款在利息方面的收入理论上落后于物价上涨的幅度。也就是说，如果仅以银行储蓄这一种手段来保证资产不受损失，往往会遭受巨大的隐性亏损。

【北大名师点拨】

在你进行消费时，你所承担的成本远远高于你的利息收入，也高于其他较早进行消费的人。

如何存钱才能多赚利息

真正存钱高利息的手段，不在课堂，反而在那些形形色色的银行营销单上。

——北大财富笔记

存钱对于多数美国人来说，似乎根本不算什么。在北大，多数学生搞不清推销来的支票账户、信用卡和存钱有什么关系。有些学生发言说，他们根本不知道除去信用卡，还有什么更好的理财规划。

美国运通在留学生心目中一直有着极佳的口碑，其旅行支票等金融服务更是获得了众多用户的青睐。“美国运通旅行支票大使”招募活动自2010年4月19日持续至2010年7月15日，通过海选、投票、答题、面试等环节成为美国运通旅行支票大使，就会连续6个月每月获得100美元的奖励，关注活动并进行投票的网友也有机会通过抽奖获得100美元的大奖。

一位正在加利福尼亚大学洛杉矶分校攻读经济学硕士的留学生表示：“每月有100美元的零花钱，可以补贴日常花销，而且能够成为美国运通的旅行支票大使，更是一件非常有意义的事情，对毕业后申请当地工作也会有很多好处，所以我和身边的朋友都参加了，因为有一些条件限定，参与的留学生总量不会很大，所以中奖概率还是很高的。”

这还只是留学生人群，美国运通即使在美国人当中受欢迎的程度也不低。原因很简单，美国人喜欢频繁地出境旅游。在签证的同时就能得到现金，这种花钱的便利是人们抵制不了的。而正因为这种便利性，美国人认为自己存钱的必要性要比别国人低得多。

在现代，应当说只有获取利息收益超过利息税和手续费的存钱方式，才算是真正意义上的储蓄。手里拿着的支票，还有活期的托管存款账户，根本谈不上是储蓄。

大多数白领都没有从事专业投资的能力，而倾向节俭发家的投资家往往会这么劝导他们：不要轻易涉足各种复杂的股票和基金业务，即使涉足，也要委托给合适的人；除非你考虑好，自己要吃得多，还是要睡得香，为了高收益每天心惊肉跳不是个好选择。所以，依旧老土地去银行存钱吧！

北大商学院课程大部分时候不涉及存钱教育。这也不是商学院的老师会告诉人们的。

中国人向来热爱储蓄，北大论坛财富话题中一条关于如何获取最佳利息回报的帖子写道：假设从2012年1月1日起每天定存50元，从2013年1月1日起，每天就能获得1.75元利息（按一年定期利率3.5%）；可是如果这笔钱放在活期账户内，至2012年12月31日累计到1.8万元时（按一年360天算）再存成定期，则要到2013年12月31日才能获利。到期时，虽然累计生息同为630元，但前者每天都有定存到期，可选择续存或支取，灵活性强得多。比如，存款人在2013年6月30日需提前支取1.8万元，前者仍可获取6个月的定期利息315元，而后者仅能得到半年的活期利息45元。

在存款方面，很多银行实现了智能化服务，存款保险制度，让他们合理避开税收管制，兼营一些利息很高的存款性质的业务。

529教育储蓄计划是美国通用的一种银行教育储备产品。许多中国银行也都创办了教育储备储蓄，存期主要分为一年、三年、六年3个档次，一个户名能存2万元，最多可以享受3次免税政策，高中（中专）享受一次，大专或大学本科享受一次，硕士和博士研究生享受一次，这样一来，就会比普通同档次按期储备存款多收入5%的利息收益。这个产品最理想的一点是，在教育的名义下，它享受3次免税政策和较高的利息。这种存款对于不同年龄段的人，特别是有志于家庭的投资人士来说，可谓保险和储蓄一举两得，是个很好的选择。

【北大名师点拨】

定期存款是所有银行储蓄产品中利息最高的，一般将一笔资金拆分为若干份并按差异期限存入银行，就会得到不同的利息回报。

为什么说信用卡是银行设下的最大的陷阱

大量的信用违约，最终受伤害的是持卡人，尤其是那些毫无节制的“卡奴”。

——北大财富笔记

“你可以用比较低的成本生产很多东西的时候，就会产生一个问题，当你的生产效率提高，生产非常多的东西的时候，消费者没有需求，或者买不起这些东西，或者不需要这些东西，这样一种状况持续了几十年。

“后来什么样的现象或者什么样的技术，或者什么样的经济变化改变了这一点呢？实际上是一种金融上的创新，以前我兜里有钱才能花钱，现在没钱我可以借钱，你可以搞住房贷款，你可以先消费点慢慢挣钱再还，一下子把消费者的需求又带动出来了。”全国工商联副主席、百度在线网络科技（北京）有限公司董事长兼首席执行官李彦宏这样说。

据统计，美国人的钱包里躺着大约6.9亿张信用卡，平均而言一个美国人拥有3张信用卡。信用卡是美国人生活中必不可少的塑料片，其直接作用等同于身份证。

信用卡商通过邮寄大量的宣传广告给大学生，甚至在大学门口摆摊位，从还未踏入社会的年轻人入手。只要一上钩，这些少不更事的年轻人，少则十年二十年，多则一辈子都将在“信用卡陷阱”里打滚，无法脱身。

信用卡上的信贷额诱使年轻人忽视了一个字——“贷”，误以为只要不超越那条信贷线，就可以随意使用。有时甚至无视自己的还贷能力，为了向家人和朋友证明自己的财务状况良好，哪怕银行没有存款，也要一“买”为快，即使背上债务也在所不惜。

然而，信贷消费在美国已成形，信贷消费额在2009年达到1.7万亿美元；美国人花费在信用卡上的财务费用大约500亿美元，人均欠债8562美元；近一半的信用卡持有人每个月只付最低额。

发卡金融机构往往诱惑人们将其他机构的信用卡上的余额转移过来，答应在一定时间期限内（通常3～6个月）给予相对较低的利率。事实上，这个期限一旦过去，发卡机构便有权任意调升利率。几个月之后待持卡人发现利率大幅调升，为时已晚。这样对于金融机构来说，收入大幅提高，而持卡者则渐渐陷入困境。

北美信用卡的合同存在“普遍默认”的特性的问题。只要持卡人在一张卡上拖延付款一次，其所持其他信用卡将受其牵连，尽管按时付款，利率仍可以任意被提高，就算以往一直是“模范”持卡人，那一笔滚雪球般日益累计的欠款也会将你溺毙在债务中，令你无法抽身。其次是尾随利息，就是不管持卡者支付过多少比例的还款，发卡银行将针对全部欠款收取利息。举例来说，假如持卡人欠款2000美元，已经还款1000美元，利息将依然根据2000美元来计算，而不是1000美元。

在金融危机中，由于失业率显著上升，持卡人无力偿还信用卡欠款的比例也日益升高。2008年，信用卡违约额高达410亿美元，2009年的违约额上升至千亿美元。越来越多的人在寻找专业公司帮助自己清理债务。

一项调查发现，信贷危机后37%的信用卡公司纷纷全面上调利率，信用记录相对较好的消费者也被殃及。这一手段迫使一部分家庭和个人走向了破产的边缘。面对如此形势，你还敢使用信用卡吗?

【北大名师点拨】

信用卡可以适当缓解当前的债务之需，可偶尔解困；但能不用尽量不用，确保自己的财务自由，至少不为每天还贷忧虑担心，因为一旦违约你欠的可是“信用”。

银行理财产品真的是保本的吗

> 中资银行通过竞争和合作取得了先进的管理技术、管理理念和公司制度，引进境外投资者是完全必要的。交行引进了汇丰银行；建行引进了美国银行和新加坡淡马锡公司；中行引进了苏格兰皇家银行、新加坡淡马锡公司、瑞银集团；工行引进了高盛公司等海外战略投资者。
>
> ——曹凤岐（北京大学金融与证券研究中心主任）

假如问财富追求者是否在任何时刻都信任银行的理财产品，多数人会毫不犹豫地回答“是”。有些人相信银行的理财产品即使不会有高收益，保本不亏还是可以做到的。

像麦道夫这样的骗子，能够一步步爬上华尔街的高台，做到纳斯达克的主席，成为乡村俱乐部的红人，主要是积极的赚钱心理给了他机会。多数人凭理智想到麦道夫可能是搞“庞氏骗局”，但不会怀疑银行理财产品也有庞氏骗局。这并不是空穴来风，而是实有先例。

当玩家罗伯茨操纵特纳在游戏《第二人生》的月光赌场和提供各类宠物装扮的FurNation动漫区（她在一个舞台上装扮了一只白老虎）等不同场所转悠的时候，看见了一些虚拟的名为“银行”的机器。这些机器向所有路过的玩家打出了高利率的广告，招揽他们到一个叫Ginko的网址开户。她说：“在《第二人生》中，你需要用钱来买地，买一些与他人共同建设时所需用的东西。我想，有这么高的利率，可以在里面存一些钱，需要时再取出来。”点击了几下鼠标后，她就成了储户。她希望钱越来越多，后来，她的账户上竟有3.9万个林登币

（林登币是这个虚拟世界中使用的货币，大约可按270：1的比率兑换成美元），价值144美元。由于玩家们可以用现金换林登币，这个交易也具有现实性。

Ginko是名为波托加罗的玩家开的，其真实身份不详。他说服好几百人把他们的林登币存在Ginko里，但后来，这家"银行"不见了。2007年7月，Ginko开始限制取钱，储户们则围着这些机器，试图找回他们的钱。然后，Ginko宣布存款要以"Ginko永久债券"支付，而不是林登币，更糟糕的是到10月份债券就一文不值了。据美国爱达荷州律师杜兰斯克调查，这种诈骗总共带来的玩家损失达到70万美元。

这是电子商务历史上第一次虚拟银行诈骗，也是如今银行理财产品损失最大的敌人。当然银行现在都试图劝说使用者，这是技术问题，完全可以通过技术手段防止欺骗的继续。但真是如此吗？

多数情况下，不管是北京大学商学院教授和美联储，还是北大的学生投资报和一般存款银行，都很少涉及在那些银行投资产品中存在的某种不为人知的风险。其中最主要的是银行产品中的托管费和罚息、税收制度。

2012年3月16日，深圳徐先生指责渣打银行业务员严重误导消费者，在贷款利息外收账户管理费，甚至在贷款合同中暗藏合同陷阱。原来，徐先生帮渣打银行业务员完成贷款10万的任务，13个月后发现账户扣费竟达7.15万元（每个月平均5500元），还欠银行5.8622万本金。10万元的贷款一年之后变成13.0122万，加上利息和管理费两年预计费用接近15万。

银行产品在托管费和利息上做文章，这是多数投资家讳莫如深的问题。翻遍市场上各类理财畅销书，你也很难看到关于银行理财产品这些不为人知的内幕。这正是银行产品保本理念背后的最大隐患。

银行产品的这些理财软肋，首要的是源于银行的盈利方式。银行理财产品本质上都是为了赚取存贷款的利差。特别是那些给予利息或者收取利息的产品，从理论上说，就是典型的利差产品。按照北大经济学家们提出的套利规则原理，证券投资一定会在利差消失后停止价格波动。这意味着买卖双方的交易将全部停止。其次，美国和许多国家的中央银行制度往往有保证银行体系稳定的职能，在上述情况下，有一个保险计划彻底防止挤兑，结果可想而知。这种情况下，提供各种高息理财产品的再保险银行被称为"僵尸银行"。僵尸银行最大的武器不是别的，就是它们处心积虑制造出来的各种保本理财产品。

最后，自从金融市场出现以来，投资的产品变化都不大会偏离银行和理财产品。在没有今天的银行产品以前，购买银行的理财产品曾经是极端的风险投资。

【北大名师点拨】

相信理财产品可以保本，这相当于相信流水是河源的保证，在根本上背离了投资的基本规则。

如何挑选理财产品

在决定购买某一种理财产品之前，先问问自己，能不能承受同样比例的亏损，不能承受，那最好的办法就是远离这款产品。

——北大财富笔记

巴菲特说："只有等到潮退的时候，你才能够看到谁在裸泳。"这听上去是至理名言，投资选择的结果总是在事后才能体现出来。不管你投资前想象得如何好，或者银行的销售经理说得如何天花乱坠，最终的收益率才是试金石。不过，多数情况下，怎么找到收益率最高的理财产品是个难题。

美国的财富追求者如今越来越注重资产保值，因此，即使在美股不断冲高，业内人士纷纷看多股市之时，财富追求者仍是谨小慎微，他们关注的重点并非该买哪只股票，而是能否赚得利润或所赚利润是否赶上标准普尔500指数20%的上涨幅度。

《巴伦周刊》根据相关调查指出，美国仅有43.6%的投资顾问表示会在2012年为客户加仓，远低于2011年年初63.4%的比例。在不确定的预期下，避股保本成为投资主流，像国债这种传统的无风险投资产品的收益率便创下数十年来的新高。

就此而言，美国大银行建议财富追求者多投资多元化、多策略的对冲基金，以减少对现金的过度依赖。

理财产品本身不是直接的投资品，也就是并非传统意义的银行券、票据、公司债、国债、股票、黄金、房地产等投资产品，而是在前者的基础上衍生出来的产品。制造这些衍生品的原创发明家，比如斯坦福大学的夏普和哈佛的托宾教授，本意是用这些衍生产品的灵活性来增加收益，降低总的投资的资金风险。

简单地看，理财产品的“理财”含义是，保值或者接近于被视作无风险资产的国债和存款。因此，挑选好的理财产品最先的一条应当是综合风险接近国债等无风险资产，不要盲目地迷信银行宣传的高收益。

理财产品的初衷，本来是为非专业的财富追求者提供专业定向投资管理的。其形式类似于专业的代客户理财，只不过专业理财的主体是银行而已。选择理财产品的很大一部分原因是银行具有规模和专业的双重优势。但面对各家银行令人眼花缭乱的理财产品、不断上升的预期收益、产品说明书中生硬的专业术语，我们又该如何选择理财产品呢？北大财富课为我们列出了选择理财产品的基本原则。

首先，要会看产品收益率指标。预期收益率和最终收益率是两回事，不要混淆，尽量不要购买设计复杂、风险判断不准确的理财产品。

其次，产品结构和赎回条款要判断。需要了解产品的挂钩标的，理财产品中有些是不允许提前赎回的，有些虽然能够提前赎回，但只能在特定时间赎回，且需要支付赎回费用。忽略这些条件，可能就会被条款算计。

再次，时间或者成熟期。银行理财产品的期限有长有短，长期的设计结构又比较好的理财产品，即使出现亏损，数年内市场利好，也会扭亏为盈。

【北大名师点拨】

理论上说，投资方向与理财产品收益率是高度相关的。投资市场之所以界限分明，最主要的是因为收益率存在差别。

第10课　股票是财富天使还是金钱魔鬼

一夜暴富与一夜之间家破人亡，发生在同一个媒介之上，那便是股票。在这个神奇而善变的力量面前，有多少人为之疯狂，为之欢喜，为之哭泣。人们在其中不断地探索与求证，不断地失败与成功，多少年来，始终没有停止过，而股票，不管你是悲是喜，它一直都在，亦魔亦仙。

为什么说股票市场是精英的领地

华尔街总会有股市，而股市的大头一定是少部分精英的领地。

——北大财富笔记

1932年，熊彼特在股市中赔得身无分文后，内心大概不相信股市中心脏功能特异的人会有出息。他对后来大名鼎鼎的投资家，自己的学生约翰·伯尔·威廉姆斯说“没有一个人愿意挑战投资本身的想法”。冒风险成了熊彼特“企业家”的标准配置。风险对于银行家和市场投资家来说，都成了需要小心翼翼、谨慎对待的话题。

直到20世纪70年代，说起股市的风险，商界精英和学界精英谁都不太敢说了解透彻。甚至那些已经在股市中摸爬滚打，闯出一番事业的精英对此也没什么好说的。

1919年4月，华尔街的第一代股神本杰明·格雷厄姆在Savold轮胎公司上市的第一天大赚了250%。同年10月，该公司爆出欺诈丑闻，其股票变得一文不值。格雷厄姆的早期收益记录如今已经无从查找，但据估计，这只股票的投资应该是失败的。

1929—1932年大萧条期间，格雷厄姆的亏损接近70%。但1936年起直至1956年退休为止，他的格雷厄姆—纽曼公司的年收益率不低于14.7%，高于同期股票市场12.2%的整体收益率——这一成绩可以跻身华尔街有史以来最佳的长期收益率之列。

格雷厄姆说，“很奇怪，我能对各种重大事件做出正确预测，却不能预感到自己账户的资金将要面临一系列危机”。

在过去的5～10年中，大盘股是最好的。然而再往前46年的数据显示，资本总数还不足2500万的公司发行的小盘股，着实让财富追求者们大赚了一把。这种历史差距带来一个不可避免的状况，股市必然能让一部分人一夜暴富，也可以把一些人推入万劫不复的深渊，而到最后必然是精英们的领地。

《了不起的盖茨比》是“美国20世纪最杰出的作家”之一F.司各特·菲茨杰拉德的代表作，在好莱坞电影史上有过5个版本。故事背景在第一次世界大战之后的美国，感叹“美国梦”的覆灭，大亨杰伊·盖茨比的发家与没落及其个人的感情经历构成了故事的主体。

约翰·布鲁克斯这个第一个给华尔街的投资史著书立说的人这样写道：“吉尔伯特不能算是金融家。他的投机方式和最后的犯罪导致新的防范性法律或证券交易委员会法规的出台。除了盲目相信他的亲戚朋友之外，也没有财富追求者受到伤害。”

然而，作家毕竟是作家，他只是从感情和表面的现象出发做出判断。对于精英何以控制华尔街和股市，他的答案的可靠性不强。特别是他无法解释在精英明显占绝对优势的华尔街股市，他们究竟是用什么手段做到：一边淘汰大批的非精英进入股市碰运气，另一边那些偶然跃入精英行列的穷人的机会也是存在的，而且某种程度上让股民大量入市。

在2011年10月21日，A股低开震荡，沪指再创31个月以来的新低，报收于2317.17点，近40家个股跌停。就在21日晚间，面对无数股民的疑问与伤心，北京大学经济学院金融系吕随启副主任在网易微博连发十多条微博，十问十答，对中国的股市提出了拷问。为什么20年来，中国股市一直是涨少跌多？在吕随启教授看来，涨少跌多的根本原因在于A股市场的制度设计将融资功能摆在了首要位置，而将投资功能摆在了从属的地位，于是造成融资功能的强化以及投资功能的弱化。于是大量政策的出发点总是不自觉地朝着融资方倾斜，完全忽视了投资者的利益。而股市之所以被投资者质疑为“圈钱机制”也正是因为这样。

像道·琼斯公司的企业家族，实际上在不同时期都兼顾着上述两个方面，这也是这类家族长盛不衰的原因之一。精英们的血液里不完全是屠场的成分，这让他们得以在托市和压市间逐渐取得平衡。

【北大名师点拨】

投资虽然不一定要以标准普尔500指数作为参考标准，但需要明确直觉思维投资法和机械投资程序之间的相同之处。

如何判断股票的价格是否过高

如果弄不清楚一只高价股是干什么的，为什么值那么多钱，那么它很有可能就是伪高价股。

——北大财富笔记

在北大财富课堂上，有这么一个案例：

假设在我们的世界里，人们能够消费的烧鹅的产量是固定的每年两只，每只30元，两只都被A购买；房子的供给量是每年一套，价格是120元，每年都被B购买；股票则除了企业主持有的部分以外，每年都有一部分流通的股票被C购买。

当你有一天需要买两只烧鹅时，烧鹅的产量还是每年两只，A仍需要两只烧鹅，那么烧鹅的价格一定会提升，价格高到一定程度时，最可能的结果就是你和A分别用比较高的价格，比如涨10%的水平，各买一只。而你支付的成本，远比A原来购买时高得多。同理，你准备购买房子，B也要买房子。B需要买房，但并不一定要买到，而你由于没有房子，所以一定要买到。那么最可能的是，在你和B对房子的竞争中，你以高10%的价格买到了房子，同时，B原来购买的房子全部增值。而C的股票由于烧鹅和房子价格的上涨，企业业绩得到提升，涨幅达到20%。这就是这个世界通货膨胀的基本过程。

对于市场来说，高价格股票并非是件好事。股票交易价格太高，如果不属于权重股，就会产生某种不和谐的结果。节节蹿升的股票让市值提高，有利于业绩和融资前景，增强财富追求者的信心。不过，这也可能让上市公司更快地脱离真实的经营，演变成一场单方的投机狂潮。

对冲基金分析师哈迪斯蒂说："公司的估值是否过高也是判断一家高价股公司是否值得买入的依据。这家公司的高股价对应的市盈率达到65倍，那么也面临着股价急剧下跌的风险。"这番话显然是有历史证据的，人们在20世纪就领教过估值过高的教训。

1929年，华尔街的黑色星期五来临前一天，道·琼斯指数较一年前已经上涨200%。有些公司的股票，比如美国证券交易所股票看上去已经成为无可挑战的巨无霸，但仍然有人不断地加入购买风暴中心的股票的行列。孰料，一个星期后，纽约交易所就倒闭了。这只无往不胜的股票也成为华尔街的黑色笑话之一。

问题是，怎么判断某只股票价格过高，这是个异常艰难的问题，在金融界的大师威廉姆斯之前，没有人相信股票存在价值。威廉姆斯在华尔街的背景，让他成为经济史上第一个算上股票的资金价值的人，不过即使是他也只是完成了这一步而已。后来的经济学家在这之后没再跨出半步，包括大名鼎鼎的莫顿和博迪同样如此。这其中有着深层的原因。

首先自有股票市场以来，股票价格的上限一直是个未知数。其次，判定价格高低的标准难以确定。

美国股市中价值超过200美元的股票有19只，其中NVR、谷歌、拍卖网站Priceline、苹果、手术系统公司达·芬奇手术机器人、金融服务公司白山保险集团、保险公司Markel、万事达以及物业管理公司亚历山大分别以700美元到400美元不等的价格分列2～10位，高居榜首的则是巴菲特的伯克希尔·哈撒韦公司，这也是美国股市历史上最高的股票。巴菲特公司的股票的面值现在已经达到10万美元一股的水平，算得上世界历史上绝无仅有的超级股。

为了吸引更多财富追求者的兴趣以及扩大股东基础，许多公司往往会采取分股的形式降低其股票价格。即使伯克希尔·哈撒韦公司股票以如此天价示人，但它仍是一只受追捧的股票。巴菲特长期以来一直认为，低价股将吸引那些不能与其共享价值哲学的"次优"买家。

最后，高股价的成因复杂，有时候自相矛盾。具有"领头羊"潜质的个股，势必会受到资金持续的追捧，但并非所有顶尖公司都会遵循同样的逻辑。

【北大名师点拨】

当风险来临，市场中的资金会竞相出逃那些流动性比较差，以及暴涨暴跌特性强的个股。而那些绩优高价股，虽然股价高，但由于其本身的业绩稳定性，就算市场风险来临，也很少持续有资金大幅出逃，从而避免了连续下跌情况的出现。

看盘真的能窥视股市风云吗

真正对于看盘本身的价值的否定，还是来源于股市本身和投资家们的理论和实践检验。

——北大财富笔记

对成千上万的财富追求者来说，道·琼斯的股市指数在财富追求者心中有着神圣的地位。遗憾的是，道·琼斯公司并不依靠投资赚钱。技术分析师们不是靠投资生活，而是靠出卖报告。

这里面显而易见的悖论是，道·琼斯公司和分析师们宣称他们的大盘分析报告——包括各种图表，从简单的K线和蜡烛图分析术到艾略特波浪图，从道·琼斯当日的股市指数到4000种以上其他的投资指数指标是有效的，他们却还是会陷入股市投资失败的阴影中。

美国新墨西哥州Carrizozo镇只有一个交通信号灯，完全是一个与世无争的乡下小地方。在小镇的四风汽车餐厅里，人们可以尝到警长递过来的辣酱。但小镇法院里，有详细讲述班克罗夫特家族发展动向的12本厚重的文件夹，这些文件曾经是鲁伯特·默多克竞购道·琼斯公司的关键。

1948年，杰奎琳·斯潘塞·摩根嫁给小休·班克罗夫特，小休·班克罗夫特是克拉伦斯·巴伦的外孙，巴伦于1902年买下了道·琼斯，因为这样的关系，道·琼斯公司一直是班克罗夫特家族的私产。夫妻俩在这座小镇中心以及林肯县的荒芜土地投入了几百万美元，从此在这个小地方生活了近50年。社区中心的游泳池、高尔夫球场、斯潘塞剧院的建设，有一部分来自道·琼斯公司稳定的红利捐赠。法庭文件详细记述了杰奎琳·斯潘塞·摩根每年是怎样为其信托机构——该机构持有价值约5000万美元的道·琼斯股票——收取近400万美元红利的。

从股市本身看，不管多复杂的看盘手段和技术，都是源于查尔斯·道的道·琼斯指数和其道氏理论。

下面是道·琼斯的涨跌历史情况：

1974年12月6日，跌至577.60点，为20世纪30年代熊市以来的最差业绩。

1987年1月8日，首次突破2000点，以2002.25点结束交易。

1987年10月19日，暴跌508点，日跌幅达到创纪录的22.6%，以1738.74点报收，该日被人们称为“黑色星期一”。

1991年4月7日，首次升上3000点，收于3004.46点。

1995年2月23日，首次突破4000点，收于4003.33点。

1995年11月21日，首次突破5000点，收于5023.55点。

1996年10月14日，首次突破6000点，收于6010.00点。

1997年2月23日，首次升上7000点，收于7022.44点。在89个交易日中即上升1000点，创该指数千点跃升最快纪录。

1997年7月16日，首次升上8000点，收于8038.89点。

1997年10月27日，狂泻554.26点，日跌幅达7.2%，以7161.15点收盘，日跌点数创历史之最；并且，首次启用股市停盘的规定，由于跌幅过大，当天两度停盘并提前收市。

1997年10月28日，猛升337.17点，创日升点数最高纪录。

1998年4月6日，首次突破9000点大关，以9033.23点报收。

1998年8月31日，剧跌512.61点，突破8000点。

1999年3月16日，盘中曾首次突破10000点大关，但闯关后以9930.47点收盘。

1999年3月29日，首次以5位数收盘，报收于10006.78点。

2007年4月26日，报收于13000点。

2007年10月11日，见至今历史高点14198点。

2008年10月6日，受金融危机影响跌破10000点，收于9962点。

1987年“黑色星期一”，按照历史判断，应该是华尔街的最大危机了。但现在的投资家确信1987年的危机远远逊于1929年。按照过去的经验进行研判，这是个错误的做法。即使按照道氏理论的说法，在这个时候谨言慎行，你很可能在接下来的20年里找不到股市投资的黄金时期。

其次，投资家们，特别是对于投资理论进行了规范的投资大师们，他们从实际和理论否定了看盘和股市未来走势的关系。学院派的大师们，从萨缪尔森到现今的莫顿·米勒，都不相信看盘。北大资深经济学家指出，看盘技术本身只是在对股票已经发生的价格趋势进行描述而已。

【北大名师点拨】

按照一些随机漫步投资理论的解释，即使以道·琼斯公司的类似手段统计股市投资的盈亏，得到的也只是随机性的，类似扔硬币的机会均等的分布规律。

什么成就了“好”股票

股票市场，事实上不存在所谓的好股票与坏股票，因为这本就是一场博弈与经验、眼界与运气的考验。

——北大财富笔记

2011年8月1日版《巴伦周刊》称，亚马逊如果能把资本转向零售、Kindle电子书阅读器和云计算业务，这些业务的迅速增长还将让股票上涨10%～25%。亚马逊股票第二天就达到史上最高点的227.20美元，而在2011年7月29日亚马逊股票收盘价是222.52美元。《巴伦周刊》预测上涨25%意味着亚马逊股票价格将上涨到278.15美元。

《巴伦周刊》称，虽然亚马逊股票价格达到2011年预计利润的107倍有点“不可思议”，可是，这与沃尔玛20年前的情况有可比性。沃尔玛当时的营收增长35%至440亿美元。毕竟，亚马逊有14年的优秀经验，它通过积极地投资技术、分销渠道和房地产，用牺牲利润率来提高收入增长。投资建设完成和分销中心，为亚马逊Web服务云部门建设数据中心以及扩大其Kindle部门做准备。这些做法对于增长都是持续利好的。

华尔街的高盛分析师们一直认为，华尔街长期漠视亚马逊股票的价值。亚马逊的表现显然报复了这种傲慢。对于偏好价值投资的高盛团队来说，一只好股票就是像亚马逊这样低于内在价值的股票。瑞信的分析师们更加直白：他们列举亚马逊的种种优秀品质。

20世纪华尔街股市灾难中成长起来的一代投资大师格雷厄姆无疑在股票选择方面具有最高的发言权。但在去世前，格雷厄姆个人关于好股票的观点，已经发生某种程度的变化。

格雷厄姆说："我一直在讲运用简单的标准来衡量证券的价值。然而，其他人试图去做的是选出施乐公司和3M公司，因为它们的长期前景较好，或者判断明年半导体行业会有较好的表现。这些看起来都不是令人信赖的方法。其他很多方法都比这些方法要好。"

格雷厄姆认为，财富追求者所要做的事是听听《华尔街周刊》的说法，要看出上面没有任何一篇文章具有股票市场将要发生什么事情的权威性或特殊见解。这些文章的作者和那些经济学家都有自己的观点，你问他们，他们很愿意表述他们的观点。但格雷厄姆相信，经济学家们不会坚持说自己的观点是正确的。

在格雷厄姆那本《价值投资》出现后，北京大学的学界精英们也开始大规模地讨论到底什么是好股票。

按照博迪和米勒的两本投资学著作的权威说法，好股票主要是以下成分促成的：

1. 高预期收益率。虽然预期收益率的计算比较复杂，也没有多少人能找到合适的风险组合比率，但它仍是一项重要指标。

2. 市盈率。价值投资的专家们偏好相信低市盈率且有良好的发展前景的公司股票，可以变成好股票。

最后我们不得不再次发出警告，理论上说世界上不存在什么好股票或者坏股票。毕竟，依照金融经济学家的看法，股票市场完全是个零和博弈市场。它的本质总是将一部分人的钱从另一部分人的口袋里转移出来，并不会直接产生任何产业价值。所以对于科班出身的经济学家来说，讨论好股票，似乎还不如讨论些别的更有价值的内容。

在北京大学成长起来的所有投资理论，对于验证股票的价值存在与否，还有股票的价值到底是好还是不好方面，都很有见地。

【北大名师点拨】

真正的好股票显然是这样一种证券，在一定的时间内，股票的内在价值被低估，有较大的把握在一定时期内获得较高收益率的产品。

哪些股票适合卖空

挖空心思寻找一种适宜做空的股票，并不是什么聪明的办法。与其如此，还不如首先把握市场的价格看法，也就是股市的趋势。

——北大财富笔记

2011年8月法国银行股遭到市场抛售，随后引发了全球市场恐慌。市场空头可能在卖空禁令消息出来后回补仓位，推动欧洲股市大幅反弹，美股也因此受益。在那以后，欧洲证券和市场管理局正式发表声明说："虽然卖空交易是一种有效的投资策略，但一旦和传播市场谣言结合起来就被明显滥用了。"法国、西班牙、意大利和比利时四国禁止股票卖空操作。法国和西班牙在2011年8月12日率先宣布，将在未来15天内禁止在本国市场上卖空金融股。

比利时单方面宣布禁止卖空4只金融股，期限暂不确定。其实在早些时候，希腊已禁止未来两个月卖空所有股票。韩国禁止3个月卖空股票。土耳其早些时候也采取了类似行动。一场全球范围内的禁止卖空行动悄然兴起。

这些行为都发生在纽约交易所无缘无故暴跌400点之后，欧洲对于股票卖空交易可谓风声鹤唳。不过，让财富追求者们最想不通的事情可能是：禁止卖空是因为的确不少股票是适合卖空的，而且有其鲜明的特点。

"卖空需要足够的知识和独有的技巧和勇气。很少有财富追求者真正知道怎样成功地买进股票，更不要说何时卖出股票了。"股市投资大师威廉·欧奈尔如是说。

华尔街历史上出现过一个真实的依靠建立卖空股票池子战胜市场的人物，他就是范德比尔特。他们的空头大战可谓空前绝后，从中人们可以探知什么才是最佳的空头股票。

1863年，范德比尔特和华尔街的投机商在哈得逊河铁路开始偷偷大战。在那个时候，股票通常在卖出一段时间之后才进行交割，通常是10天、20天或者30天，确切的交付时间则由某一方决定。买方交付了现金而卖方没有交付股票，则交付股票的时间由买方决定，称为"买方选择权"；若卖方交付了股票而买方没有交付现金，则交付现金的时间由卖方决定，称为“卖方选择权”。当时大部分的卖空操作并不像现在这样通过借进股票来实施，而是通过“卖方选择权”来进行。

投机商认定范德比尔特的准备资金不足。对此，“船长”并没有辟谣，相反，他让他的经纪人与其他经纪人进行接洽，希望让他们帮他“倒”这只股票，这似乎表明那些投机商的猜测是对的。倒股票其实相当于保证金交易，许多卖给范德比尔特“买方选择权”的经纪人就是看中了这一点，并信心满怀地认为范德比尔特的资金链行将崩溃，他们于是立刻把哈得逊河铁路股票卖掉。

但是他们错了，范德比尔特有足够的钱。他们并不知道，他们把股票卖给了范德比尔特的经纪商，而根据合同的规定，他们必须在以后的某个时间将这些股票卖给范德比尔特。

1863年7月上旬，范德比尔特收网了。当合同到期的时候，卖空的投机商们到市场上去购买哈得逊河铁路股票，却发现市场上根本没有卖家，因为所有的哈得逊河股票都在范德比尔特手里。

当股票价格几乎是在一夜之间从112美元飙升到180美元时，市场上只有一个卖主，那就是范德比尔特。范德比尔特接着采取反击手段，表示可以借给投机商们此时所必需的股票，但每日的利息高达5%。

如此巨大的回报，后来因为屡屡导致市场出现黑色风暴，所以各国虽然允许卖空，却对卖空开始有所限制。有些国家则明令禁止股票卖空，例如中国市场。

北大财富课指出，这个世界不存在什么特别适宜做空的股票，做空本身正是投资观点分歧和市场影响的一部分。即使人们不做空，也同样可以得到做空的结果，两者之间是等价的。

【北大名师点拨】

那些繁杂的图形，并不能保证你在卖空中获利，反而你有可能成为投机的牺牲品。

炒股踏空以后该如何应对

踏空是市场的正常现象，踏空本身就是市场分歧的结局。

——北大财富笔记

华尔街的历史上，再也不会有第二次炒股踏空投机的绝好展示机会了。早期混乱不堪的华尔街，兴风作浪的投机商都在豢养和控制法官，竭尽所能地利用自己手中的权力来影响股票价格的涨落。股市投机者的博弈，就是一场腐败的立法官员竞相订立和随意篡改股市规则的游戏。

在著名的伊利铁路大战中，范德比尔特操纵法官禁止德鲁本人“卖出、转账、移交、外理和放弃”他持有的伊利股票。德鲁和他的盟友先下手为强，指使他们自己的法官下达了完全相反的法令，同时还印刷了数万股崭新的伊利股票，在市场上全数抛抢他们刚刚“制造”的“掺水股票”，席卷了范德比尔特的700万美元后逃离纽约。

在这种类似投机巨头的疯狂掠夺下，最大的损失并不发生在空头专家们身上。最大的损失者是投机热潮前后的股市散户们。他们在一脚踏空后，不论是形势大好还是在风暴前夕，都将成为牺牲品。

踏空后，财富追求者天天等大盘调整，时时盼个股下跌，然而大盘和个股却不听“使唤”。即使偶尔来个盘中震荡，也往往跌幅有限，且最终有惊无险，至尾盘时被强大的买盘迅速拉起，让等待下跌的空头再次失望。北大财富课教授们指出，这种时候最忌讳的是投资理智丧失行为，错误等待，贻误战机。那么，到底该怎么做？

首先要合理判断当前形势。是低位踏空，还是高位踏空？一般来说，空头本身就是市场观点分歧的结果，正是因为有这些分歧，才会导致不同的踏空者踏空点位截然不同，有人抛在了最低点，踏空点在1700点以下；有人在反弹至2000点时清仓，踏空点在2000点；也有人判断2200点是短期高点，因而全部卖出，踏空点自然就是2200点。

判断踏空点有两种方法：一是根据历史，用以往股市运行时所创下的高、低点来确定；二是根据基本面分析来确定，取决于一些宏观趋势的看法。

其次要确定操作策略。踏空点位的高低确定后，就可制定相应的操作策略了，包括何时买、买多少、买什么。

决定股票的点

时间	成交量	价格
12：18：53P	2000	54.45
12：19：05P	1500	54.44跌点
12：19：10P	400	54.46涨点
12：19：16P	700	54.46零涨点
12：19：22P	1000	54.40跌点
12：19：29P	200	54.42涨点
12：19：32P	500	54.48涨点
12：19：38P	200	54.48零涨点

这是某天纽约股票交易市场中午12：19左右发生交易的时间和卖出报告。从中我们可以看出，中午12：18：53的时候，有2000股以54.45美元成交，12秒后有1500股以54.44美元的价格成交。因为这个54.44美元的价格比前一笔54.45美元的交易价格要低，这就是一个跌点，所以这里不能发生卖空交易。然而，下一笔交易以54.46美元的价格成交了400股，比前一笔交易高2美分，构成了一个涨点，可以发生卖空交易。接下来的交易以54.46美元的价格成交700股，构成了一个零涨点（因为紧随上一笔交易，股票与前一个涨点的交易价格相等）。这个零涨点也可以进行卖空交易。下一笔交易以54.40美元成交，比先前交易的54.46美元低，因此这个跌点也不能发生卖空交易。接下来的3笔交易都是涨点和零涨点，都可以进行卖空交易。

这是个典型的踏空后探点并重新纠偏寻找机会的例子，从中我们可以真实地体验到踏空救急措施。

【北大名师点拨】

根据一些对米勒教授的卖空交易的实证研究，基本上可以证明，每种策略严格意义上都是这种市场分歧的一部分。

我们该怎样在股市崩溃中保护自己

股市变化莫测，辉煌与崩溃只是分分钟的事情，如何在充满风险的股市当中寻找到一种保护自己利益的办法，是每个财富追求者都必须学习的本领。

——北大财富笔记

“人们越来越频繁地问我的意见，未来金融将发生什么。现在我认为各种危险之多、之大，我一生前所未见。很有可能在2005年早些时候，繁荣的顶峰已经离我们而去。

“在过去一个世纪，通过把资产净现值放在现金或者政府债券中，你可以获得保护。现在，过剩是如此之巨，以至于大多数货币和债券都有可能持续失去购买能力。

“现在按揭和其他形式的债务超过1970年代之前的10倍，这会造成各种破产拍卖的增加。目前现金和流动资产的过剩已经把经生活成本调整后的债券和按揭的利率压低到接近零。很明显，在未来几年，大的调整是有可能的。超过10倍的人陷入债务之中，导致迅速增加的破产。不仅借债的人会破产，很多放贷却没有抵押品的生意也会破产。选民将促使立法来救援补贴，把债务转给政府，如房利美和房地美。

“你只有把资产净现值放到那些被证明有着最高的利润率和最快的盈利增长的公司股票中才行。除此之外，我没有找到任何更好的方法能在未来持续多年的金融混乱中成功。盈利能力，尤其在多个国家的盈利能力，仍将非常宝贵。”

2008年7月，被美国《Money》杂志誉为“本世纪当之无愧的全球最伟大的选股人约翰·邓普顿爵士在巴哈马首都拿骚去世。而上面的这段话是2005年6月他给朋友和家人留下的一份备忘录。

邓普顿爵士，在经济学学术界看来，多少算是个异类。和许多投资家不同，邓普顿是那种典型的不按套路出牌的人。他是华尔街极少数从1929年大萧条中崛起的大人物，他的投资方法被称作逆向投资法。邓普顿在1937年，也就是大萧条最低迷的时候成立了自己的公司——Templeton，Dobbrow & Vance。这种在低迷的市场中获胜的做法，在垃圾债券大王米尔肯之前，唯一的优秀范例就是邓普顿。

“你只有把资产净现值放到那些被证明有着最高的利润率和最快的盈利增长的公司股票中才行”，这是遗言也是经验总结。

约翰·邓普顿给自己开了一个银行支票账户。然而，像大萧条时期的很多人一样，他也亲身经历了存钱带来的惨痛教训，只能眼睁睁看着存有他资金的银行破产倒闭。作为一个永不认输、坚持到底的人，他继续打工（也继续赌牌）以继续他的学业。第二次存钱的时候，他咨询了一位教授，打算把钱存入纽黑文市最保险的银行。听完教授的建议，他就去银行把钱存了起来。然而没过几周，他正走在路上，看到长长的一队人已经排到他那家“最保险的”银行的人行道上了，人们都在叫喊着让银行还钱。他镇定地走向这支队伍，心里已然确定这家银行正在遭受挤兑。他边走边注意到所有的储户都在支票账户窗口前排队，而储蓄账户窗口则没有一个人排队。邓普顿素来沉着冷静，头脑清醒，此时，他径直走向储蓄账户窗口，将支票账户转为储蓄账户，顺利地把钱取了出来。

在股市当中人人都惊慌失措，不停抱怨情况有多么糟糕的时候，你依然能明智地购买某些有价值的股票，这已经是保护自己的第一步了。

北大经济学家们常用邓普顿的一段话来宽慰和警示自己的学生：“在别人沮丧地卖出时趁机买进，在别人疯狂买进时趁机卖出，这需要最大的毅力，但收获也最丰硕。虽然股市会回落，但不要对股市失去信心，从长远而言，股市始终是会回升的，只有乐观的财富追求者才能在股市中胜出。”

【北大名师点拨】

一般来说，股市崩溃后总有回升的一天，在崩溃中重拾信心，选择那些“垃圾”，是一种高明的投资方略，也是金融混乱中保护自己的一个有效手段。

第11课　房地产真的是稳赚不赔吗

炒房热一度席卷中国的金融市场，房地产成为财富追求者口中的家常便饭。楼市的起伏跌宕一直紧紧揪着深陷其中的人们的心。面对日新月异的市场经济和国家的宏观调控，投身于房地产，将自己的财富增长全部寄托于土地，是否真的可以一直高枕无忧，实在值得细细思量。

为什么房地产投资不再是投资的首选

> 房地产是否有泡沫？什么叫小康，小康概念要拥有两套房，应该鼓励中国人购买两套房，在家住一套，出去休假时住另一套。房价涨得快是正常现象，说明居民的收入多了。以前投资的房产升值了，是好事。
>
> ——房以宁（北京大学光华管理学院名誉院长）

2011年第四季度，中国人民银行对全国50个城市进行了两万户城镇储户的抽样问卷调查，居民对未来物价上涨预期和房价上涨预期均出现大幅回落，房地产不再是居民的投资首选，取而代之的是投资基金、理财产品、债券和股票。

对后期房价走势，46.2%的居民预期“基本不变”，超过两成居民预期“下降”，但也有近两成居民预期“上升”，这一比例较上季下降了18.9个百分点。北京与上海两地居民预期房价下降的比重大增，分别达28.5%和26.8%，较上季各大幅提高14.3和22.8个百分点。未来3个月内有购房意愿的居民占比13.9%，较上季有小幅下降，接近2008年第三季度的近年历史低点。

房地产投资在中国疯狂了近5年以后，看上去正处于软着陆的状态。在持续不断的宏观调控中，房地产的投资已经开始淡出人们的视线。这对于充满各种奇怪论调，诸如丈母娘推高房价论、房地产投资安全理论的中国，的确是个历史性的转折。

在太平洋的彼岸，美国这个国家的房地产投资则成为垃圾债券的代名词。在2009年，美国住房市场的价格就下跌近60%。国民经济研究局前主席马丁·费尔德斯坦教授对此十分忧虑。

有些北大经济学家认为，房产价格至少还有15%的下降空间。对于那些意识到现在的房价已经亏损2/3的人来说，这意味着他们现在放弃贷款的房子，让银行来查封要划算得多。毕竟相比银行的存款来说，违约只是掉了一磅金币，而把金币丢给房子，等于损失了两磅金币。换言之，现在的房产形势正鼓励人们更加乐意地使用理性违约的方式逃避风险。这是最明白不过的道德风险行为。

从长期来看，在美国这样的国家投资房地产，已经是明日黄花。理论上房地产投资的主要影响因素是人口和城市化。美国的城市化基本完成，至于人口，主要是外来移民，他们进入美国，为了实现美国梦购房定居，这是房地产的长期需求。遗憾的是，随着美国经济活力下降，美国吸引移民的法律正在走回头路。一方面，在金融危机后，美国移民的数量已经下降；另一方面，政客们鼓吹房贷和地产投资的收益率上升趋势也于2010年戛然而止。美国人口在种族构成上也不利于房地产投资的扩大。如今美国的人口中，拉美裔占据人口的绝大多数。美国人口的拉美化趋势日渐明显，这部分人群的购买力有限，他们不可能有明显的住房需求。

在2004年，若获得的是“常规的”5%首付固定利率30年抵押贷款，那么已经拥有住宅的家庭中有75.7%能购买新的中等条件住宅，租赁他人住宅居住的家庭中仅8.3%有能力购买新的中等条件住宅。相比较而言，独立的个人更加糟糕，已经拥有住宅的独立个人只有58.9%有能力购买新的中等条件住宅，租赁他人住宅居住的独立个人仅7.0%有能力购买新的中等条件住宅。值得注意的是，对租赁他人住宅居住的家庭和独立个人而言，对新住宅的购买能力持续下降。1984—2004年，有能力购买中等条件住宅者所占比例约下降了1/3。

类似的问题可能同样会在中国发生，不过中国这两项因素都还有强大的支持力。北大经济学家们认为，在中国还没有产生大量的金融财富的时候，显然冷落房地产而转向股市和债券是个好选择。

【北大名师点拨】

很多经济学家判定房地产基本上没有了投资价值，尽管投资家们按照长期的价值计算相信现在正是投资的最佳机会。

能否零资金启动房地产投资

过度的借贷让金融机构过于依赖短期信用市场，一旦信用市场流动性放缓，甚至枯竭，这些金融机构很快便会“揭不开锅了”。

——北大财富笔记

2005年3月中国城乡居民储蓄余额突破12万亿元。据学者测算，中国家庭所有的金融资产、房产、企业资产等（不包括土地、矿藏、海洋等资产）在67万亿元左右。12万亿元的存款都应该算是现金，大约占整个国家财富的17%。房地产财富占据了很大的分量，而且绝大多数普通人的财产是以地产增值的方式实现的。在福布斯排行榜上，位居前列的多数是中国最大的地产商。2005年1月初，中国股市市值总额仅为4万亿元。用1/3的存款就可以买下中国所有的上市公司，但现在这些钱全部躺在银行里。也就是说，经历了30多年的造福和改革，中国的家庭财产已经达到惊人的地步。

这个数字其实还意味着对一个存款和工资组合的中产阶级家庭而言，房地产的投资几乎和倾家荡产的风险差不多，甚至可能若干年不吃不喝也无法拥有一套自己的住房。

事情并不是那么绝对，有没有一种让穷小子也可以实现置业梦的房产投资规划呢？答案是有的。零首付房产规划就是这样一种投资。在房地产投资普遍的一些国家，这种战略被看成是全民住房建设的一部分而受到推广和重视。

在2008年金融危机后的3年里，美国政府连续出台了一系列新措施，其中包括延长著名的投资移民政策。投资移民，是指1991年生效的一项投资优惠政策EB-5，也就是“第五类移民”。其基本内容是该项目针对EB—5投资移民者设立经济特区，在经济特区内，移民申请者的最低条件为投资金额不少于50万美元，同时需要创造至少10个全球就业机会。按照该规定，要最终归化入籍美国的这类移民必须在美国有住房，但购买房产不算投资。

这当然是给予富裕人群的房产投资的规定。美国政府真正的住房支持项目正是这项计划的另一面。银行为鼓励人们买房子，发明了一种“2-28贷款”：前两年付很少的贷款，从第三年开始每个月的房贷骤然提升，弥补前两年的低息贷款，旧账新账加在一起。在房价持续上升的情况下，这是一笔不错的买卖。即使第三年支付不了每个月的房贷，房主还可以把房子卖了，赚一笔钱走人。这种贷款就是所谓的零首付计划，对于那些资质良好的人来说，如果没有出现次贷危机，这个项目还是很不错的，用不了多久一个人就可以成为房产的所有者，成就美国梦。

家住美国北卡罗来纳州的机械师艾瑞克2011年最大的期盼，就是找到一份更好的工作，挣到更多的钱。4月初他接到贷款机构的催款信，内容是“再推迟月供，房屋将被止赎拍卖”。艾瑞克满腹怨气地说，2007年美国房价几乎达到峰值，是经纪商撺掇他贷款买了现在的大房子，其实原来的小房子完全够用。经纪商当时对他说：“别担心利息太高，头两年我们提供3%的优惠利率，即使还不起也没关系，头24个月可以只支付利息，本金两年后再付。完全不用担心两年后还不起贷款，看看现在的房子比两年前涨了多少，到时转手卖给别人，不仅白住两年，还能赚一笔呢！”如此忽悠下，艾瑞克毫不犹豫地选择了贷款买房。谁承想一年后美国经济急转直下，艾瑞克省吃俭用地当起了房奴。

北大经济学家们进行了计算，发现手持房产抵押金融资产的“两房”和其他金融机构也存在过度借贷的情况，“两房”的借贷是其资本的60倍。在会计标准要求“按市场价格记账”的情况下，只要投资的价格下降1%～2%，“两房”就资不抵债了。

正如斯蒂格利茨揭露的那样，目前的房地产违约几乎都是理性政策制造的结果，出于利润和政治目标的口号的结果。贷款人在前两年为30年的贷款付很低的利率和月供，利率突然在第三年提高，月供突然大涨，很多人都吃不消，于是被迫放弃房屋破产。

【北大名师点拨】

随着时间的推移，更多的“2-28利率”会转成高利率和高月供，更多的家庭会放弃房屋，房产市场会更加低迷。

为什么房多的人无法笑到最后

如果有机会向总理建言，我一定要说“3个不要轻言”，不要轻言经济过热，不要轻言房地产泡沫，也不要轻言人民币升值。

——萧灼基（北京大学经济学院教授）

俄罗斯在克里米亚战争中败北后，沙皇政府又做出了一个让后来的俄罗斯人十分憎恨的决定。1867年，因为水土不服和貂皮生意没落，沙俄以720万美元的价格将阿拉斯加卖给了美国。这块土地面积为170万平方公里，几乎与中国华东六省一市（江西省、江苏省、浙江省、山东省、福建省、安徽省、上海市）和东北三省（辽宁省、吉林省、黑龙江省）的面积之和相当。在当时720万美元或许是一笔巨款，但经过100多年的风风雨雨，通胀贬值，价值几乎可以省略。

仅在阿拉斯加地下埋藏着的原油就达300亿桶，现在价值超过2万亿美元！而且最令俄罗斯人懊恼的是，当初卖出土地的原因是缺钱。俄罗斯因为武器落后，同英法联军在争夺位于巴尔干半岛（包括希腊、保加利亚等十几个国家，面积上万平方公里）的战争中失利，俄罗斯财政紧缺，为了一块没有到手的土地而放弃一块几乎为巴尔干3倍面积的土地，不知道俄罗斯人是不是算清了当时的这笔土地账。不过，美国人的确是算了笔大账的，这笔交易也被看成是美国的经典手笔。

在与时间的长跑中，土地或许是抵御通货膨胀的最好保值品。而根植于土地的房产是不是最好的抗通胀保值品，一直以来争议很大。有人认为，黄金比房产更保值。黄金和房产，究竟哪一个更适合抵抗通货膨胀呢？北大财富课上列出了一个硅谷的案例：

斯坦福大学的创办者老利兰·斯坦福晚年曾提出一项法案，内容是联邦的货币发行应该建立在土地存量而不是黄金之上，因美国金融界的反对，这项法案最终未能通过。20世纪70年代，美联储停止兑付黄金，黄金和美元脱钩，金本位制度彻底崩溃，硅谷的土地却开始升值。

什么事情都有一个最高的限制，否则风险系数就会提高。这是哈里·马科维茨的资产定价公式告诉我们的基本原理。风险只是分散出去，并不等于消灭，可以孤注一掷。北大经济学教授也提醒广大财富追求者，大规模地持有房产，完全依赖房产投资的增值获利，并不是一种抵抗通胀的好方法，有的时候甚至是相当糟糕的做法。

首先的一个重大问题是，投资后增值的渠道是什么。显然投资于房屋租赁是个选项。问题是你要清楚，在美国租房可是一个危险的行当。进入租赁行业，你要考虑大部分的限制型法规的后果，例如可能要求对房客的行为负责，还要上缴大笔税收，负担开业的费用、雇用律师的费用、签订合同的费用、房屋管理的费用等。而且作为一名有责任的业主，你还要支持更多的税收给地方政府和教育。租客不幸在某一天破产，你不能让他搬出去，必须为他的暂时困难付出额外的损失费。你的空房太多，还将受到空置费和更多税收的折磨，等等。

【北大名师点拨】

善于利用财务杠杆以小搏大，正是在过去的10年中，炒房者在房产投资上获利巨大的重要原因。

加息为何难抑汹涌的房产投资

在疯狂的房产投资面前，加息，抑制的仅仅是穷人而已。

——北大财富笔记

中国网络上流传这么一种嘲讽高房价的说法，想在北京买一套100平方米总价300万元的房子，社会三大基本阶层所付出的代价如下：

农民：种3亩地，每亩地的纯收入是400元，要从唐朝开始一直种到现在，才能凑齐这笔钱（还不能有灾年）。

工人：每月工资为1500元，需要从鸦片战争开始一直工作到现在，才能凑齐这笔钱（双休日不能休）。

白领：年薪6万元，需要从1960年开始不吃不喝一直工作到现在，才能凑齐这笔钱（取消法定假日）。

而这样昂贵的一套房子，还只是位于北京市三环之外。想要买北京市三环以内的房子，工作的时间还要延长。

政府想尽了各种方法来控制房价，中国人民银行2011年7月6日宣布，自2011年7月7日起上调金融机构人民币存贷款基准利率，其他各档次存贷款基准利率及个人住房公积金贷款利率相应调整。这已经是中国2011年的第三次加息了。而加息只不过是若干种控制房地产上涨政策中的一项。

美联储曾经在一段时间内想通过加息和提高利率抑制地产的泡沫。在格林斯潘的任期即将结束时，他已经多次执行各种提高利率、增加利息的措施抑制过热的经济，想办法让房产投资降温，不过收效一直甚微。

从2000年到2006年中期，美国房产价格增长了60%。人们普遍认为这种增长势头会持续下去，于是你争我赶地买房，或者从小房换大房。再加上布什政府在21世纪初鼓励拥有房产，银行借贷系统于是降低房贷门槛，减少首期付款，把房贷打包分割证券化，再转手销售。此后，房产价格从2006年中期的顶端到2009年下跌了25%，股市从峰值下跌了40%。美国人从房地产中损失了4万亿美元，从股市中损失了8万亿美元，其财富转眼间减少了12万亿美元。那些钱现在都到什么地方去了？答案是美国政府和华尔街。包括高盛在内的大投行的投机操纵者早已经在最高点抛出，这是典型的卖空手段。

买空卖空是大家都知道的道理，可是为什么还有人往圈套里钻呢？因为这是基于理性的税收成本预算的结果。北大经济学教授称，金融诈骗的确有套利空间。100万美元以下的房屋贷款的利息部分可用于抵减上税的基数。美国收入最高阶层的人，也就是每年缴最高边际税率的人，对每一美元的房贷利息只需要付60美分。这种税收政策鼓励人们买房而不是租房，而且只要贷款在100万美元以下，买的房子越大，贷款越多，省税就越多，越是有钱人就越是如此。

福加德在2004年房地产市场泡沫膨胀之时开始投资。他先在拉斯维加斯购买了一处住宅，之后两年，又在亚利桑那州菲尼克斯、加利福尼亚州棕榈泉等地连续购入8处房产。他的投资方向是哪里房价涨得快就在哪里买。

面对选择性可调整利率贷款的“月供惊魂”，收入不足以支付大额月供的购房者的最大指望就是房地产市场红火，可以高价卖掉房子。但福加德投资房产的2004年至2006年间美联储17次加息，在他月供负担暴增的同时，房地产市场又持续走低，其投资的9处房产价值大幅缩水。

路透社援引福加德的话说：“我知道这是个定时炸弹，我知道市场会走软，房产价格会下跌，但我当时想，我手头资产不少，足以抵御风暴，大不了受点损失，卖掉一些或者重新贷款。”但福加德没有预料到危机的严重性，他说：“我哪儿知道房产价值会缩水这么严重，比买的时候跌了40%。”

【北大名师点拨】

美联储的分析师和负责人们总是向人们灌输这样的观点：房屋市场虽然有略微的泡沫，但是房地产的需求是健康的，所以房地产业目前十分安全。而事实的真相，往往需要财富追求者自己去考察并理智判断。

房价越贵房产投资就真的越亏吗

的确，舆论只能短期影响市场与房价，一般不会太持久。决定市场与房价的是什么？短期看供求，中期看结构，长期看通胀。无论唱多唱空，舆论只能影响房价的中短期走势！

——孟晓苏（北京大学经济学院顾问委员会委员）

白领小郑最近买了一套新房，不过麻烦事跟着就来了。房地产开始办证的人越来越多，房屋管理部门在重新开始办证后，又多了一项11.5%的地税。对于小郑来说，这可是雪上加霜，同样一座楼房，估价上下浮动300～500元/平方米，如果100平方米的房子每平方米估价差300元，地税一项就差30000×0.115=3450元。

后来他听说只要房产局评估打着公司的名义行使行政垄断，可能要独家收取评估费及个人好处费。小郑的房子是自己千辛万苦按揭贷款买的，这样一来，无形中他自己的成本又提高了不少。

有人给小郑出主意，趁着房价上升的当口，将房子高价出售，这样就可以把这些税费之类的全部转嫁出去。问题是，真有人愿意接手自己的房子吗？更关键的是，小郑担心，一旦自己卖的价格低了，将来房子再涨，自己的损失可能比原先老老实实办房产证还要大。

在国家不断进行房产调控的时候，一边是房价上涨，另一边是税费高昂，小郑感到十分迷惘。

在价格不确定的时候买房也许意味着投资机会，不过当价格太过高昂时，多数人凭直觉也可以判断这是一场赌博。普通人在这一问题上往往不能保持理智，从而做出正确的投资选择。当然，在经济学家们看来，高价的房产投资的确是亏损的，只不过他们的理由看上去更加充分些。

北大经济学家们认为，评估一项资产的唯一正确方法就是将现金流折现。对房产而言，自由现金流的来源就是租金，而租金的高低直接表明了租售比的高低。而租售比就是房产的回报率。租金不能覆盖房贷、物业费、采暖费等开支，则会成为一项负债。同时不能高于CPI的增长，否则更是一项亏本的买卖。

不过，耶鲁大学经济系著名教授罗伯特·希勒指出，住房价格长期无法超越通货膨胀。因为除了在土地严格受限制的地方，住房价格最终趋于建筑成本再加房屋的经济收益（如租金等）。过去120年中，虽然美国的人口增加了两倍，但是住房价格平均每年只上涨3.11%，同期CPI上涨为平均每年2.85%，住房价格只比CPI高0.26个百分点。换句话说，住房价格每年真实上涨只有0.26%左右，而这0.26个百分点还主要是建筑成本上升带来的。

任何人购买房地产，其购买的价格肯定至少不高于周围平均地段同等房屋的价格。如果这所房子估价太高，显然周围同等房屋会因为竞争也抬高房价，反之却不一定成立。由于地段的稀缺性，低估的房子会使得周围房屋的价格更愿意保持高价，因为这座房子在购买后，新来者显然选择的自由降低了。

问题是，一个购房者的购房支出是有限的，这样买价越高，未来从中获取的收益越低。通常开发商购房后的确会变本加厉地抬高房价，就是因为不这样其成本的回收率很低。

因此，如何在较低的价格买房就成为投资风险降低的唯一办法。除去通常房价上的高估现象外，由于土地的稀缺性，投资市场也存在不完全性，而且房屋的信息掌握在房主手中，这又带来了信息不对称。

北大财富课指出，在买卖房屋中出现信息不对称，特别是卖方信息多于买方的时候，就会出现次品市场的逆向选择现象。此外，由于市场上存在大量的劣质房屋，这种逆向选择会导致市场上的房屋质量越来越差的情况。这一点对于财富追求者可能更加不利，因为除去高昂的价格外，低劣质量的住房意味着损失十分巨大。

【北大名师点拨】

即使不用经济学家复杂的统计和计算，仅通过简单的推理，也可以判断高价房地产的价值缺陷。通常房屋的价格都有高估的倾向性。

怎样判断房价是否过高

对于投机心理而言，在投机的市场会得到更合适的机会成本的选择。

——北大财富笔记

在中国的房地产现实下，要在北京和上海这样的大城市安家，将面临“买”和“租”这两种选择。如果选择买，在付完首付之后，就算你能选用全额公积金贷款，月供至少也要3800元。按照25万本金理财可以得到10%的年收益计算，除了减少25万流动资金储备之外，选择“买”一年要付出的代价是：理财收益2.5万+3800元月供×12个月=7.06万。而选择“租”则只要付出：房租2500元×12个月=3万。

就为这房子20年后，还有50年使用权是自己的，我们至少要每年多付4万。

有这样两种算法，支持着那些坚持买房子的人：

1. 毕竟20年后这房子是自己的，为此宁可付出80万。

2. 房价总是要涨的，买了房子，资产就能快速增值。

这番关于房屋的计算，本身是建立在一个基础上：人们对房屋的投资全部可以货币化，而其每一笔成本都可以计算。房价到底是不是过高，首先是一个折现和机会成本比较的问题。此外，人人都希望在总收益最大化的基础上，在现在和未来选择平衡，特别是经常碰到的“买还是租”的问题上。租房子，无疑不仅有更现实的眼前利益，“每年省3万”，而且有更合理的长期利益，“可以把更多的资金投入理财，可以有更多的现金防范风险”。这其实应该是类似于储蓄的未来和现期的利息比较的问题。考虑到长期的通胀率会侵蚀掉你未来的收益，显然租房是个合理的选择。这种情况下，房价在任何情况都是过高的。这就像一个从来不考虑住房的人一样，他们总是关注房子目前的总价。

不可否认，有些人并不真的相信“房价高”，他们有足够的购买力选择高价住房。只不过出于投机的心理，“想赢怕输”，想的是房价一涨，自己买来的房子跟着增值，水涨船高；怕的是，若自己不买，别人都赚了，自己似乎吃亏。其实这样的人，不如考虑和债券或者股市的收益比较，然后再考虑是否购买房屋。

北大经济学家指出，炒房子，买进卖出，其实已经是在做买卖，做买卖，就要算账。炒股，每交易一次，不过付出3‰的印花税和2‰的交易成本，最后赚钱的其实还是交易所。而炒房子，宏观上看，需要付出的是接近10%的交易税费和超过成交房价30%的贷款利息。也就是说，炒房子发财不发财，没人敢说，可政府的房地产税费收入、银行的贷款利息收入每年都是以千亿计算的净利润。对每个炒房者来说，或许存着自己没还那么多利息，税是对方出的迷糊账，可是，房子不再这么快速涨价，哪怕不跌，只是持平，那这样炒房还有意义吗?

上海2006年10月，2007年5月和10月的数据依次为47%，43%和44%。选择“半年内”拥有置业计划的比例均为26%，总体保持平稳。本次受访者的购房计划情况与去年五一、十一房展会调查结果基本保持一致。

你或许没学过理财，但只要你摆正心态，把心思用在该用的地方，每个月投入10个小时，那么，以有限的本金就可以得到远比买房子更高的回报，而你的小日子，相信也会越过越好的。

【北大名师点拨】

投资和理财有多种渠道。购买房屋，多数情况下是不大考虑房屋增值的。按照一些出现过房地产泡沫的国家的经验，只有在大规模的经济危机来临前，房屋的保障才是可能的。不过在泡沫破灭后的损失是显而易见的，像日本东京的炒房，至今还有大批破产的百万富翁。

房产投资之后的税费问题

作为买主，应提前查清，并理解你将来到底需要付多少地税，这对你考虑是否应该购买此屋也有很大的帮助。

——北大财富笔记

在马来西亚，脱手房地产赢利，因为行业低迷，回报不如股票或信托单位等简便。其中房地产相关的税务问题，尤为严重。包括脱手资产时涉及产业盈利税，以及收租赚利需呈报的所得税。

在报税时，内陆税收局定义的房地产包括空置的土地、园丘、店铺、办公室、商业大厦、酒店、停车场、房屋、工厂、货舱以及其他建于土地上的建筑物。

1976年房地产获利税法阐明，于马来西亚境内脱手房地产时，所取得的盈利必须缴付房产利得税（Real Property Gains Tax，简称RPGT）。房产利得税是以国土观念来课征，你的投资若是在海外，那么脱手这些房地产所取得的获利则被归类为资本获利，不用缴税给马来西亚政府，但可能需要缴给当地的政府（有些国家有此法令，有的没有）。

马来西亚政府规定从2010年1月1日起，脱手持有期少于5年的房地产，若有市值差额的获利，就会被征税。业主脱手时，已持有该房地产超过5年，则不会被征税。然而，若个人是经营买卖房地产（贸易），就是以买卖房地产为一门生意来经营，而脱手这些资产时能赢利，内陆税收局就会对所得的获利征收所得税。

很多人对于投资买房很有兴趣，对于房屋的地段、投资价值十分关心，却总是忘记一个事实：对于房地产投资而言，购买洽谈，达成协议最多只是投资的第一步。投资成功后的房产税收和费用常常占据了投资未来若干年的巨大利润空间。

北大财富课提醒，住房合同自签订起，合同本身就将交一定的契税，通常这个比率很低，却属于国税局重要的商品流通税目。如果逃脱这部分税收，那么房屋的合同是无效的。

其次，房屋检查费，这是报价合同不可缺少的附加条款之一。当买卖双方在购房合约上签字生效后，买主要做的第一件事就是请有执照的房屋检查师来检查房子。检查费由买主付，价钱根据房价而定，从200美元到600美元不等，甚至更高，房价越高检查费越贵。

在美国诸如地毯有破洞、墙上出现裂缝的问题，卖主是可以不修的，因此这部分费用也将计入购买成本。接下来环节的费用和中国无异：过户收取登记费，产权环节收取会员管理费和部分保险费，以及部分地方税收调整。最后部分相当于中国的税收附加。

这还只是住房的购买环节而已，真正花费高的养房问题才刚刚浮出水面。通常美国的交易环节税收还算轻，不过存量和增值的税收及费用高得惊人。因为在经济学家看来，房屋最大的投资价值正是在存量和经营活动增值环节的利润。按照税收的负担原则，这些环节的税收自然轻不了。

房产税顾名思义是房产屋主每年向当地市政府缴纳的税种，一般按年计，房价越贵，房产税越高。

卖方一般应告知房屋近一年或几年来的房产税，这通常列在卖方经纪上市单上。如没有，买方律师可通过市政府税务部门查询。产权调查报告也能较准确地显示地税征收。值得注意的是，有的市镇是在房产易手时重新估价征收地税，有的市镇是每3～4年调整地税。

房地产税和100万美元贷款的利益可以用于抵扣联邦所得税。此外，第二个贷款（通常是Home Equity Loan）不超过10万美元贷款的利息亦可抵扣所得税。但需要注意的是，两个贷款总额不能超过房屋合理市场价值。

北大财富课还提醒大家：只有在采用单项扣减的报税方式时，才能扣减房产税和贷款利息，新房屋购买者还可以扣减点数费用。房屋重新贷款者不可扣减这类费用。房屋交易中的其他费用，如房产交易税、律师费、登记费及贷款公司的信用报告费、估价费等均属不可抵扣费用。

【北大名师点拨】

房产税费的问题，其实从房屋投资合同订立的一刻就已经开始，这意味着国税局开始盯上你的交易足迹了。

哪些人应该避免房地产投资

只有对自身未来的收入充满信心，才能够对目前的房产价值看得更高。

——北大财富笔记

对于房地产，有些人是不适合采取该类投资方式的。很明显，以最基本的条件来说，收入太低、从事危险变动工作的人，还有老人都不适合房地产投资。因为对多数人而言，尤其是年轻人，投资房地产最初5～10年的按揭还款压力更大。

北大经济学者不止一次提出，对于低收入的年轻人，将自己的资金和精力大部分用于房贷并不是一种明智的选择。因为在未来你的收入是逐渐增长的，换言之，现在的收入可能低于你的生命周期的平均收入，此时的你就是一只潜力股和成长型股票，一开始就背上沉重的负担，那么相对于你的未来价值，现在这只股票的价值会被严重低估，短期和中期表现会受到拖累。但是，许多年轻人认识不到这一点，据调查，中国初次买房的年龄还不到30岁，首付所需的大量现金从何而来，显然源于父母的积蓄。

如果父母的经济条件允许，那么很可能这种方式对于提高你的生活质量是一件好事。不过假设父母的条件也很有限，那么这种方式非但是不恰当的，而且这意味你可能更加悲观，这对于年轻人的进取心来说是个糟糕的选择。

亿万富翁们多数都是白手起家，很少见到啃老分子能够基业长青。你有一个糟糕的先例，也别指望你的子弟会做得更加出色。

对于那些从事不安全职业的人，投资房地产意味着房屋的价值可能带给你某种风险补偿。通常住房的高价便于这类人群将之转手出卖，获取较高的报酬和现金补偿。但考虑到这种房屋也处于不断的贬值和通胀的威胁之中，应该说，这样的投资也是失败的。因为这同样急功近利，在一个人的生活中没有实现利益的长期最大化。

毕业于北大的黄怒波本是诗人，“选冰岛是为了北欧”。在冰岛买地，原本是诗意、美景和生意“三全齐美”的算盘。2011年8月24日，黄怒波出价890万美元欲购300平方公里冰岛土地。冰岛以涉嫌国家安全和中坤集团所谓国企背景为由拒绝——内政部长认为“法律不允许”。碰了一个奇怪“钉子”的黄怒波，只能退一步改为以600多万美元租下这片不毛之地，租期99年。

金融危机后，美国的大银行成了最大的房地产拥有者，但是这对于银行本身来说都是负资产。因为房价已经足够低，现在卖出，只会让银行的损失进一步加大。如果把房子留给违约的人，反倒能够获得更好的现金流收益。因此美国银行不断呼吁政府继续支持非正常违约的人们的期限，以图换取资金的自我救援。

对于来日无多的老人来说，类似于美国这样具有很高的遗产税的国家，买房无异于遗祸子孙。有的时候，留有大批地产遗产的家庭，继承人往往会因为无法缴纳遗产税不得不离开房子，因为除去卖掉房子，让产权易主外，很难满足税收的要求。所以，巴菲特说，死后留下大笔钱财给子孙是一种耻辱。除去会出现遗产分割的各种争执外，最大的问题就是遗产税。老人们不适于投资房地产，还因为其突然病故的风险较大，这就让上面的事情成为现实具有极高的概率。所以，明智的老年人通常拒绝在房地产上进行大的投资。

按照角色而言，同样有些人是不适合投资房地产的。例如政客，他们投资房地产经常是惹麻烦的开始。还有夫妻共同生活，但法律中不承认共有财产的地方，房地产投资让未来离婚的财产分割成为难题。

【北大名师点拨】

并不是每个人都适合投资房产，只有认清自己的状况再行动，才能在追求财富的道路上一帆风顺。

第12课 黄金市场是盛宴还是剩宴

千百年来，黄金的地位与身份，被推到最高，又被拉回地面，几度起起落落。金融市场上黄金热与冷的反复交替，让黄金忠实的追求者们也生出了不安与怀疑。作为一种传统、历史悠久却又包含诸多不利因素的存在，是否还要继续投资黄金，开始提上了投资者们的议事日程。黄金市场的前途是否依然光明，这是一个需要重视的问题。

黄金投资是财富保险的最佳选择吗

黄金投资只是财富保险的一种手段，至于是不是最佳，还有待观察。

——北大财富笔记

1862年1月27日，林肯总统颁布命令，决定2月22日北军总动员，并命令海陆军全面攻击南方叛军。此时年轻的摩根惊呼：“金价要上涨，机会来了！”他计划马上买进黄金，囤积起来，随着战争的深入、扩大化，市场定会发生波动。摩根把这一想法用电报告诉了父亲，老摩根一开始不同意冒险，但在儿子的一再劝说下，又考虑到儿子的处境，就答应借给他500万美元。摩根立即用这笔钱在纽约买进黄金，其中少部分销往伦敦，大部分留在手中，等待黄金价格暴涨时再抛出去获利。

接下来摩根的预言成真了。人们出于对战争的恐慌，纷纷抢购黄金，造成金价暴涨。金价暴涨更加剧人们的恐慌，结果抢购黄金的人越来越多，金价扶摇直上，几天时间内金价上涨了3倍，社会上一片混乱。这直接导致林肯政府对摩根财团的让步，开启了私人银行掌控美国政府发行货币的先河，也让摩根一夜暴富。

曾经美国每4美元的财富就有1美元属于摩根家族，到今天这个家族仍然控制着美国财富的很大部分。让摩根家族财富长期不衰的，正是黄金。到1929年，这个家族占据的财富达到美国的1/4，成为华尔街的唯一仲裁者。

既然古老家族依靠黄金投资发家致富，屹立不倒，显然黄金的保值增值作用应该是没有问题的。虽然对黄金投资需求的统计是困难的，但毋庸置疑，近年可识别的黄金投资需求显著上升。自2003年以来，黄金投资成为最强大的需求增长来源，截至2007年年底，其价值增加约280%。在2007年，投资吸引的净流入约达150亿美元。

长期来讲，在没有航天技术、化学工业技术飞跃的前提下，目前的黄金产量增长将继续稳定下去。如果世界在20年内没有发现大规模的黄金矿藏，那么，世界以目前的速度开采，按照现在的可采储量计算，黄金的产出在20年之后会出现急剧的下降。在未来20年内会根本性地重塑世界黄金定价机制。但这一切都是以黄金开采的现有技术的水平做出的预测，未来的不确定性人们还不能完全估计。

其次，世界经济仍然按照目前的速度增长，黄金的需求只会上升，不会下降。因为社会习惯的惯性非常大，在短时间内很难改变，所以，这种需求在未来依然会上升。

问题是，真的会这样吗？答案是否定的，至少是不完全的。

黄金的储量和生产量大幅扩张成本下降，上演18世纪的黄金贬值战也是可能的，对于西班牙这样的帝国，黄金并没有让其富人财富增长，由于生产的黄金太多，导致货币贬值，黄金反倒大量流入生产国手中。今天西班牙的大地主已经没有黄金可用。

只要世界的货币体系稳定，黄金的作用就会很快下降，逐渐进入金饰品的市场，价格进一步降低。这时候金的需求反倒是财富贬值的开始。

面对跌宕起伏的黄金市场，北大财富课的专家们表示，纸黄金的出现使黄金市场可被多方博弈，几大庄家可以联合起来操控纸黄金市场，但他们不能凭借这种高杠杆效应的纸工具增加实物黄金的供给。专家们还提出，这些庄家的行为主要依赖大众财富追求者的资金不足，在担心亏损时，因压力而逃出金市。归根结底，我们所做的只是为市场制造这种舆论：每盎司黄金价格自40美元飙升至887.50美元，主要是因为黄金供给大幅减少。这意味着数据分析退居二线，基本面占据主导地位。

在北大财富课专家眼中，“所有的交易波动必将导致黄金价格出现大幅波动，但是黄金上行行情中市场的狂热，使我们之前对黄金目标价格的估计显得非常保守”。

【北大名师点拨】

世界经济的增长和黄金的需求并没有什么靠得住的关系存在。原本外汇市场上美元和商品存在一种相关关系，不过后来这种关系被证明只是一种幻觉。美元和黄金的价格关系，也被证明只是一种错误的分析而已。

黄金真的是永恒的财富吗

黄金作为人类的财富，在这个意义上它的价值并不比其他的金属。如今人类的黄金财富的观念，只是金本位制度推行的一种残余影响而已。

——北大财富笔记

后人发现，哥伦布的日记中竟有60多处提到黄金。他在1492年10月13日的日记中写道：“吾密切注视，仔细观察可否有黄金。果然他们中有些人在穿孔的鼻子下挂有小金块，借助手势我了解到此岛以南有一个王国拥有大量黄金。”

3天后，他在1492年10月16日的日记中再次写道：“印第安人打手势说，该岛有很多黄金，岛民的手、足、耳、颈均佩戴金饰物。”

又过了3天，他在1492年10月19日的日记中写道：“印第安人说国王就住在村里，他拥有许多黄金。……为此，我当继续航行，直到找到黄金产地。”

21世纪初，一个北美印第安人讽刺性地抗议道：“白人踏上这片土地，眼睛里只有贪婪的金子的目光。”的确哥伦布“招供”说：黄金是世界上最为珍贵的东西……有了黄金在世界上想干什么就能干什么，甚至可以让灵魂升入天堂。

按照一些吹捧黄金价值的人所说，黄金是全人类的财富。不过，黄金之所以成为人类的财富，最主要的原因是稀缺。

把黄金看成财富的历史，是从古埃及时代就建立起来的。其主要用于换取盐和商品，控制整个经济和政权。因为除去稀缺性外，这种金属的品质极为稳定。黄金史学家格林曾指出："古埃及和古罗马的文明是由黄金培植起来的。"掠夺并占有更多的黄金是古埃及、古罗马统治者穷兵黩武的动力。

真正把黄金看成人类财富是近现代社会，特别是重商主义兴起后的事情。重商主义者们认为，除去黄金以外，其他的都不是财富。

1663年，英国国王查理二世在圣诞夜前夕颁发了一项授权状，要求新生产的金币需完全通过机器方式铸造。不久，这种金币被命名为"几尼"金币，它重达8克或1/4盎司，在授权状中新币面值被界定为相当于20先令银币。这些精美漂亮的金币和英国流行了60年的破烂不堪被反复磨锉的旧币形成了鲜明的对比。但人们仍然继续使用残破的旧币，因为旧银币重量较轻，根据重量所能兑换的新金币数量远低于旧币原有的面值。

新铸的金币也大多被用于窖藏或为了谋利被运往亚洲，几乎没有留在英国作为货币使用。在英国的贸易和债务支付中，越来越多的钱币不为人所接受。这类劣币驱逐良币，甚至造成不足的黄金到处泛滥的事情，本身就否定了黄金作为财富象征的价值。

这类铸币保卫的斗争最后以建立金币本位的制度维持了大约100年，由于黄金的稀缺和稳定，自动和商品交换适应，它也成为主要的一种货币材料。拥有大量的货币材料，也被看成是拥有物质财富控制权的象征。所以，仅仅在一个世纪内，英国就因为拥有最多的黄金储备而成为世界的货币中心和资本输出中心。

【北大名师点拨】

在布雷顿森林体系崩溃后，美国黄金储备的大量丧失让金本位制度退出历史舞台。只不过由于纸币没有价值，人们在风险增加的时候，就会产生贮藏黄金商品保值的需要。只不过在这一点上，黄金已经不是原来意义上的财富，而是和其他产品如房地产和油画收藏品一样，只不过是一种具有稀缺价值的商品。

为什么说黄金是一项高风险投资

> 黄金不能迅速地变化，对于投资来说，这种稳定对于资本的流动和扩大是相当不利的。人们不可能为了一场微不足道的交易，准备巨大的船舶运输，何况，运输也要耗费部分黄金作为酬劳。对于交易来说，在无形中增加了交易的成本。
>
> ——北大财富笔记

经济学教授马丁·费尔德斯坦认为，在国际市场中，黄金仍然是一项高风险投资。

2008年迪拜债务危机的背景下，世界不少金融市场受到牵连。人们担心金价会继续走高，因此大肆抢购黄金。正是这种对黄金的狂热追求使得黄金价格从2005年的400美元/盎司飙升至2009年12月的1100美元/盎司。

费尔德斯坦认为，个人财富追求者不仅购买个别政府铸造的金币，还会购买金条、黄金ETF基金、黄金期货和金矿公司的股票。而且，买家不仅包括个人，还有机构投资者和主权财富基金。印度央行就在2009年11月份从国际货币基金组织买入了200吨黄金。

对冲通胀和美元潜在风险才是购买黄金的主要原因。美元兑欧元在2009年贬值10%，也足以让美国以外的财富追求者们对美元表示失望。由于对伯南克的低利率政策带来的长期通胀压力表示担心，更多的人选择购买黄金保值。

黄金真的能很好地对冲这两种风险吗？费尔德斯坦认为答案是否定的。黄金要对冲通胀，必须保持和物价指数同步的增长才行。

1980年金价是400美元，10年后美国消费者物价指数（CPI）上升60%以上，金价还是在400美元；到2000年，美国CPI是1980年的两倍多，而黄金价格则跌至300美元/盎司附近。费尔德斯坦认为，国债比黄金更安全。美国政府提供了一种很好的通胀对冲工具——通胀保值债券（TIPS）。10年期TIPS不仅仅支付利息，具有紧跟CPI的特性，而且还会提供略高于1%的实际利率，TIPS最后会以当初购买的名义价格支付，从而形成通缩对冲作用。

在北大经济学者们看来，黄金是高风险、高波动性的投资。与普通股、债券和房地产不同，黄金是没有潜在收益的，投资它纯粹是以投机为目的。谁也不知道，在未来的时间里，黄金的价格会怎样，有可能跌至500美元/盎司，也可能涨到2000美元/盎司，它的未来难以预料。

黄金在经济学家眼里，就和欧洲的贵族一样，是一种旧时代的纪念品。凯恩斯主义盛行后，使用黄金和金本位制度被看成是一种野蛮制度的残余。尽管这话具有主观性，不过至少说出了黄金的弱点。

在历史上，黄金这样的产品一直是财富追求者最信任的东西。黄金一直被看成是交易工具的完美体现，从原始时代人们就已经开始注意到它的这种价值。直到现在，很多历史学教授对它的历史作用依然赞叹不已。

尽管人们诅咒纸币的通胀破坏生活，可是如果我们仍然生活在黄金的时代，最简单的一笔投资也需要数个月的时间，和你的经纪人订下的一次交易，结算将是几个月后的事情，而那时市场已经发生变化。你买卖的是一些商品的话，你可能除去赔掉商品外，还要面临合同违约的风险。

正因为如此，大规模的交易不再需要黄金，所以黄金退出市场是迟早要发生的事情。同样因为上述的原因，它也不可能成为适宜人们大规模投资的一种产品。如今它存在的形式，实物交易已经很少，而且变现很难。

除此之外，黄金离开投资领域，这也是区分现代投资学和传统投资学的标志。黄金退场前，世界永远不可能诞生证券市场。第一张银行券就是作为黄金的代用券出现的。历史证明，证券投资天然有替代黄金的属性。投资要扩大，必须对黄金说“不”。

现代投资学的每一次大的进步都和突破黄金的限制有关，不是尼克松放弃管制黄金和美元，就不可能有外汇市场的扩大，也就没有金融管制的放开，更不可能出现衍生工具的大爆炸，也不会出现如此发达的金融市场。

【北大名师点拨】

从长期来看，经济学家不会赞同黄金投资的合理性，黄金在某种程度上只是一种故去的回忆和纪念而已。

黄金市场真的没有庄家吗

> 真正的庄家产生的根源，是风险定价非中性机制。假如市场机制天然不能分散市场，其结果是，不论怎么设计，总会产生庄家和实际的庄家效果。像黄金交易市场，除去期货交易明显存在摩根士丹利这样的看空常客外，现货市场实际也是一个不公平的机制。
>
> ——北大财富笔记

“某些特定的时间，市场上可能会出现一些‘试图改变市场的力量’，比如各国的中央银行。他们在特定的情况下，出于本国或者本地区经济发展的考虑，会试图干预市场。但就是以如此庞大的国家财力为背景，也无法长时间影响走势。比如日本央行在2003年的多次干预中往往一次数亿资金的干预却只能改变几个小时的行情，很快市场又恢复原来的运行趋势。国家的干预尚且如此，更不必说其他的机构和基金了。”一些经济师认为这就是黄金市场上无法存在庄家的原因。没有真正存在的庄家，更不存在什么幕后黑手。任何国家或机构面对每天2万亿美元的成交量，都只能望洋兴叹了。

黄金市场到底有没有操纵者，或者说庄家呢？黄金炒家和经纪人、黄金公司都信誓旦旦地肯定说没有。事情是不是真的如此呢？

理论上说，的确在数亿美元的资金市场上这种可能性很低。任何机构都不可能有这么巨大的资金力量操纵市场。而且其交易实行的基本是电子操作，坐庄的风险是很高的。不过，这只是理论上的分析。这两条基本上不能作为庄家不存在的理由。北大经济学家分析认为：

首先，庄家存在与否同资金规模本身没有关系。以伦敦黄金交易所为例，这个交易所本身就是五大庄家的赌场而已。五大黄金销售行垄断了南非黄金的生产销售，这个市场的机制更像是一个英国拍卖会。由于黄金的生产主导权掌握在五大金行手里，他们通过手中的黄金生产来影响黄金市场的长期供求，操纵着市场。

其次，电子操作的公正性能否保证没有操纵力量。电子操作的风险有时候是很高的，经常可能成为做假盘的诈骗工具，另一方面在市场上订单排序的拥堵，也让黄金交易出现一种严重的羊群行为。

另外，北大经济学家还指出，电子操作只是人为交易的机械化，根本无法改变交易的不公平设计。不管你怎么改变电子系统，都不可能让那些金行停止直接干预黄金市场的各种力量。

最后，我们似乎一直忘记了开头文中的分析师，这类人员经常和黄金市场的庄家存在分成的利益关系。他们所作的研究报告，很少是和机构财富追求者、五大金行没有联系的，这种研究报告影响交易员，进而影响交易者的判断。根据索罗斯的反身性原理，人们的盲从显然给真正的庄家获利提供了机会。

【北大名师点拨】

庄家本身就是投机机制获利的一部分，并没有什么错误。对于本身价格在市场化中出现巨大波动的黄金来说，这不过是冥冥之中注定的事情，只不过大多数人不愿意承认而已。

为什么美元贬值金价上涨，美元升值金价下跌

当黄金在本质上已经不能适应社会的发展、满足其作为货币的本质要求时，美元当前的贬值与黄金价格走高之间联系的必然性势必就会减弱。

——北大财富笔记

美元价格和美国经济状况是息息相关的，1970年，美国处于高通货膨胀中，黄金价格一路狂升。美联储为了遏制通货膨胀，改变市场对通胀的预期，在1981年将利率提升到一个前所未有的高度，接着就发生了黄金市场牛市的崩溃。

2001年以来，美元贬值的单边形式明显，国际黄金价格由美元标价，美元贬值对国际金价是一个有力的支撑。美元价格通过美元指数表现出来，黄金价格和美元指数的走势具有明显的反向性，其变动具有负相关性。21世纪初美国的新经济泡沫破裂导致金融恐慌，大量资金为了逃避选择了黄金及其各种黄金的衍生工具进行投资，为以后几年黄金价格的上升开启了通道；2007年下半年

的债务危机使得美元金融市场、资本市场受到重创，而黄金价格则在随后的9、10、11月大幅度增长。

在黄金投资市场上，一直存在一条炒金铁律。国际美元市场与黄金市场95%以上都是反向运行，即美元升金价跌，美元跌金价涨，所以美元也就成为研究金价重要的“参照物”。这种说法的理由如下：

第一，因为全球黄金现货及黄金期货都是用美元来标价的，所以，美元走软会让黄金在非美国家财富追求者面前变得更加便宜。

第二，美国的经济总量在世界上一直是第一，被称为“世界经济的火车头”，同时又因国际黄金价格采用美元为计价单位，这使得美国经济的发展状况以及美元走势对黄金价格有重大影响。且通货膨胀率低以及美联储的货币政策都会影响财富追求者的投资取向。

但美元贬值真的就必然导致黄金价格上涨吗？北大经济学者们举出这样一个例子：

20世纪40年代建立的布雷顿森林体系，使得美元当时可按35美元一盎司的官价直接与现货黄金兑换。可到20世纪60年代，由于美国深陷越南战争的泥潭，财政赤字巨大，美元不断贬值，各国纷纷抛售自己手中的美元并抢购黄金，从而使美国黄金储备急剧减少，于是美国被迫于1971年终结布雷顿森林体系，停止美元换黄金。此后金价开始出现暴涨，最终从每盎司35美元一直涨到1980年的最高870美元，9年整整涨了23倍。

通过对这一历史现象的归纳，人们普遍倾向于认为黄金当时价格的不断上涨源于美元当时的不断贬值，从而得出“美元贬值会导致黄金价格上涨”的经验性规律。

索罗斯对市场过于迷信这一经验性规律可能并不认同。他的“反身性金融理论”认为，每个泡沫都有两个组成部分——现实中主导的潜在趋势和对这个趋势的错误理解。最终，市场预期变得与现实相差太远，致使人们被迫承认错误观念的存在，并最终形成趋势的逆转点，然后市场开始朝相反的方向自我强化。

索罗斯在2010年一季度开始建立大量的黄金多头头寸以便投机获利，他发现这个泡沫有望形成；当他感觉这个泡沫未来难以为继、投机风险大于收益时，就开始平仓这些多头头寸；可以进一步预见的是，当他观察并确认这个泡沫开始破灭时，他将像他以往的空头投机操作一样，通过做空黄金来进一步获得投机收益。

【北大名师点拨】

人民币相对于美元的升值，进一步增加了国际上以美元计价的黄金在国内人民币标价市场上波动方向的不确定性，国内黄金财富追求者因此也将面对更多的投资风险和不确定性。总而言之，“保已成业，防未来非”或许是黄金财富追求者比较明智的选择。

你应该持有多少黄金

> 黄金持有量的多少，在不同国家的居民手中并不一样，而不管是国外还是国内，别人的黄金持有量，对于追求财富的你来说，也只能作为一种参考，仅此而已。
>
> ——北大财富笔记

20世纪末，有人预言黄金的时代已经过去。1997年和1999年，《金融时报》《经济学家》《商业周刊》不约而同地做出“黄金即将死亡”以及“黄金的地位已经显著削弱”的论断。一位牛津大学历史学家撰写的关于“黄金死亡”的著作成为全球畅销书，并为作者争取到伟大的荣誉。许多中央银行都抛售了黄金，因为这种金属的经济意义正处于历史的最低点。2000年1月，黄金现货价格大约为每盎司300美元，此后又一度下跌到250美元——从1980年开始，黄金的大熊市差不多持续了20年。

也正是从十几年前开始，黄金走入普通人家庭的时代开始了。一些传统上并非黄金消费品大国的国家，例如中国也开始大量进口金饰品。于是，一个问题出现了，你应该持有多少黄金呢？

答案取决于两个条件，第一是你的财富收入的大小；第二是你的安全心理有多高。黄金的保管是个大难题，在银行的金库里这种消费品有保管费，放在家里有被盗窃的可能，所以权衡一下，你的黄金大致就在这两者的限定之内了。

炒银行的实物金不用像炒纸黄金或者股票那样时时盯盘，小白领章宽只要每天在休息的时候看一眼黄金的大致走势，对走势有一个基本的了解就可以，因为章宽觉得炒实物金主要不是为了炒，而是保值，是避险。章宽听人介绍一般中等收入家庭应该以家庭资产的5%～10%购买黄金，当然这个黄金指的不是纸黄金，而是实物金，所以章宽每次在黄金下跌的时候就买一点，到目前为止还小有盈利。

另外，每到年底，发年终奖的时候章宽会到金店去买一些投资金条和生肖金条，准备以后作为儿子的成人礼。

这是荒诞的理财故事，并不是事实。北大经济学者们指出，银行的实物金的风险本身并不低，而且对于普通人来说，爆仓的嫌疑很高。一些银行当然不会告诉你这种交易的高杠杆背后还是有一定的风险，最简单的风险就是在爆仓的时候，你会因为投资失败被追加保证金。这是个巨大的麻烦。多数交易所的增值不是靠交易本身，而是保证金罚款。

至于黄金的保值作用，正如北大经济学家们所说的，这种保值和财富的关系已经很微弱，充其量只是形式上的保值。

另外黄金储备和民间持有比例，是按照理论上的黄金总量除去人口得出的，参考的是欧洲和美国的平均黄金持有量。其实这个指数只有参考意义，对于中国这样的国家而言，意义不大。首先中国这样的国家本身就是黄金生产大国，不像多数发达国家是不生产黄金的。即使是民间储量的指标也受到风俗习惯的影响，印度不是黄金大国，但确实是最大消费国，因为在印度传统上黄金饰品是作为一种生活必备品的。

【北大名师点拨】

正如我们指出的那样，中央银行的黄金储备只是用于分散风险的多样化投资，单一黄金的价值并不是考虑的对象，发行货币和黄金储备的关系几乎完全停止了。至于通胀的因素，干扰性更强。

第13课　保险是美丽罂粟还是带刺玫瑰

今天你买保险了吗？随着市场经济的日趋发展和不断完善，保险的出现与发展为广大财富追求者提供了更多的保障与机会，保险行业不断推出的理财产品也在挑战和考验着人们的胆量、实力与眼光。远离还是靠近，上瘾还是中毒，或许只有投身保险的财富追求者们心里最清楚。

为什么每个人都应该买保险

保险最重要的是，最需要钱的时候派得上用场，而不买保险面临的风险就是面临需要的时候，没有保障，只能坐困愁城。

——北大财富笔记

很多人都认为买保险没有意义，认为自己出事的概率小之又小，有的人觉得自己是穷人没必要买，其实这些想法大错特错。保险，无论是对自己还是家人或者以后的子孙都有非常重要的作用。

北大经济学家指出，不管你有多少钱，处于何种阶层，你的收入和保险总是存在密切的联系。穷人当然收入低，可不是没有保险的理由，最早的保险不是富人间的组织，就是穷兄弟们的丧葬委员会自治机构凑出来的。富人说钱太多，所以不需要保险。问题是花不完，对于某些遗产税过高的国家，或者政策不透明的国家，财产的风险比任何情况下都大，除去保险没有别的机制能解决问题。即使移民，也只有瑞士银行的保险柜里的保单才不会被交给监管当局。中产阶级更是保险的大客户群体，因为比上不足，比下有余，你的钱财的门槛比别的群体高一些，所以更需要保险。

在北大经济学家看来，一般人购买保险有两个基本目的：一是保障自己的收入安全，二是保障家人的财务安全。保险公司本身只是一个社会化的互助营利组织，它依靠把人们的总费用连在一起而降低风险。尽管你不知道你的保单和下一份保单的直接联系是什么，可是通过保险公司，你的费用相当于大家均摊。

公元前18世纪，给法老胡夫修建金字塔的工匠们中间就产生了类似丧葬互助的组织。公元前600年的希腊罗马时代，有一些宗教团体如基督教的长老会发展出类似互助会的组织，参加此宗教团体的会员必须缴纳定额的入会费，当他辞世，遗族就可以领到一笔丧葬费用，这成为人寿保险最早可考的记录。

1250年，意大利的威尼斯、比萨、佛罗伦萨等城市率先发展出称为“基尔特”的组织，“基尔特”是由一群职业相同的人，基于互相扶持的精神所成立的团体，除了保证会员职业上的利益之外，也对会员的死亡、疾病、窃盗、火灾等灾害，共同出资救济。而世界上最早的保险法是巴塞罗那法规，在1435年出现。

英国一些由工人和低收入户组成的“友爱社”，由劳工每周交纳费用作为共同基金，并且有专人管理这笔费用，当时并不限制会员的年龄和身份。到了1793年，英国通过“友爱社法案”，让此运作有法规可循，这样的法规便逐渐演变成现在的人寿保险制度。

如果你没有保险，除了成为事实的孤立者外，还会在遇到各种风险时陷入困境。人的一生有可能遇到的风险简单来说有几大项，每一项都是无法预知的风险，而且都不是短期可以处理的。

一旦发生意外事故，导致你无法外出工作赚钱，生活费用和家庭经济就会顿失依靠，这时，没有保险，生活势必陷入危险。若预先花一些小钱来购买意外险，当你发生意外事故而受伤甚至不幸身故，就能得到一笔赔偿，用以维持家人的生活。

即使已经有社保，生病也不能给付所有医疗费用，你还是要负担自付额的费用，若没有购买重大疾病和住院医疗这些医疗险，岂不是要每天担心医疗费用，而且在一年半载没有工作收入的情况下，如何能够安心养病呢?

现在为老年生活设计的保险商品，如养老险、年金险等，都是确保老年生活有尊严的选择。看到小孩健康长大是父母最高兴的事，不过小孩子生病或者跌倒擦伤难免，这时可以把小孩的意外险和医疗险附加在父母亲的保单上。有多余的钱，再考虑为小孩子购买少儿险保单，当作未来的教育基金。

【北大名师点拨】

每个人都需要一份合适的保险。从保险的工具特性来看，不拘泥于形式，每个人都可以找到合适的保险，替自己的风险事件埋单。

保险能不能抵御通货膨胀

以低风险的保险回报率，想要跑赢通货膨胀，短时间内并不具有可能性。

——北大财富笔记

保险公司利用保险产品的特殊功能筹集社会闲散资金进行再投资。除了赔付之外，大多数都在各种资金渠道里投资运作。投资收益越来越成为保险公司的主要盈利途径。以发达国家的保险公司为例，1900—2000年，美国、日本、德国、法国、英国和瑞士保险公司的综合盈利绝大部分来源于保险资金的投资收益。

1900—2000年美国资产收益率的分布

年收益率%	资产类别	算术平均值	几何平均值	最小值	最大值	标准差
名义收益率	股票	12.2	10.3	–43.9	57.6	20.0
	长期债券	5.0	4.7	–9.2	40.4	8.1
	短期国债	4.3	4.3	0	15.2	2.8
	通货膨胀	3.3	3.2	–10.8	20.4	5.0
实际收益率	股票	8.9	6.9	–38.1	56.4	20.3
	长期债券	2.0	1.5	–19.3	35.2	9.9
	短期国债	1.2	1.1	–15.0	20.0	4.9

保险公司负债具有两大特征：一是长期性，寿险公司负债期一般在20年以上；二是对保户有保底利率的承诺，除投连险外的其他险种一般都有2%左右的承诺。

保险公司经常会投资那些长期投资的大项目，有些人认为保险公司的产品可以抵抗的通胀率，是个美丽的误会。从上面的表格也可以看出，保险公司自己的资金就是通货膨胀的受害者。此外，按照发展阶段不同，保险公司本身的盈利方式也有差别。

北大财富课专家指出，在每一个阶段保险公司可能有一个自然的调整过程，保险公司经营不当，就会导致公司的产品在通胀率的长期侵蚀下亏损。

具体到某一款保险产品，还要考虑这款产品的设计方式是不是合理。既然保险公司的产品收益和资产风险配置有关，那么观察一下，一款保险产品中没有这方面规定的条款，在一定阶段内，这种产品就可能是有巨大风险的。

举例来说，有些产品名为抗通胀的储蓄。这类产品是直接将保单上的资金投放到货币市场上，在票据市场上，风险很高，而回报率通常很低，所以长期下来，很可能这款产品的收益只和银行的存款差不多。由于无法取得固定收益，有时候，这种产品的平均收益率还不如银行的存款。另外，这些产品中不可转让的条款也十分可疑，这让你可能无法获得止损的机会。

同时北大财富课的专家们又提出一种产品，比如类似于定期存款的可转让保单，其实和大额的定期存款单并无本质差别，只不过它的开发设计者是保险公司而已。

再比如分红险，其实就是一种长期国债。这类产品的收益就风险系数来说是最低的，可以完全看成是无风险的存款资产。不过，认为这种产品的回报率可以跑赢通胀，未免为时过早。

低风险经常也意味着低收益。分红险的分红，其实只是长期国债支付的利息而已，自然是稳定的。不过这种产品在设计的时候已经将其平均的利息成本摊到最低，其现金流随着时间会越来越低。也就是说，长期的回报率是会出现负数的情况的。

这种事情并不是没有发生过，例如美国等国家的长期债券，最后的一般回报率会降低到可以完全忽略的水平，所以不能听信名义上回报率的宣传。

【北大名师点拨】

保险公司所有收取的保费迟早有一天都要返还给投保客户的，这是保险资金的负债性质使然。

保险买得越多，危险就越小吗

从投资和风险的角度看，投保的多少与风险最终是否降低关系不大。即使全部投保，也不能消灭风险。

——北大财富笔记

经过向保险公司咨询，河北石家庄马女士了解到作为社会医疗保险的重要补充，商业医疗保险正越来越受到人们的重视。她买了几份住院医疗保险，认为得病住院就能得到几份赔偿。很多人都像马女士一样，认为多买几份保险将来得到的赔付也就越多，实则不然，重复投保并不意味着重复理赔。

通常，人们认为保险的理赔是完全一对一的，许多人重复甚至交叉投保的唯一目的只是相信：这样会出现多家理赔，自己从中获利更多。问题是，买保险越多，你的危险真的就越小吗？

有些从事冒险活动的人，比如那些顶级的好莱坞明星，他们的保险就很多。表面看上去多一份保单，自然赔偿的金额增加了，在出现损失的时候，投保人的确可以获得巨大的收益，弥补相应的损失，甚至极端情况下，会出现投保人的损失赔偿金超过投保的价值。真实的情况是，由于这类投保的保费极其高昂，所以能够投保的人屈指可数，所以保险公司本身的损失很小。

糟糕的另一面是，对于普通的医疗险、车险、寿险等，重复投保非但不能多获得赔偿，甚至可能因为权责不清导致理赔纠纷。

此外，北大财富专家提醒，在医疗保险中还存在一种预付制度，一个人同时有两家保险公司对其社保账户赔付，就可能出现支付上的冲突问题。一方面你可能会因为涉嫌社会保障伪造受到社会保障部门的调查；另一方面，保险公司也可能质疑投保人的真实目的。

还有，保险公司为了防止车主通过保险获利，通常会不断设置各种免赔条款和例外情形，重复投保或者同时选择两家公司代理，都可能成为个人自付的例外条款。

2008年，魏先生买了份商业医疗费用保险。2011年，经不住另一家保险公司代理人的再三推荐，他又买了一份个人住院费用保险。虽然两份保单保障范围相差无几，但他觉得双管齐下，心里踏实许多。同年8月，魏先生因意外摔倒，头内积了大量淤血，开刀住院一个多月才康复。面对高额治疗费和近5000元的进口药费，他琢磨着根据保险条款规定，只有被保险人治病所用医疗费符合公费医疗、劳保报销及社会医疗保险的报销条件，保险公司才会赔偿，而一些进口药则是保单明文规定不予报销的。

魏先生出院后，前往第一家保险公司理赔，后者很快赔偿医疗费用补偿保险金6000多元，住院补贴费用1000元。之后，他去另一家保险公司申请理赔，但对方答复只能理赔医保范围内，前一家公司已理赔以外的那部分金额，算下来只有几十元。魏先生纳闷，自己投了两份保单，为何却得不到双重保障?

这是一个陷入保单重复降低风险的误会中的典型案例，通常来说，现在的商业医疗保险分为两种：一种是医疗费用报销型保险；一种是医疗津贴型保险。医疗费用报销型保险，是指保险公司根据合同中规定的比例，在保额限度内，按照被保险人在医疗过程中实际所花费诊疗费和医药费的总额来进行赔付。医疗津贴型保险，又称定额给付型保险，与实际医疗费用无关。保险公司按照合同规定的补贴标准，对投保人进行赔付。

北大经济学家指出，保险的投入本身就有一定的合理区间，并不是投保比例高，就能获得高回报，就能够最大限度地降低风险。根据凯恩斯的预防性需求的说法，保险所占的支出也应该是固定的，并不是说越多越好。

【北大名师点拨】

保险公司的保单，本质上只是寻找一个较为合理的风险社会储备金，因为他们也不可能转移全部的风险。

社会保障金中有什么秘密

采取个人账户和基金账户分开管理的制度，才能维持长期保险的收益率超过通胀率。

——北大财富笔记

美国的社会保险制度始建于20世纪30年代，1935年，美国国会通过了《社会保障法》。这是美国第一部也是最重要的一部社会保障法，它奠定了美国社会保障的基础和范围，至今美国的社会保障也没有突破它。

为了尽快走出危机，1937年，罗斯福签订法令要求按照雇主、雇员以工资收入1%的单方税率开始征收社会安全福利税。1939年，又补充规定退休者和死亡劳工的配偶及未成年子女可以领取福利金。1940年美国的社会保险制度开出了第一张退休者的生活费支票，当年22万多名退休者领取了退休金，困扰罗斯福的退伍军人和社会动荡问题开始缓解。在经历了第二次世界大战后，1951年退休待遇的实施范围扩大到自由业者和农业人员。经过半个多世纪的发展完善，美国已建立起一套较完备的社会保障体系。

美国的社会保障分为社会保险、社会福利、社会救济3个部分。其中《老年退休、遗属、伤残保险和老年医疗补助》是美国社会保障体系中开支最大的一个保险项目。参加社会保险的人数已达1.27亿，1992年有3600万人领取了退休金，有2400万65岁以上的老年人和300万65岁以下的残障者享受医疗补助。美国没有建立全民社会保障。

通常美国人对自己国家的社会保险都以最轻蔑的态度看待。即使是欧洲最穷的国家，如阿尔巴尼亚等国家，也对美国的社会保险摇头。世界上最发达国家的社会保障因何成为笑柄？多少年来，美国社会保障中一直潜藏着一个让你不断质疑的秘密。

北大财富课老师告诉我们，美国人的社会保障通常是分为两部分的。一类是国家强制保险，也就是社会保障税，大约占到收入的41%以上，保障的范围只是退休后的平均生活水平，最多只能维持温饱。另一类是通常所讲的社会保险，属于企业和个人自愿。在世界上绝大多数的国家，强制保险和企业保险是合并在一起的。而私人保险根本就不属于社会保险。

美国养老保险基金模式是按照现收现付的办法，采取“收支相抵，略有节余”的原则，在全美范围内统筹调剂。由于每年的收支情况不同，多年的储备有增有减。为保证社会保障基金价值增值，美国国会规定基金可购买政府公债，但不允许购买股票或投资。购买公债一是安全，二是利息比银行高。

正是因为保险类型的特殊分类，美国联邦政府的社会保障总署只负责管理企业员工的老、遗、残保险，医疗保险由卫生与公众服务部下设的卫生保健财务管理署负责管理。失业保险和工伤保险是由各州政府负责管理，费用也实行课税制，其税率分别为工资收入的1.7%和6.2%，完全由雇主负担，由州政府统一征集，现收现付。劳工家庭的医疗保险由企业自行管理，费用由雇主和雇员分担。

奥巴马总统上台初期，美国社会保险正处于历史性的破产阶段。美国没有实行生育保险，社会保障也不包括对生育的补助。美国也没有全面的医疗保险计划，并且根据现行的医疗补助规定，有许多医疗方面的风险未能得到保障。政府建议享受医疗补助的人同时买其他商业医疗保险来贴补医疗补助的不足。

美国政府还经常提醒国民：社会保险不能补足失去的收入，人们需以储蓄、参加私人退休计划、投资或其他的保险来补充退休后的收入。

【北大名师点拨】

从社会保险的经营角度来说，应该是全民拥有统一的保险，然后通过机构管理。可是美国实行的是四分五裂的保险方式，之所以这么做，很大部分是因为美国的企业主们长期抵制工会运动，在他们看来，像欧洲一样建立工会监视下的社会保障制度等于向另一种社会制度投诚。因此他们不断采取分割和各个击破的方式，迫使社会保险分散化，避免工会运动的扩散。

买保险到底要保障还是要分红

分红险的红利都是在一定时间段内，从保险公司的利润中分配出来的。不过这些利润的来源有所不同，有些是按照现金红利的方式计提的，这和公司的优先股本质上没什么差别。有些则是基金方式，多收多提，少收甚至不提，相当于真正的股票红利。

——北大财富笔记

2010年，万能险市场变得冷清，而投连险也因过山车般的跌宕起伏遭到市场冷遇。

万能险与银行存款利率联系最为紧密，不断走低并持续在低位运行的存款利率势必在一段时间内对万能险收益带来影响。在2007年大牛市时，中国平安当年储备平滑准备金高达43亿元。不过，在长期利差损之下，平滑准备金并非取之不尽的聚宝盆。分红险除具有基本保障功能外，保险公司每年还根据分红保险业务的实际经营状况决定红利分配，即客户可以与公司一起分享公司的经营成果，尤其在保险公司投资渠道不断放开、险资投资收益不断推高的时代，分红险颇具吸引力。

新会计准则规定投连险和万能险的投资部分不再计入保险公司的保费收入，这也令保险公司更宠爱分红险，造就了分红险的火爆场面。

仅在2010年元旦时就出现保费同比翻番，分红险井喷态势看好。统计数据显示，仅2010年上半年，130款新品种分红险扎堆上市，是上年同期的近7倍；截至2010年11月底，分红险在整个人身险业务中占比高达71.2%，已成为绝对主力。这意味着随市场的变动，分红险未来将成为中国最受欢迎的保险理财产品。

当下越来越多的新款分红险将投保年龄放宽，旨在覆盖更多人群。保险的基本功能当然是保障，否则何以称作保险。随着保险资金规模的扩大，这种说法可信性却在下降。而随之出现的分红产品，名义上可以领取到高额的红利。在收益最大化和通胀加深的背景下，人们对于到底是要保障还是分红出现了迷茫。

了解一些分红险的基本内容和产品结构就可以做出正确的判断。

分红险，是一种保单红利分配凭证。严格意义上说它不是保险，而是建立在保单上的衍生产品。通常按照规则在每个会计年度结束后，将上一会计年度该类分红保险的可分配盈余，按一定的比例、以现金红利或增值红利的方式分配给客户。在中国保监会目前的统计口径中，分红寿险、分红养老险、分红两全险及其他有分红功能的险种都被列入分红险范围。

在中国，由于保险公司的投资范围狭小，所以这类分红险主要采用基金提取的方式，因为保险公司可以通过这种方式得到直接经营其他证券市场的机会。例如有些分红险的主要投资就是股票，其风险也十分高。北大经济学家提醒：在股票市场上失利通常也就意味着这种分红险的回报会很低，甚至低于存款利息。

在各国的监管当中，也的确出现过大规模地利用这类分红险吸收存款的诈骗行为。总体来说，分红险的风险只是比股票稍微低一些而已，其回报最多也和股票持平。

为行内人所熟知的是，分红险的分红情况通常具有不透明、滞后性这两大特性。一来，分红险的分红水平并不对外公布（只对保户公布）；二来，分红险分红水平的公布通常具有数月的滞后期，如2011年的分红情况会在2012年公布。而分红险分红水平的情况取决于保险公司实际投资效率，各销售渠道的分红险分红水平略存差异。业内交流数据显示，2010年分红险平均分红水平在3.5%～4%。

【北大名师点拨】

总的来看，在投资收益最大化的时候，保障和红利之间的选择只不过是在保险的存款性能和股票的增值性能之间比较而已。

分红险真的是稳赚不亏吗

保险公司并不能直接进行投资，而是通过别的中间金融机构代为打理业务。其业绩技术上是资产管理公司的管理者的水平决定盈亏。

——北大财富笔记

市场上有一种交费期短、收费高、快领取的分红保险引起了不少投保人的注意。此类产品交费期短，现金返还直到终生，而且每年可享受额外的分红收益。最糟糕的宣传还是其产品代理人的这类说法：稳赚不亏。任何投资产品都有亏损的可能，否则单凭冒险，就可以成为百万富翁。

就分红险本身来说，中国的分红险实际都是保险的分红储备基金，这种基金在一定限度内是从保单经营中获取的，不可能是无限的，显然迟早有一天会耗光。另一方面，这些计提基金的方式并没有一定的规则，可以向保户公开，但是了解情况和信息的保户，也很少知道分配和公司经营的内部关系。

有些代理人的说辞是本金返还规定。北大经济学者指出：能够返还本金的手段很多，银行的定期存款和债券都具有这个功能。而判断本金返还是否合算的方式是现金折现，通常除非长期的回报率高于通胀率，或者到期时的现金流高于当前利率下的现金的总和，否则这个投资就是亏损的。

根据我们对证券市场公司的投资水平的了解，能够做到有效分散风险的机构屈指可数。而相对于保险公司的庞大资金来说，证券管理公司经常会因为力不从心，在交易的经营上大打折扣。特别是有些保险公司喜欢选择性地加入对冲基金，那么一旦投资亏损，对冲工具带来的巨大损失绝对是可以让人崩溃的。这种情况下，分红险的投资收益的可信度大幅度下降，有些时候其风险甚至高于普通股票投资。

另外这类产品保额与保费相同，还有些公司产品条款中写着：作为保障部分的身故赔偿金，仅赔付保费的120%，还要减去已经领取的生存金。这类条款具有某种欺骗性，毕竟分红险的实体还是保单，而保单的保费是要从保额中扣除的，这就是保险的机会成本。不知道这一层内容，有些人会因为将保单误会为存款单受到不小的手续费损失。

一家寿险公司银保部人士解释说，由于分红险一半以上都是通过银保渠道销售，因此寿险公司在分红险分红水平调整一事上通常还会受到合作银行的“左右”。受银行左右的逻辑在于，中国消费者习惯将保险产品与银行定存相比较，因此为保证有稳定的佣金收入落袋，银行不希望保险公司大幅下调分红险分红率，从而影响分红险的销售规模。

【北大名师点拨】

从道理上说，保险公司可能为了商誉而贴钱维持分红险的返利，不过这种行为可能增加保险公司的经营风险，长期这样做的后果就是保险公司的整体资产情况都会恶化。这对于分红险的长期投资期来说又是一个危险的信号，换言之，长期亏损的危险性正在加深。

投连险为什么不是“大众情人”

对于普通财富追求者，投连险并不是一个好的选择，它更适合对市场有一定判断力，有较丰富理财经验的投保人。

——北大财富笔记

2011年三季度，中国保险市场上冷暖不一，除货币型投连账户实现正收益外，其他投连险各类账户全军覆没。股票型、灵活配置型和混合偏股型账户的平均跌幅分别为8.91%、8.31%和7.27%。从2010年一年、两年和三年中，各类投连险账户的标准差和下行风险均优于同期沪深300指数水平，总体表现出良好的风险控制能力。

具体来看，这种态势有其新特点。泰康人寿—进取型账户、中国人寿进取股票账户和太平人寿—策略成长型账户等在同型账户中表现优异。其中，泰康人寿—进取型账户3年累计收益率为154.35%，远高于同期同类账户；而混合偏股型账户中，太平人寿—智胜动力增长账户和瑞泰人寿—财智平衡账户两个账户的夏普比率均实现正值；在17个运作满3年的灵活配置型账户中，中国人寿—精选价值账户是唯一一个在过去一年、两年、3年中夏普比率均实现正值的账户。华泰人寿—稳健型账户和新华人寿—创世之约账户等则在中长期有不错的表现。这说明保险公司的整体投连险有着不小的差异性。

投连险，其正式名字是“变额寿险”。顾名思义，投连险最大的特点就是身故保险金和现金价值是可变的。投连险是一种新形式的终身寿险产品，它集保障和投资于一体。保障主要体现在被保险人保险期间意外身故会获取保险公司支付的身故保障金，同时通过投连附加险的形式也可以使用户获得重大疾病等其他方面的保障。投资方面是指保险公司使用投保人支付的保费进行投资，获得收益。

北大经济学家提醒我们，投连险在特殊情况下可以充当寿险，补偿重大意外人身风险损失；平常的情况下，投连险相当于储蓄投资的专门账户，可以自由转换，因此许多人认为这是一种方便的可以在投资和保险间转换的保单。有些保险代理人声称这种产品适合大众，几乎所有人群都适合这种产品。

不过，魔鬼总是藏在细节中。仔细看一下投连险的运作方式，大众理财产品的说法就会不攻自破。投连险不是“大众情人”，它有很强的选择性，适合且仅仅适合有“择时能力”的财富追求者。

通常，投连险有多个不同风险收益类别的投资账户，财富追求者可以在各个账户之间转换，某些公司甚至有超过10个投资账户供选择。而且，一般来说，各家投连险一般都为客户提供不同额度的账户间免费转换，客户可以定期检查、调整投资组合。不过，也有的投连险规定一年可以免费转换5次等。

如此方便的账户选择，本来的设计是为规避税收和监管限制。充分利用投连险可转换账户功能，那么投资投连险收益还是不错的。“首先要知道自己的风险偏好，继而根据行情配置账户比例。对市场走势有一定的判断，则可以让账户进行一些转换和调整。”深圳一位银行理财师表示。

在中国的市场上，由于分业经营的限制，保险公司的投资受到限制。其实投连险就是激进的一类投资中间产品，打着保险的名义进行各种证券投资的特殊类型。

正因为这种设计，所以投连险的风险管理费用也比普通的保险高得多。按照约定的管理费委托给保险公司进行投资运作，财富追求者通过投资账户净值增长实现收益。投连险一次性缴费的门槛较高，一般为2万～3万元，也有的保险公司把投资门槛提高到5万元以上。这是因为，高门槛往往意味着保险公司的投资压力增加，他们必须通过较高的收费换取管理投资的稳定，降低风险。

【北大名师点拨】

3类人群不适合购买投连险，一是只有保险保障需求的人，投连险的设计就不欢迎那些保守型人士。二是风险承受能力比较低的人，经济条件不宽裕的人或老年人，承受风险的能力较差，买投连险前应慎重考虑。三是短期资金需求较强的人，这是因为保单不同于其他债券，必须有较长的持有期，提前退保通常只能得到部分保额。

怎样选准合适的退保时机

只有知道如何停止的人才知道如何加快速度。

——俞敏洪（毕业于北京大学，新东方创始人）

67岁的退休工人周老先生选择在邮局买了一份分红险，保险公司规定一次性缴费2万元。可是他一回到家就被家人一顿数落，子女认为他买得不合适。无奈之下，周老先生想到了退保。

买了保险发现不合适，或是无力缴纳续期保费，怎么办？有人想到了退保。究竟是马上去退保，还是过几年再退好？哪种方法更聪明呢？

退保的手续办起来并不算难，不过，怎么全身而退，投保者可要想仔细了。

通常根据合同，投保10天后退保都会产生一定的经济损失。退保首先要考虑退保的机会成本，也就是退保后你要为此付出的代价。由于保费投入之后，不同险种的现金价值（也就是投保人退保后能拿回的钱）积累速度和变化有所差异，所以面对不同原因引发的退保念头，应该区别对待，这样才够聪明。

北大财富课专家提醒我们，退保并不是简单办理个手续那么容易。即使有一定的经济损失，有些情况退保才是合适的。

第一种情况，期缴产品越早止损越划算。如果是期缴险种买错了，比如文章开头提到的周老先生，我们建议采取直接退保的方法，迅速止损。

期缴产品每投入一期保费，就会被扣除一定的保障成本、管理费、各类运营手续费等，头期保费中还要被扣除核保费用，而最初几期的保费中自然还要扣除销售佣金，所以期缴保费的保险产品多投一年保费就多发生一次损失。这类产品的现金损失具有长期累积的特性。

单独从经济损失的比例上看，的确越早退保，能拿回的钱（现金价值）占所有已缴保费的比例越低。比如，某款银保产品，第一年满后退保能拿回的现金为23%；若选择第二至第五年退保，能拿回的现金占已缴保费的比例分别上升至28%、31%、33%和34%，到第十年退保这一比例则上升至45%。而真正能衡量资金跨时期的损失的，也是比例而不是绝对金额。普通人可能仅仅看到短期的金额就选择延期，其实这只会带来更多的损失。

第二种，趸缴产品最好过几年再退。在家庭整体资金尚有余力的情况下，最好持几年再退保。因为既然是趸缴产品，在留下这份保险的情况下，就不再需要你继续投入，此时退保的损失比例和损失绝对值都是一样的。这种情况是越晚退保，损失越小。

第三种，无力缴费并且急需现金，那么早退最好。像分红险这类产品，你已经无力缴费，即使借款投入，还要忍受新的借款利息的影响，通常借款的利息总是高于分红险的收益率。所以，直接退掉并且选择最大限度地保留现金流才是正确的选择。

2008年3月5日，延女士在银行办理业务时购买了一份万能型保险。当时，窗口人员告诉她，用这5万元钱来买保险，1年获得的收益相当于银行活期利息，3年等同于3年定期利息，5年就会比5年定期利息还要多。

4年之后，延女士打算向保险公司提出退保。延女士4年前购买的这款产品，是某保险公司推出的“人保寿险优选金两全保险”，最低保证利率为2.5%。

按照保险合同约定，延女士此时退保，已经进入第5个保单年度，没有退保费用，但要收取初始费用，即所交保费的1.5%，再加上每月15元的保单管理费，退保的损失是1520元。

第四种，保单效益下滑。这种情况下，与其退保，还不如一段时间后再说。这是因为，通常保单收益下降可能是一种暂时现象。

【北大名师点拨】

对于一些投资性明显的产品，预计未来收益会持续性地下降，应该停止幻想。这不是等待占优势的时候，丢掉幻想，赶快退保止损。有些情况下保单收益是平行的，那么最好找个同样市场的债券比较一下。

第14课 共同基金到底是利益共享还是风险共担

共同基金，从出现的那一天起，似乎就一直围绕在“共同”这个核心之上。越来越多的财富追求者热衷于共同基金的投资，并百分百地相信自己的选择是最为正确而稳妥的。但是，共同基金中暗藏着的秘密与暗礁，更需要被我们所认知。

长期投资基金真的有用吗

基金是否值得长期投资，归根结底，取决于你的机会成本，主要是交给基金的管理费是不是合理。

——北大财富笔记

2006—2007年，央行在不同情况下7次加息，但银行一年期定期存款利率也只有4.14%（扣除利息税为3.933%，2007年12月21日数据）。在通胀预期不断增强的形势下，消费物价指数（CPI）不断上升，2007年10月CPI指数为6.5%，11月CPI指数为6.9%，对于中国财富追求者来说，他们实际已经进入负利率时代。将资金放在银行里的投资方式，有被通胀不断侵蚀的危险。而其他的专业投资渠道，如股票、期货交易，一般的财富追求者根本就无法把握。因此，大量的报纸和投资顾问建议选择基金作为一种集合投资的渠道，基金管理人较一般财富追求者而言，具备更专业的研究能力，更能为大家获取稳健的投资回报。有些经理人更是宣称，从长期而言，购买基金是跑赢通胀的关键，是一种重要的理财途径。

那么，长期基金真的能赚钱吗?

基金（主要指股票型基金）的收益是和股市密切相关的，而股市和这个国家的经济状况是密切相关的，因此，长期投资也是建立在对这个国家经济发展和资本市场政策长期看好的基础上坚持持有的。

对于中国这样没有美国那样繁杂的基金类型的国家来说，基金的长期投资收益率更值得人们关注。显然，不管是在中国还是美国，人们对于基金的长期回报都有一定的要求。美国人同样在问，基金值得长期投资吗？

这个问题必须换一种方式来思考。因为一谈到长期，人们必须回到投资的原点，大概才能有一个冷静清醒的认识。北大学者，特别是商学院的大师们相信，从长期来看，这不是一个投资什么的简单问题，而是一个经济学的普遍问题。

美国在金融危机时出现一种奇怪的现象，即华尔街高薪高奖金现象。索罗斯因为捐赠4000万美元协助联合国一项非洲农村发展计划而在联合国举行记者会，当被问到对“占领华尔街”行动的看法时，他表示，最令民众愤怒的还不是用纳税人的钱救银行，而是已经陷入困顿的银行还让执行主管领取高额红利奖金。“我觉得我可以赞同他们的看法。”索罗斯说。

这个细节，以经济学家的观点看，却是相反的。这说明基金的管理费一定在金融危机后有了历史性的增长，很可能基金经理的报酬将以天价刷新纪录。这一点，由于基金业务的国际性，在中国表现得就更加明显，甚至出现了基金经理的天价报酬，大有追平华尔街的趋势。

2012年3月是中国基金经理们的欢乐时光——从该月开始到年中，上一年的年终奖将逐一兑现。2011年基金创下5000亿元亏损，不过，基金经理们的管理费和薪水“一分都不能少”。类似“中国巴菲特”王亚伟这样的明星基金经理，保守估计年薪1000万元以上。2010年股基冠军孙建波，至少有500万元的过户费。在中国基金市场上一位成熟的债券基金经理年薪已达到300万~500万元。

而与此形成强烈反差的是，证监会统计在2011年每个基民平均亏损4000元。一边是财富追求者的巨大亏损，另一边是基金管理人员的天价管理费和奖金。同多数产品不同的是，基金的长期投资和基金的管理费有相关关系。

夏普考察了1954—1963年的34个共同基金的经营业绩，他发现收益率的主要差异源于每个共同基金的费用各不相同，而且，若用夏普指数来衡量的话，则大部分基金的业绩表现都不如道·琼斯工业指数所衡量出的业绩表现。

金融理论家开始认识到，只有将基金经理的管理费看成是基金的机会成本，才能有效评价其长期投资的收益水平。除非专家和管理者切实地站在财富追求者的长期利益的角度上投资，否则很难说，基金的长期投资是有益的。

【北大名师点拨】

基金本身的代理委托形式，同样要服从一般的经济学理论，只有基金管理人和基金财富追求者的长期利益保持一致的时候，基金的财富追求者才能够获利。否则在管理费和投资报酬不挂钩的情况下，财富追求者只能赔了夫人又折兵。

共同基金有什么“卑鄙的小秘密”

认购期过后，无论财富追求者在保本期限内哪个时间段购买该只基金，基金公司都不保证财富追求者的本金，只能按财富追求者赎时的净值进行返还。简单来说，到那时该只保本基金就只是一只普通基金，没有任何“保本”可言。

——北大财富笔记

“我越来越平静，我比其他所有基金经理轻松得多，我没有必须赢利的压力，对我而言，保住胜利果实就是最大的胜利。”这是一个职业经理的独白。

那么，其他的基金经理在做什么呢？他们可能并没有这么轻松，为了跑赢其他基金，为了给他们的客户赚钱，他们必须在那些事先承诺的回报压力下选择满仓，“无论股市怎样下跌，他们也只能满仓，他们只能期待股市尽快回暖，他们心里清楚，即使熊市来临，即使崩盘在即，他们也只能满仓”。

“业绩是自己的，损失是客户的。只要自己比别人跌得少，就是业绩。所以他们宁可眼睁睁看着股市一跌再跌，看着自己的基金一跌再跌，也不能减仓，而是不停地操作，他们焦头烂额地在股市里挣扎，使尽浑身解数，痛哭着，却挣脱不出来。”这些基金经理无疑是最痛苦的，面临心灵的矛盾，一边他们可能祈求着：“所有的客户们，求求你们了，快快赎回你们所有的基金吧，这样我就解放了。”但是另一面，这些人必须假仁假义地说：“长期持有，你将获得丰厚回报。”任何情况下，他们都必须这么说，即便他们心里渴望客户赎回基金。

这是一名职业基金经理的独白，也可能是所有基金管理者共同的自白。在不经意间，这份独白为财富追求者揭开了一扇未知的窗户，这里有经理人共同的小秘密：只要保本，他们就再不关心一切，一旦操作失误，他们最希望财富追求者赎回基金，越快越好。

这个秘密无疑是让人不高兴的。一个财富追求者兴奋而理智地决定把自己的钱和账户交由经理人和专家团队掌控，换来的只是淡漠和抛弃，有的时候甚至是背叛。这个有点卑鄙的小秘密的卑鄙还不止于此，还有更加让人意想不到的环节。人们如果能够看一下共同基金的操作过程，新的“亮点”还会被挖掘出来。

北大经济学教授多次提醒我们：基金经理经常是不保本的，即使他们经营的是保本基金。“保本”需要两个基本条件：一是，必须从该只保本基金的认购发行时购买；二是，必须持有资金满预定版本期限。两个条件不能同时达到，“保本”就形同虚设。

基金一般设定了一定期限的锁定期，在中国一般是3年，在其他国家则可能达到7～12年，对财富追求者所投资的本金提供100%或者更高保证的基金。但这只是表面文章，我们前面已经说过，基金经理在判断市场上并没有特别的能力，这种说法从一开始就只是个空头的许诺而已。

不过，这正是共同基金招徕生意的首要方式，也是最有效的方式。关于这种投资营销行为，攻击者很少。一来是因为基金经理在美国保持在小范围内，比如麦道夫的乡村俱乐部。二来是，基金经理并不能直接影响市场利率。因为他们的表现一直以来都比较低调，除去对冲基金，几乎像一个行动缓慢的巨人，这也很少引起经济学家和公众的激烈质疑。

在赎回环节上做文章，经常可以掩盖不可告人的问题。即使满足了保本的两个条件，但保本期满后，净值跌破了原有的面值，那么财富追求者也拿不到原本的100%本金。各只保本基金的规定不同，有的基金可以保证100%本金，有的只能保证90%的本金。一旦出现上述情况，对于财富追求者来说，选择保本基金便不能保住自己的本金，亏损也无法避免。

【北大名师点拨】

保本基金毕竟为大家提供了一定本金或收益的保障，对于不能忍受投资亏损、风格稳健和保守的财富追求者比较适合。然而，它毕竟是在熊市中推出的产品。在市场普遍认为牛市并没有结束的时候，选择保守基金是不太明智的，但可以作为组合配置投资的其中一种进行操作。

投资指数基金赢在哪里

相对于主动管理型基金，指数基金的优势之一就是费用低廉。对财富追求者来说，申购费率和赎回费率是两个重要的评价指标。

——北大财富笔记

世界顶尖的投资大师都对指数基金青眼有加。就以巴菲特来说，他的一条不成文的戒律是从不公开推荐任何股票和基金，但唯独指数基金例外。巴菲特曾多次公开推荐指数基金：从1993年至2008年，巴菲特曾8次公开推荐指数基金，平均每两年就推荐一次。

在巴菲特1996年致股东的信中，他这样写道："大部分财富追求者，包括机构财富追求者和个人财富追求者，早晚会发现，最好的投资股票方法是购买管理费很低的指数基金。"在2003年致股东的信中，同样包含"对于大多数想要投资股票的人来说，收费很低的指数基金是最理想的选择"的内容。此外，巴菲特在出席2008年度伯克希尔·哈撒韦股东大会时，回答提问时曾明确表示他对指数基金情有独钟。

指数基金是通过购买一部分或全部的某指数所包含的股票，来构建理财组合，目标是使这个理财组合的变动趋势与该指数相一致，以取得与指数大致相同的收益率。理论上，既然大盘指数可以看成是代表性的收益组合，那么只要根据每一种证券在指数中所占的比例购买相应比例的证券长期持有即可。

1971年在美国庞大的机构退休金计划市场中第一次推出指数化基金，因为养老金显然很特殊，它要求有长期的稳定收益。这时候聪明人就发明了这种山寨方式的股票管理方式。1976年它被引入美国的共同基金业。到现在美国市场上的指数基金的资产大约有4000亿美元，约占美国股市总市值的1/10。

巴菲特曾邀请上百名宾夕法尼亚沃尔顿商学院的学生齐聚一堂，讨论美国的政治、经济和金融问题："和少数专业的财富追求者相比，这些人并不擅长发挥主观能动性，我建议他们守住价格便宜的指数基金。他们应该在一段时间内分次购买，避开那些不好的证券和不好的价钱。"

巴菲特的全部关键词，其实落在一个"便宜"之上。的确，和其他类型的基金相比，指数基金的最大特点恐怕就是便宜了。

便宜而且能够山寨，这是指数化财富追求者的福音。对于没有多少天资和技术手段的人来说，这是指数化基金获得从普通人到股神青睐的根本。

"22年前，我开始以投资专业人士的身份，对那些采取积极管理策略的投资经理进行监测和评估。"美国一位投资人士说，到20世纪90年代中期，他开始转而成为约翰·博格尔、查理·埃利斯、伯顿·马尔基尔及许多其他投资家的热切信奉者，对他们长期所主张的投资理念深信不疑。大师们都认为，整个积极投资过程是失败者的游戏。最后这位财富追求者相信，积极型投资基金的费用太高，人才太少，竞争太激烈，因此，从长远看积极型投资经理难以超越指数投资。

上面这位财富追求者对于巴菲特本人和中小盘的罗素指数表达了深深的不满，并且在其文章的最后还认为关于指数基金存在各种陷阱和谎言，但落脚点还是集中在廉价之上的。

那么北大学者是如何看待这个问题的？学者们同样在这个观点上两极分化，但他们好像更关注细节。一类相信指数基金，他们认为指数基金省时省力。还有一类则不然，他们反对经济学家们如格罗斯曼和斯蒂格利茨的观点——“信息成本悖论”，他们认为，在把研究成本纳入考虑范畴之后，竞争的加剧会促使掌握信息与不掌握信息的财富追求者的投资业绩趋于平均化。若现实果真如此，主动管理型财富追求者所做的研究分析就会快速演变成为一个自我击败的过程。

【北大名师点拨】

普通人，正如巴菲特所言，只要把握将指数基金定位于普通，不超大盘，自然可以吃得香，睡得好。

基金究竟能不能分散风险

> 基金的风险分散只是一种特殊环境的产物，不要把某一个时期，某一个条件随便搬运。
>
> ——北大财富笔记

“我一直以为基金是一种不错的投资方式，最起码它比股票要强，风险低，让我十分省心。可理财市场不是一帆风顺的，风险无处不在，基金也不例外。连一向业绩表现优异的QFII基金，2012年2月份也首次出现亏损。连这么大的一只基金都亏损了，其他的基金就更不敢保证了，这风险也是不小啊。”

这是一个中国财富追求者的基金投资心得。只不过他误解了一个常识性的专业说法：风险低——华尔街的分析者这么说的意思是，可以持有，并不代表没有风险，或者字面理解的那样是低风险的。

低风险被看成是基金的独有特点，甚至在法律条文上也加以肯定式陈述确认。散户最明智的做法是购买基金。这个基本思路似乎没有错，2006年基金收益不菲也是一个很有力的证据。

基金的风险从根本上说在于基金的管理人，或者说看护一群散户绵羊的“牧羊犬”可能出状况。“牧羊犬”监守自盗的情况在很多领域都会发生，在基金领域当然也不会例外，但令人遗憾的是，迄今为止几乎没有一只“牧羊犬”受到严厉的惩罚。

分散风险，一直以来都被认为是基金存在的理由。基金的风险分散程度的理论基础，也正是现代投资组合理论。从理论上看根据马科维茨所给出的风险与收益的最优匹配原则，一个规避风险的理性财富追求者，其行为选择应是在给定的风险水平下追求更高的收益，或者是在给定的收益水平下承担更低的风险。

而且，至今为止还是我们进行资本市场均衡和投资决策研究的有力工具——资本资产定价模型，其所研究的核心问题也是风险与收益的关系，即“贝塔—期望收益”关系。这启示我们，对一只特定的证券投资基金而言，其运作是否规范、行为是否成熟，一个重要的研究视角即是考察其实际投资组合的风险与组合的收益是否相匹配、相适应。所以，回答基金到底能否分散风险，主要是看它是不是符合上述理论。

中国基金投资组合系统风险和收益率

代码	名称	上市日期	平均收益率
184688	基金开元	1998–4–7	0.0605
184689	基金普惠	1999–1–27	0.0144
184690	基金同益	1999–4–21	0.0304
184691	基金景宏	1999–5–18	0.0068
184692	基金裕隆	1999–6–24	0.01964
184693	基金普丰	1999–7–30	0.0288
184695	基金景博	1999–10–22	0.0143
184696	基金裕华	2000–4–24	0.0074
184698	基金天元	1999–9–20	0.0422
184699	基金同盛	1999–11–26	0.0225
184700	基金鸿飞	2001–11–28	–0.008
184701	基金景福	2000–1–10	0.0163
184702	基金同智	2000–5–15	0.0245

（续表）

184703	基金金盛	2000-6-30	0.0155
184705	基金裕泽	2000-5-17	0.0217
184706	基金天华	2001-8-8	-0.009
184708	基金兴科	2000-7-18	0.0167
184709	基金安久	2001-8-31	0.0393
184710	基金隆元	2000-10-18	-0.006
184711	基金普华	2001-8-28	-0.024
184712	基金科汇	2001-6-20	0.0556
184713	基金科翔	2001-6-20	0.0442
184718	基金兴安	2000-9-20	0.0037
184719	基金融鑫	2002-9-2	0.0359
184720	基金久富	2002-4-18	0.0037
184721	基金丰和	2002-4-4	0.0098
184722	基金久嘉	2002-8-27	0.0313
184728	基金鸿阳	2001-12-18	-0.002
184738	基金通宝	2001-9-6	-0.003
500001	基金金泰	1998-4-7	0.0416
500002	基金泰和	1999-4-20	-0.003
500003	基金安信	1998-6-26	0.0645
500005	基金汉盛	1999-5-18	0.0097
500006	基金裕阳	1998-7-30	0.0623
500007	基金景阳	1999-10-22	0.0303
500008	基金兴华	1998-5-8	0.0598
500009	基金安顺	1999-6-22	-0.047
500010	基金金元	2000-7-11	0.0007
500011	基金金鑫	1999-11-26	-0.028
500013	基金安瑞	2001-8-30	0.0093
500015	基金汉兴	2000-1-10	0.0169
500016	基金裕元	1999-10-28	-0.046
500017	基金景业	2001-12-19	-0.02
500018	基金兴和	1999-7-30	-0.035
500019	基金普润	2001-9-4	0
500021	基金金鼎	2000-8-4	0.0025
500025	基金汉鼎	2000-8-17	0.0083
500028	基金兴业	2001-7-27	-0.005
500029	基金科讯	2001-6-20	-0.019

（续表）

500035	基金汉博	2000-10-17	0.0068
500038	基金通乾	2001-9-21	-0.008
500039	基金同德	2001-8-1	-0.024
500056	基金科瑞	2002-3-20	-0.034
500058	基金银丰	2002-9-10	0.0018

其中只有25只基金的投资行为是符合大盘调整规律的，算得上是合格的“牧羊犬”。而其他29只基金则处于和市场反方向的状态，也就是说，这29只基金其投资管理行为是具有适应性的——适应了市场非有效的现实，并通过其投资组合的构建最终战胜了市场。

这是北大学者最后对于基金投资风险的认识，不过这个研究只是采用了过去几年明显存在不完善市场规则的数据。马科维茨的理论的反面是，市场是不完善的，并不是充分有效的市场，那么战胜市场是完全可能的。这种情况下，并不能下结论说这些基金替大家分散了风险。

【北大名师点拨】

执着于从不完善市场中打败市场，总有一天，要受到市场的惩罚。

为什么基金不适合进行频繁波段操作

很多时候以价值投资为目的的投资往往是以波段操作来实现的，这是资金利用率的问题。

——北大财富笔记

2011年是中国基金发展的又一个10年。据Wind资讯对基金年报的统计显示，2001年到2011年，基金公司通过专业管理和自身的操作，为中国财富追求者获取利润回报为3034.52亿元，平均每年赚27.59亿元。

与这些利润形成鲜明对比的是，11年间基金公司提取管理费达到1646.56亿元，基金公司的净贡献只有1388亿元，平均每年只有12.62亿元。相比庞大的基金平均规模而言，中国基金给基金财富追求者的回报显得微不足道。

另据统计显示，在总共41家取得正回报的公司中，16家公司财富追求者累计利润超过100亿元，有4家公司累计回报超过200亿元，其中华夏基金为财富追求者累计利润达到494.82亿元，独占行业总利润的16.3%，是为财富追求者创造正回报最多的公司。排名第二的易方达基金累计利润354.61亿元，占行业总利润的11.69%。南方基金和嘉实基金分别给财富追求者的利润为321.5亿元和211.24亿元，排名第三和第四位。这4家为财富追求者赚取利润最多的公司合计回报达到1382.17亿元，贡献了行业总利润的45.55%。这就是中国基金的总体状况。

这是中国2012年基金年报的资料。仅仅通过年报，也许看到的是水面的浮萍而已。仔细看一下这些中国明星基金的操作过程，也许人们不得不放弃一种广为流传的错误观念：基金投资是一种适合中长期的投资，基金不适合进行频繁的波段操作。

北大财富课明确指出：基金公司常常“嘴上一套，做是另一套”。以中国明星基金管理人王亚伟为例，他说：“系统性风险对冲比较难，因为无法通过组合投资实现，因为现在股指期货的参与还没有完全放开，通过仓位去实现这个目的，只能降低，不能完全消除。个股的风险是可以用组合投资来完成的。”

换言之，波段操作频繁，并不是基金管理的大忌。就算在中国存在完全的股指期货的对冲手段，波段操作仍然是不可避免的。

首先，基金经理本身在风险分散和寻找时机方面，根本没有特殊能力。这也就决定了他们根本没有什么长期投资战略，这样的结果是，他们所做的工作根本上是凭借不可靠的经验进行投资。

通常，一只基金会投资几十种甚至上百种股票，可谓是一篮子股票的组合投资。股票型基金仓位是有限制的，一般只有60%~95%的仓位用来投资股票，同时会保留一定量的后备资金，以便应对市场中不确定因素的影响。那么在短期内，股票涨了10%，仓位为80%的股票型基金因为仓位的关系，只能获得80%的投资收益。

共同基金的费用可以分为两部分，第一部分是份额持有人费用，是在基金申购或赎回时支付的一次性费用。第二部分是基金年度营运费用，每年从基金资产中按比例提取。

俞敏洪领导下的新东方吸引美国最大的对冲基金老虎基金参与投资该公司。据一份市场调查报告，新东方占据了全国50%以上的出国培训市场，年培训学生超过20万人次——70%的中国留学生曾在新东方门下求学。上市之后，俞敏洪的身价涨到20亿，成为中国最富的英语教师。当然新东方的上市地是在美国，也就是所谓中国概念股，而其美国投资股东的收益回报率甚至超过俞敏洪本人。换言之，这家中国人开办的美国公司，最简单的财务关系是，将中国学生的钱转移到美国公司手里。

其次，基金申购和赎回的手续费并不是防止基金频繁操作的必要条件。股票交易一次仅需要0.2%～0.3%的手续费，而基金买卖一次就需要支付2%左右的手续费。最后，短线交易很普遍，因为基金市场中投机心理是很严重的。

【北大名师点拨】

财富追求者需要知道一点，因为基金的投资比较分散，所以短期收益不会像单只股票那样高。

股市大跌，杀基还是换基

炒股就像动物世界的森林法则，专门攻击弱者，这种做法往往能够百发百中。

——北大财富笔记

2011年12月7日，美国量子基金创始人，金融大鳄索罗斯任命知名的刑法学专家科瑞斯托弗-斯通管理其慈善王国——开放社会基金会。索罗斯每年会捐出足够的钱来支持开放社会基金会的运作，该基金会在全球拥有30多个组织机构，形成了一个广阔的慈善网络，从而令该基金会成长为仅次于比尔和梅琳达·盖茨基金会的最慷慨慈善基金。2011年，该基金会总计捐出约8.6亿美元。索罗斯表示："我们拥有一个非常复杂的组织。该组织已变得过于复杂，需要进行结构简化，整合内部事务。"

其实索罗斯的退休并不是无缘无故的，从某种程度上讲，对于一个功成名就的人来说，这是最后一次完美的基金管理秀。

索罗斯说，他戴着"两顶帽子"：一方面他是市场参与者，在市场上他会毫不犹豫地追求利润最大化；另一方面他是一个公民，作为公民，他会毫不犹豫地倡导有利于公共利益的政策，即使这些政策会损害他个人的经济利益，他也会把公共利益放在个人利益之上。

不过，对比一下美国股票下跌的势头，熊市和牛市处于高度的不确定之中，这番论调的掩饰也就更加明显。理论上，索罗斯这条金融大鳄真正要做的也许是在基金和股市之间平衡而已。

从表面上说，在股市下跌的时候，基金似乎并没有受到多大影响。这从基金大肆招揽银行和交易所的失业人员就能看出。但按照北大投资大师的观点来看，此时也应该是最佳的收买股市的机会。按照北大投资大师的观点，他一定会赎回基金中的股票，也就是“杀基”。

这就是说，现在的表面繁荣下，正是基金走下坡路的开始。明智的财富追求者会选择毫不留情地通过挑选“便宜货”来为自己的资产保值增值。这显然是个萧条中翻身的大好机会。

索罗斯的行为，也许是对这种投资战略的调整应对而已。按照他的金融反身理论，根本不存在真正知晓市场动向的人，股市的不确定性是一定的。任何人都有弱点，同样，任何经济体系也有弱点，那常常是最坚不可摧的一点。在索罗斯眼里，利用人们的投资错误和集体行为是一种投资的高明手法。

从美国对冲基金大鳄索罗斯旗下基金管理公司Soros Fund Management LLC公布的截至2012年3月31日的最新持股变化公告可以看出，与2011年第四季度相比，该基金清仓了搜索引擎谷歌头寸，减持苹果公司的仓位，但增持摩根大通和高盛的股票仓位。

索罗斯基金的确一刻也没有闲着，他的眼睛盯着的是不断出现负面新闻的银行股票。高盛和摩根大通的股票相比几年前已经恢复元气，索罗斯正好看中了这些股票在大盘上的前景，这可能是他看到的股市新弱点。受到美国的金融援助的影响，银行正在恢复元气，但风险也许正是索罗斯冒险的开头。

【北大名师点拨】

不管是邓普顿还是索罗斯，他们似乎都不愿意在股票下跌的时候无所作为。单纯讨论杀基和换基，这种做法本身也许都是错误的。

第15课 债券是不败传奇还是沉没陷阱

债券的出现，为那些想要扩大自己财富，却又迟迟不敢冒险的人群，提供了一个良好的机会。对于风险承受能力低的财富追求者来说，债券一直都是很好的选择。然而，债券真的像我们想的那样，安全无风险，不论什么时候都能够为我们带来可观的收益吗？

债券究竟是怎么回事

> 债券不需要经过银行存款机构就可以获得稳定的利息和本金。没有基金赎回的高昂费用，像股票一样可以自由交易赚取价差，却不用担心价格反转。因此，在所有的投资类型中，债券投资的确是风险最低的一个。
>
> ——北大财富笔记

现在的大多数人提起投资的时候，总会首先想到股票。每天都要在繁忙的时候，紧紧盯着股票的每日K线图；在休假的时间，有时候会莫名其妙收到经纪人的电话；在亏损的时候，你感觉自己的生活好像被毁了；在每一次不好的大盘形势下，你总是在付出心血后还要承受巨额损失；即使赚钱了，这好像也只是给下一次大跌增加了更多的心理负担。听着报纸上不断出现的股市突发事件，心脏搏动的速度的确大受影响。

问题是，你是否早已厌倦股票市场的高风险？你是否不满意银行的存款利息？你是否希望你的资产抵御通货膨胀而又不愿意冒太多的风险？你是否希望你的财富稳健增长而且可控？回答“是”，在一些明智的财富追求者眼里，这证明你的债券投资机会到来了。债券应该可以满足你以上全部的要求。

上面的劝说并非只是一个债券推销员的原创，虽然人们现在知道得最多的投资方式是股票，可最早的投资方式是债券，最原始的债券是一种叫作永久银行券的凭证，属于财团联合签发。想知道债券投资的好处，看下面的例子就可以清楚了。

2008年北京某股份有限公司发行公司债券，信用评级为AA级，首次发行面额为100元，期限规定为5年，债券利率是8.20%。按照合约每年付息一次，兑付日是存续期内每年的7月18日。

假如你在2008年7月18日发行的时候按照面值100购买了该债，这只债券发行后在交易所交易，接下来5年你每年7月18日就会得到每100元面额8.2元的税前利息收入，扣除20%的利息税后，利息收入达到6.56元，而5年后的2012年7月18日，该债券到期偿付最后一期利息并归还100元的本金。此外由于市场条件的变化，这只债券基本上以高于面值的价格运行，甚至有时高达110元以上，你以高价售出，还可以获得价差收入，而买卖的费用很低，这样你的年化收益率甚至能达到10%以上。对于高等级信用债券，即使没有那么高的价差收入，你的买卖时机掌控也并不如意，但你获得的稳健的利息收入能达到税后6.5%以上也是相当不错的，长期来看足以跑赢物价，达到保值增值的目的。

假如你打算按照面值买进后就不再积极买卖，到期你仍然可以得到本息。理论上说，国债是一种最安全的投资方式，由于国家信誉的担保，人们通常认为国债就相当于长期无风险的投资产品。

国债这种类型，按照最早的北大投资理论家们的观点，相当于一种现金流可以折现为无穷大的一笔固定存款。理论上，人们之所以愿意借贷，只是因为预期将来可以获得更高的回报。而债券的面值应该等于这笔回报现在的价格，否则没有人愿意借钱。在国债的基础上，市政债、公司债的信用和风险依次增加，当然投资的回报也会增加。

从20世纪50年代开始，直到2008年年初巴菲特还处于世界财富榜的首位，可是经过2008年的金融危机，到了年末，他的财富缩水25%，大约损失了163亿美元。索罗斯在2008年第二季度竟然投资了一家快要倒闭的投资银行——雷曼兄弟公司，结果1.2亿美元的真金白银就这样打水漂了。比尔·盖茨财富缩水120亿美元，约相当于其总资产的40%；沃尔玛家族损失211亿美元，约相当于其总资产的19%。

与上述种种相反的是，债券投资大王比尔·格洛斯带领的团队在2008年净赚17亿美元。

债券的投资需要一定的策略和技巧，这当然可以提高投资的平均收益水平。即使你不采用任何投资策略，只要购买并持有直至到期，你就一定会得到本息，避免了时机选择等操作失误可能带来的损失。可以说，被称为固定收益投资的债券投资，其收益率和风险系数居于储蓄、股市投资之间。

【北大名师点拨】

需要提醒的是，利率波动、资金供求、调控政策的变动等因素，还会导致债券价格的变化，给债券投资者带来资本利得的额外收益。

债券为短期财富追求者提供保险了吗

> 对于一个愿意投资中长期债券的人，债券市场的确提供了某种保险机制。这种情况下，你不用担心风险会高到吞灭你的本金。
>
> ——北大财富笔记

美国财政部2008年11月18日的外国投资美国证券报告显示，中国在2008年9月大量购买美国财政部短期债券，已经超过日本，成为拥有美国国债最多的国家。美国媒体据此分析认为，一方面外国感觉世界都在金融危机中，美国是最佳的安全港；另一方面，美国也担忧这些资金会轻易流出。

中国成为美国最大债主，其表现主要是中国对美国经济的影响力显著扩大。美国的公债中，每10美元中就有1美元是欠中国的。华盛顿在寻求资金支付7000亿美元救市计划时，将更依赖中国。美国对中国现金的依赖，将让北京在美国经济中处于更大的支配地位。当中国因为经济和政治原因决定出售美国债券，就会引起其他财富追求者的跟风，必然使美国借款成本飙升，使华盛顿刺激和重振经济的能力置于险境。若中国停止购买甚至开始出售美国国债，美国各种贷款的利率也会立即上升。此外，中国投资美国国债越多，美国企业到海外出售其产品就越困难。中国对美出口增加，相应减少美国企业参与中国4万亿元人民币刺激经济计划的竞争力。

世界上第二大经济体在美国国债市场上的身份到底是什么呢？其实中国就国

债市场来说，应当是最大的短线财富追求者。这个结论听上去十分骇人，却是最为可靠的说法。多数情况下，债务市场正是由这些大块头的短线交易者构成。

主权国家成为空头，这种说法多少让人感到匪夷所思。难道说在债券市场上，短线投资才是王道，还是说债券真的存在什么可以让财富追求者放心的保险机制？

这种保险机制，形式上应该是存在的。至少在20世纪30年代，凯恩斯就说明了债券价格和利率相反变动的规律。也就是说，短期内价格剧烈波动的，利率很可能会照顾财富追求者。

1971年，理查德·罗尔将威廉·夏普和约翰·林特纳的资本资产定价模型与期限结构理论结合起来，考察流动性报酬和风险报酬的关系，并对1949年10月至1964年12月间美国的国库券数据进行分析，发现贝塔系数基本上随到期期限的临近而增加。

1976年，斯蒂芬·罗斯和另一个教授约翰·考科斯在《金融经济学杂志》上发表论文《基于另类随机过程的期权定价》，提出了风险中性定价理论。

1981年，罗斯、考科斯和英格尔索运用资本资产定价模型和随机过程来研究利率的期限结构，建立了Cox-Ingersoll-Ross单因素模型；1985年又发展了两因素模型，认为利率的变化除了短期利率的随机过程外，还存在长期利率的随机过程。利率期限结构能够反映未来即期利率的市场走势。谁也没有想到，这种理论此后改变了债券市场的运行规律。

赵华有一段时间跟着邻居买了大量股票，行情好的时候获利十分可观，但是，遇到萧条，一夜之间，所剩无几，后来便将股票都换成了现金。邻居家儿子小王毕业于北大，所以，他依然跟着邻居的建议投资。这一次，被股票市场吓怕了的赵华毅然选择了让自己觉得安心的债券。因为小王告诉他，债券投资的收益比较实在，也比较有安全感，最起码不会让自己一夜之间身无分文。在理财顾问的指导下，他成功地购买了大量债券，一年过去后还没有抛出，在他看来，选择债券投资就可以高枕无忧了。

罗斯成功解释了债券与利率的关系，就像一个跷跷板的两端：一方面，利率上扬，债券的价格就会下降，尽管短期债券的下降幅度远低于长期债券。另一方面，利率下跌，债券价格就会上涨，而且长期债券的上涨幅度会大于短期债券。

【北大名师点拨】

对大多数财富追求者来说，中期债券是一种最简单的选择，因为它可以使你不再为猜测未来利率的走势而烦恼。

为什么被债券困扰

你投资其他任何金融工具，都会面临风险的困扰。这种安全和收益之间的两难，一直是困扰债券投资的最简单、最核心的部分。

——北大财富笔记

20世纪50年代末，李永权考入中国香港中文大学，任职助教几年后便辗转其他行业，最后成为一名期货经纪人。在推动中国香港零售债券方面，李永权做出了突出贡献。1998年首次以全新的发行机制成功发行了零售债券，之后更发展出网上认购等方式，令中国香港债券市场的发展更加深入。

1995年，李永权获选为中国香港资本市场公会首位华人主席，其后机管局、地铁、“五隧一桥”也成功发行债券，令中国香港的债券市场逐步形成。李永权也赢得了“中国香港债券先生”的美誉。

在中国香港，债券被看成是上层阶级必有的资产，那里的投资管理者认为：若一个人的投资组合一半是股票，一半是债券，则可“富过三代”。

世界上的债券中心，在1998年以前，主要集中于美国和欧洲、日本。像中国香港债券先生这样的人，可以说是债券世界的另类。

在2012年，同样打开财经报纸，再一次看利率上升0.5%，债券基金净值的变动可能比10年前还要大。

在债券经理安然推广债券的时候，基金的波动幅度已经跟股票一样剧烈。只不过，利率的波动既让聪明的投资者从债券投资上获得丰厚的回报，也让持有债券更像是一场赌博。

从根本上说，你不可能将这种困扰看得无足轻重。投资债券时，高利率迫使债券持有人做出权衡：继续持有，直到债券到期，但是要忍受低收益率；折价卖掉。如果你是风险厌恶者，那么货币基金市场和银行是比较适合你的投资场所，否则，无论你投资其他哪种金融工具，都会面临风险的困扰。这种安全和收益之间的两难抉择，一直是困扰债券投资者的最简单、最核心的部分。

华尔街在次级债风暴出现的时候，表现出一种完全无法应对的陌生感，仿佛债券的投资是天上掉下来的一样。财富追求者应该考虑一下，通货膨胀严重的时期一直持有一只息票率为6%到期时间为30年的债券的实际投资损失会有多大？

1972—1974年股市大跌时百斯顿公司的股票从9美元跌到4美元，Teledyne公司的股票从11美元跌到3美元，而麦当劳的股票则从15美元跌到4美元，可是同时期债券市场上诞生出垃圾债券大王米尔肯。同样在此次的金融危机后，人们突然发现，那些经营国债和其他可靠债券的公司，收益率也达到历史的高位。

这两类矛盾的事实，总是在牛熊交替的市场上给人们意想不到的冲击。有些投资专家开始相信，这本身就是债券投资的特点之一。

【北大名师点拨】

从已知的各类条件中，人们无法得出债券市场的总体风险低于别的市场的结论。理智的经济学家们赞同在竞争的作用下，债券市场和股票市场一样具有风险和交易上的成本。可以预料的是，除非债券市场消失，否则人们只能不断接受债券困扰之类问题的挑战。

如何计算债券的收益率

只有固定收益的债券投资收益，才说得上是在市场上估计价值的第一步。

——北大财富笔记

一般的流行教科书在投资收益率或者债券价值一部分这样陈述：

债券投资收益率是指在一定时期内购买债券的收益与投资额的比率。当一个财富追求者在市场以价格P购买某一种面值为M、利率为r（单利）、期限为N、待偿期（离到期的时间）为n，且到期一次偿还本息的既发债券时，对于每一单位的债券来说，到期收益为M（1+rN），现在的投入为P，故其总收益为M（1+rN）-P，其总收益率为［M（1+rN）-P］/P，因该债券离到期的时间还有n

年，则其年平均投资收益率R的计算公式为：R=［M（1+rN）-P］/Pn（1）。这个计算公式在半个世纪前就已经出现在教科书中，通常人们也把它看成是所谓债券收益率折现公式。按照一般人的理解，这个公式也就相当于债券收益率公式。

这是一类流行已久的计算债券收益率的方法。北大经济学者指出，这只不过是最简单的一类债券投资收益率的算法而已。主要是一种单期，单一品种，且不考虑出现一些市场变动因素的计算公式。从最简单的意义上说，只有债券的投资收益率计算才是比较纯粹的价值计算。毫不夸张地说，一个人看不懂这些简单公式的意义，那么他离投资学的研究门槛还十分遥远，甚至根本就在大门之外。对于专业经济学家来说，不太明白债券投资收益率公式的含义，这几乎就像是经济学家不知道熊彼特是什么人一样。

价值投资理论的奠基人格雷厄姆曾这样表述："在44年华尔街的工作和研究中，我从没发现哪一种关于普通股票价值或投资政策的计算是可靠的，尽管它超出简单数学或基础代数的范围。无论何时，你发现微积分或高等代数被引入进来就要提高警惕了，它的使用者正在试图以理论代替经验，这也常常是在为投机者提供虚假的投资信息。"

1938年在《投资价值理论》一书中，约翰·伯尔·威廉姆斯提出现金流量贴现模型，他认为，财富追求者投资股票的目的是获得对未来股利的索取权，对于财富追求者来说，未来现金流就是自己微量获得的股利，企业的内在价值应该是他们所能获得的所有股利的现值。巴菲特多次强调现金流量贴现模型的意义，他表示用来评估股票与企业价值的公式完全相同，内在价值的简单定义就是一家企业在其存续期间可以产生的现金流量的贴现值，而这也被看成是证券价值的通用评估法。

现金流量贴现模型体现了证券投资及估值的科学性和严谨性。这和许多财富追求者凭借感觉和经验就进行证券交易有着本质的区别。威廉姆斯的体系最重要的是，这是其他一些市场指标成立的基础，比如市盈率。尽管它绝非评估投资价值的唯一尺度，而且也无法仅仅使用市盈率作为投资依据，否则简单的市盈率排序就可以令财富追求者做出决策了。

市盈率指标主要与业绩和股价相关，之所以说"泡沫本身是有弹性的"，就是因为业绩和股价都是变量，近两年来股价持续上扬，可以形象地称为吹泡沫的过程；但另一方面，由于业绩高速、超预期地增长，泡沫又被收敛，也就是说，业绩的持续快速增长使得泡沫破灭的预言屡屡破灭。

【北大名师点拨】

市盈率是最为基本和通行的估值指标，即使是如今颇为盛行的PEG（市盈率相对盈利增长比率）估值方法就与市盈率直接相关，所以，财富追求者最好还是将市盈率作为判断市场整体估值状况的重要指标。

债券回购是如何运作的

国债的长期债券受到欢迎，利率的冲击就会被时间侵蚀掉。央行发行永不赎回的债券，也就等于根本没有任何风险和利息收益的负担。

——北大财富笔记

一般关于回购的教科书内容是这么介绍债券回购的：债券回购可分为逆回购和正回购，逆回购是资金融出方，财富追求者以牺牲资金的使用权获取利息收益，而他的对手方就是正回购，即资金融入方，以支付利息来获得资金的使用权。作为回购交易的两方，通过债券凭证作为质押物，由于在交易所上市的债券有好几百种，价格、到期时间、风险各不相同，交易所为了方便业务开展必须把每种债券按照一定比例折算成标准券，作为统一的质押品。

运用杠杆方式获得更高收益的投资方法，财富追求者先买入信用债，按照一定折算比例质押入库后通过正回购拆入资金，然后再次买入信用债，再次质押入库后做正回购拆入资金，继续买入信用债。由于回购会到期，财富追求者需要不断滚动地进行正回购维持杠杆，不想继续持有债券了，理论上先得清算回购资金后才可以卖券还款，因此他们一般不能把所有资金都用于债券和回购杠杆交易。

通过滚动操作的方式放大几倍杠杆，财富追求者可能获得更高的收益，盈利主要在于债券收益率和回购利率的差值。比如目前7天回购利率约3%～4%，而债券的收益率在6%左右，中间有2%～3%的利差，财富追求者运用3倍杠杆，就获得了3倍的利差收益。另外，债券价格上涨，3倍杠杆还能获得更高比例的债券增值收益。

以上是一位债券投资的专业人员所经常介绍的债券投资操作的过程和定义。不过对于普通人来说，这样的描述无异于天书。

北大财富分析师指出：要理解回购，首先要从一种简单的借贷活动开始。通常人们借钱是可以求助银行和信用卡的。信用卡也可以透支，不过超过还款期，就会产生相应的罚息和利息。银行为什么在约定以外的时间要多收利息，加上利息后我们实际支出的借贷成本增加了多少，这样浅显的现象的内在理由是什么？回购，其实就是这种利息差的票据流通过程。

作为资金拆出方的逆回购者，基本是没有风险的，比如当日进行了一笔10万元的逆回购交易，次日（确切说是当日清算后）可以看到账户里有10万元标准券的数量，这就是质押物。进行的是1天的逆回购，那么第二天资金就可以使用，但不能划转，要等当天晚上资金清算完成后，第三天才可以划转。而作为资金拆入方的逆回购者，在资金拆入当时即可使用这笔资金，而第二天资金就被冻结，当天晚上资金就会清算给对手方。

上海的一般债券回购主要是1天、2天、3天、4天、7天、14天、28天和91天的期限类型；深圳主要是1天、2天、3天和7天。从交易情况看上海回购要比深圳更活跃，1天、7天品种相对更为活跃。回购手续费一般和回购日期有关，上海1天回购，1手（10万元）手续费是1元；2天回购，1手手续费是2元；但7天回购，1手手续费是5元，其他更长日期的品种手续费与其日期相对7天的倍数相当。

这是简单的回购，中央银行的回购市场则要复杂一些，因为中央银行根本没有现金，它只能通过商业银行的票据来充实自己的账户资产。

美国煤气和电力债券期限100年，票面利率为5%。该债券于1928年以101美元的价格向公众发行。4年后，在恐慌的氛围下，这一优质债券的价格跌到62.5美元，收益率为8%。到了1946年，经过一轮强劲反弹后，此类债券出售时的收益仅为3%，因此其5%的利率的对应价格应该接近160美元。但此时，该公司利用其赎回条款，仅以106美元的价格将其赎回。

这种债券发行合约中的赎回条款，几乎是公然宣称："我总是赢家，而你总是输家。"

【北大名师点拨】

从现实的角度来说，我们建议长期债券的财富追求者宁肯利率低一点，也要确保购买的债券是不可在短期内赎回的，其赎回期应在债券发行的20～25年以后。

债券基金肯定不会赔钱吗

只有在债券付息积累到一定程度完全可以抵消债券二级市场价格波动的损失时，投资债券才不会赔钱。

——北大财富笔记

“一般说来，只要涉及投资活动，就一定会承担风险，只不过承担风险的大小有区别。基金的净值不可能总是向上，即使基金管理者能够事先对市场利率以及资金供求状况做出判断，及时调整债券资产的组合，以回避利率风险，但是凡事无绝对。例如债券基金是一个收益相对稳定、风险较低的品种，具体表现就是债券基金的净值波动比较小。因为面临着利率风险，利率风险回避的前提是对利率走势有一个正确的预期，也许专家更有把握些，但也会有犯错的时候，当基金净值低于买入时的基金净值时，就可能受到损失，至少是账面上的损失。投资债券基金也不例外，只能说投资债券基金的风险比较小。”

以上内容选自中国证券业协会编印的部分行业材料。按照这个材料的分析，债券基金肯定不会赔钱是一种子虚乌有的说法。这类材料和美国证券协会的警告大同小异。问题是到了实际操作上，比如债券基金的承销部门那里，这些材料却被悄悄撤掉。

北大经济学家提醒我们：债券基金，本质上并不是什么债券，而是集成了债券市场和基金市场双重风险的一种投资类型。80%以上的基金资产投资于债券的，为债券基金。所投资的对象不同，就造成它们潜在的收益和风险的配比不同、收益稳定性不同、费用不同。债券基金主要投资于固定收益类证券，可以获得稳定的利息收入，因此潜在风险比较低。相较于股票基金，债券基金从基金资产中扣除的费用较低。由于债券投资管理不如股票投资管理复杂，因此债券基金的管理费、托管费等一般也相对较低。

根据以往的研究证明，规模大的基金并不能战胜市场。而在债券市场上，通常也是规模越大，风险越低。所以，债券基金的优点应当是规模效应而不是其他。

不过，这是不考虑基金排名的压力的说法，考虑到没完没了的竞争，这些大规模的基金可能同时也是砸盘最为兴奋的一类。因此北大财富课专家提醒，在你幻想获取长期稳定收益的同时，也应该考虑到这是个艰难的选择，因为显然，即使都投资于国债的基金仍然可能冒险砸盘，让你的债券在无声无息中受到巨大的损失。

2012年5月份开始，中国银行间市场推出买断式回购，从运行情况来看，也一直比较稳定。创业证券固定收益部总经理王卫相信，在多了这个新的工具之后，市场可能会更加活跃，多空双方的争夺也可能更激烈。他坦言，“这样会增多投资机会吧”。

南方基金管理公司债券经理李海鹏认为，这对债市的发展将产生非常积极的影响。他认为，中国交易所推出买断式回购，也是对银行间市场开展的买断式回购的呼应，有助于完善债券市场体系。中国现存的银行间市场进行买断式回购的主体以商业银行为主。中国的二级交易所市场投资主体则比较多元化，总体而言，两个市场的业务规则也各有特点。因此，适时在交易所推出这一创新品种，有望在更广泛的范围内提高财富追求者对买断式回购的接受度和认同度。此外，这个新创举降低了国债回购风险。

通常，世界上的买断式回购包含卖空机制，因此，新交易工具是否会给债市带来额外的风险也成为人们关注的焦点。另一位投资专家则认为，短期内对市场不会有什么冲击。依照他的个人判断，在开设初期，买断式回购的最长期限可能会有所控制。作为新的交易产品，初期的成交也不会特别大，总之对市场不会有太大的冲击。

【北大名师点拨】

稍微了解一点债券市场的投机策略，如买空卖空、买断回购等手段，也许许多财富追求者就不会相信什么债券基金安全的谎言了。在人们向你推荐只赚不赔的债券基金的时候，千万要小心。

如何衡量和评估债券的业绩

债务评级本身并没有人们常常想象中的那么有用，因为，市场上的信用评级调整经常会导致人们的恐慌和盲目。

——北大财富笔记

1902年，穆迪公司创始人约翰·穆迪开始对当时发行的铁路债券进行评级，后来延伸到各种金融产品及各种评估对象。

穆迪本是一个在华尔街“跑龙套”的年轻人，最初每月只有20美元的微薄薪酬。某天早晨，他突然冒出一个绝妙想法：随着无数家公司接连上市，人们必然无从对所有公司的财务状况了如指掌，那就必定需要有人以出版行业指南的形式把这些公司的经营状况告诉财富追求者。“当这个想法袭来的时候，我毫不怀疑它将给我带来一座金矿。”约翰·穆迪后来在自传中回忆道。

约翰·穆迪在1909年出版的《铁路投资分析》一书中发表了债券资信评级的观点，使资信评级首次进入证券市场，他开创了利用简单的资信评级符号来分辨250家公司发行的90种债券的做法，正是这种做法才将资信评级机构与普通的统计机构区分开来，因此后人普遍认为资信评级最早始于穆迪的铁路债券资信评级。

有人评价说：“我们生活在两个超级大国的世界里，一个是美国，一个是穆迪。美国可以用炸弹摧毁一个国家，穆迪可以用债券降级毁灭一个国家，有时说不准谁更厉害。”需要纠正的是这话的原创者是美国记者约翰·林和，并不是大名鼎鼎的弗里德曼。至少，从这句带有煽动性的话中，人们可以看到债券评级的威力，乃至债券业绩评价的重要性。

债券信用评级，是以企业或经济主体发行的有价债券为对象进行的信用评级，依照按期还本付息的可靠程度进行评估，并标示其信用程度的等级。对于债券特别是公司债来说，最主要的风险也就是到期无法还本付息和赎回的风险，这种风险也被叫作信用风险。在证券市场上，这是仅次于利率风险以外的第二大风险类型。

由于在多数国家，利率已经成为中央银行的控制目标，所以评价信用风险成为市场上唯一可以自由活动的交易存在。简而言之，这种信用评级和公司债本身的基础相关，反映的是市场的风险。

标准普尔公司信用等级标准从高到低可划分为：AAA级、AA级、A级、BBB级、BB级、B级、CCC级、CC级、C级和D级。穆迪投资服务公司信用等级标准从高到低可划分为：Aaa级，Aa级、A级、Baa级、Ba级、B级、Caa级、Ca级、C级和D级。两家机构信用等级划分大同小异，前4个级别债券信誉高、风险小，是“投资级债券”；第五级开始的债券信誉低，是“投机级债券”。

按照价值投资的原理，特别是格雷厄姆的投资法，利用一系列会计指标，入偿债能力比、杠杆比率、流动性比率、获利能力比等建立一个标准系数划分信用等级。不过，作为财富学的研究者，北大的教授们可以肯定地告诉人们，债券评级和债券的信用风险提高的确有关，但是这和债券的收益并没有什么相关性。其中的理由很简单。发行债券的主体的确决定了一种债券的流动性，不过债券的价格最终决定于其他的市场因素。更何况，债券的内在价格也和这些指标没有多少关系。你不能仅仅通过一家公司的财务状况武断地判定这家公司的债券价格。

【北大名师点拨】

财富追求者在评价一家公司时，要衡量债券市场的投资业绩，还要归结为那些普遍的手法，而不是简单的评级风险。

第16课　外汇是让你一夕致富还是隔夜破产

外汇对于很多财富追求者来说还是比较陌生的，而对于长期投身其中或者是开始尝试这类投资的人群来说，外汇一直笼罩着一层高贵的面纱，仿佛外汇交易便是那个带着自己发家致富，成为千万亿万富翁的最好方法。事实上，真的是这样吗？

为什么说外汇本身就是一种规则

> 外汇交易市场是一个超柜台或“银行内部”交易市场，这是交易双方通过电话或者一个电子交易网络而达成的，不像股票和期货交易市场那样，不是集中在某一个交易所里进行的。
>
> ——北大财富笔记

世界上两个主要的外汇交易平台EBS和汤森路透的日交易量，下降到6年来的低点，在2012年头两个月降至平均水平以下。分析认为，财富追求者回避交易欧元，加上各国央行都继续严格控制本币汇率，导致规模达数万亿美元的外汇交易市场上的交易总量流失。

传统上财富追求者在经过平静的第四季度后，会在接下来下一年的前两个月重新交易。苏格兰皇家银行外汇业务负责人蒂姆·卡林顿表示：“现在恐怕是我记忆里欧元/美元交易意愿最低的时候。”

根据EBS发布的数据显示，2012年头两个月的日均交易量已经跌破2006年记录开始时的最低水平。汤森路透单独发布的数据也显示交易量出现下降，2月日均外汇交易量同比下降5%。可见，在经历2011年的艰难之后，财富追求者也对外汇投资采取了更为审慎的态度。

也许多数人会相信，这根本就是规则的宿命，你总不能跟一台没有血肉的机器谈恋爱。在人类已知的交易中，从来没有一种交易像外汇这样几乎是完全依靠电子规则的平台进行的。中断交易也极其简单，只要断网和切掉电话线，整个交易就可以立刻停止。同样的情况下，股票市场则靠手势在黑暗中也可以照例进行。

从理论上看，外汇交易的其实根本上只是一种利率而已。汇率本身是本国货币和外国货币的比价，由于各国的市场和法律的限制，就出现了一种利率的差别。同一种外国货币在不同国家会有不同的汇率，这样就产生了一种低买高卖，赚取利差的活动。不考虑利息和税收，一次外汇交易就相当于倒腾一次货币。

从历史上看，外汇交易古来有之，但是那种简单的换汇行为只能说是一种普通服务活动。古代的交易并不是专业外汇交易。

对于投机者来说，最好的交易机会总是交易那些最通常交易的（并且因此是流动量最大的）货币，叫作“主要货币”，如今大约每日交易的85%是这些主要货币，包括美元、日元、欧元、英镑、瑞士法郎、加拿大元和澳大利亚元。

这是一个即时的24小时交易市场，外汇交易每天从悉尼开始，并且随着地球的转动，全球每个金融中心的营业日将依次开始，首先是东京，然后伦敦、纽约。不像其他的金融市场一样，外汇交易财富追求者可以对无论是白天还是晚上发生的经济、社会和政治事件而导致的外汇波动随时反应。

其次，现在的外汇交易系统本质上就是一台机器上的实时划转系统终端。它体现为在行情判断分析中对价格运动的总体性的观察和时间上的连续性观察，表现为在决策特征中对交易对象、交易资本和交易投资者这三大要素的全面体现。

北大经济学家指出：正规外汇交易系统具备两种交易特性，即价格跟随性系统和价格预测性系统。让我们来简单地介绍一下它们。

第一种是价格跟随性系统。通过动量指标、震荡指标、平均方法，跟随市场的走势。最简单的做法就是找到一条适合的移动平均线并按照所指方向进行交易。也可以加入其他的指标，比如MACD、随机指标、RSI布林通道等。一个图表可以有29种不同的技术指标，无数种搭配协同分析方式，再加上20种不同的时间框架（年、月、周、日、小时、分钟等），难怪一些不谙此道的交易者会12小时地坐在屏幕前进行分析而不敢下一口仓。

第二种是价格预测性系统。一般是长线系统，运用于交易时段、天线或者更长，包括在一个较长的时间框架中预测整个货币对的走势，然后逢低吸入，逢高派发。水平线、趋势线、黄金分割线以及移动平均线等都是常用的指标。

【北大名师点拨】

不管是哪一种系统，交易系统本身只是一个连接外汇交易中心的电子终端而已。

为什么要进行外汇交易

外汇的利差吸引了越来越多的国家参与外汇交易。

——北大财富笔记

经纪商美国百利金融集团有限公司是一家致力于衍生品和货币市场的专业经纪公司。他们一直试图加速它的外汇交易系统的技术改进和提升交易速度，以此来吸引更多高频率交易的客户。

这家总部位于芝加哥的公司，已经将核心的台风（Typhoon）外汇交易系统转移到东海岸，以此来更加靠近纽约的交易者并将让电子交易订单执行得更快。美国百利金融集团的外汇销售部总监Ric Chappetto说道："为了成为外汇市场中真正的领袖，我们必须跨出这步，这样可以增加我们的交易准确性，吸引更多参与自动交易的客户。"在美国百利金融集团开户交易的零售财富追求者将会得益更多，因为更多高通量交易机构的加入提高了流量，降低了点差。

将Typhoon技术转移到纽约，并且由数据操作中心Equinix Inc.（EQIX）运作，相比起原先需要将订单发送到芝加哥再发送回纽约这样的一个流程来说，现在的方式节省了大约40毫秒。很多芝加哥的公司也喜欢在纽约设立自己的交易系统和服务器，因为这样可以让快速的交易变得更稳定。美国百利所发展的由计算机驱动交易客户，将使美国百利的日外汇交易量达到百亿美元。Chappetto还认为，这一举措让他们变成一家更高级别的、成交量更加庞大的公司而能专注于服务通过数量分析交易的机构，更加快捷地执行订单。

为什么要进行电子外汇交易，最初的答案是因为这是货币和商业的需要；现在的答案则是赚取点差，甚至靠拥堵的电子平台来制造赚取暴利的机会。规则当然还是一样，外汇市场上的报价一般为双向报价，即由报价方同时报出自己的买入价和卖出价，由客户自行决定买卖方向。

通常，银行间交易的报价点差正常为2～3点，银行（或交易商）向客户的报价点差依各家情况差别较大，目前国外保证金交易的报价点差基本在3～5点，中国香港在6～8点，内地银行实盘交易在10～40点不等。

真正促成外汇贸易新世界的事件是，今天的外汇市场已经变得日益多元化。20世纪布雷顿森林体系和同时存在的一个东欧美元黄金市场几乎可以看成是今日外汇交易的主要源头。在布雷顿森林体系崩溃之后，一些主要工业国还在持续地对外汇汇率进行着管制。总的来说，这种体系造出的奇怪市场给外汇的利差提供了巨大的空间。正是因为利润的诱惑才使得更多的人加入到这种贸易体系中。由于欧洲的市场远离美国，管制松懈，德国的法兰克福首先成为这种外汇贸易的中心地带。

北大经济学教授指出：有了利润空间，不一定就有市场扩大的结果。随着布雷顿森林体系崩溃、美国放弃美元和黄金挂钩，美国的信用开始下降。这导致大量的外国企业抛出美元，兑换其本币，美元带给一些贸易大国大量的通胀压力，而同期美国市场上的货币却开始不断地贬值。为了对冲，美国也开始与贸易伙伴国建立经常性的外汇清算，这就是国家间外汇贸易市场的开端。正因为如此，今天的外汇贸易才表现为清算所的类似电子交易系统。

美国银行的外汇交易在数量上、金额上都增加得非常多。美国企业Exposure（因金融的国际化与金融衍生商品交易的扩大，企业借贷、投资、信用、汇率等风险的增大而进行的管理）的对冲开始，1975年会计制度改变更加速了这种倾向。至此，外汇交易额开始大踏步地持续上升了。

【北大名师点拨】

买入价和卖出价的价差越小，对于财富追求者来说意味着成本越小。

外汇交易为什么注重防守

在外汇交易中，我们对大概率的方向是顺着操作，但同时要保留完全措施来应对小概率的相反方向。

——北大财富笔记

有人问大师索罗斯：你纵横金融圈50年，成功的要素非常多，诸如预先掌握趋势、善于套利、人脉深广，为何把认错视为成功的关键？

索罗斯回答说："因为在不确定的年代，你需要有批判思考力，并且诚实地认错。我在事业上一直承受极大风险，不认错，铁定老早就被干掉了。曾经有好几次我濒临一无所有的边缘，我不采取行动，马上变得一无所有。因为我使用融资、扩大杠杆倍数，尽管没有用很多，但方向看错，这些融资的部位足以让我失去所有。"

对于1987年股市崩盘造成的巨大损失，索罗斯总结认为，他当时把手上的部位出清，也不见得是对的决定。因为那个时候，他有不同的选择，可以放在那里不卖，但是生存下来是更重要的。股市崩盘当周，索罗斯承认自己确实看错了，立刻大砍美股多头部位，但隔天美股迅速反弹。这好像应了那句俗话"留得青山在，不怕没柴烧"。

索罗斯退休后，已经不再锋芒毕露，正像许多人预料的那样，他也开始兜售价值偶像的观点。至少从访谈中可以看到，索罗斯并不是像平常想象的那样，是个满腹阴谋诡计、积极进攻的狠角色。关于他的对冲机制，在一些北大教授看来，属于正当行为。更有意思的是根据一些数据检验，索罗斯其实是保守型的外汇财富追求者。

在外汇交易过程中，不确定性扮演了异常重要的角色。在不确定下，无疑降低风险的要求比任何时候都高些。墨菲定律的大概意思就是："最坏的事情总是最可能发生。"在政治倾轧中，军事斗争中，我们必须做最坏的打算，以便提前做好准备。因为最坏的后果是无法承担的，也就是一旦遭遇最坏的后果，那么对于后来再好的情况我们也没有机会享受了。

很多人总是能以很高的胜率获得快速增长的本金，但往往在小概率的反方向行情上功败垂成。许多资深的分析员和交易员沉迷于"过度优化陷阱"，唯一缺乏的是预防最坏的情况发生的防守意识。

墨菲定律是外汇金融游戏的最大定律，遵守这一定律的前提是没有相当把握坚决不下单，并且做好安全空间和严格止损。外汇交易的安全空间是当汇价在阻力位和支撑位附近20～30点的区域。聪明的止损符合两个条件：一是最大止损的损失不超过账户总额的5%～8%；二是止损要离开支撑位和阻力位稍微远一点。离开30～50点会相对安全些。此外还要注意控制仓位，仓位控制在账，这是因为外汇交易很多执行的是保证金和强制平仓制度，控制不当，就会出现爆仓的情况。

“对于金融市场而言，中东政局动荡将会带来两方面风险。首先，原油价格势必会在此影响下持续上涨，而这将在一段时间内对全球经济复苏构成威胁。其次，随着突尼斯和埃及总统双双下台，这两国政局出现权力真空，此时激进分子很可能会乘虚而入，而后者掌控时局后与西方国家的合作将可能减弱。

“此外，欧元区主权债务问题似乎也会卷土重来。爱尔兰新一届政府急需对债务方案进行重组。而葡萄牙似乎也需要寻求援助，因为眼下该国融资成本依然处于过高水平。一旦出现这种情况，那么接下来市场关注的重点将集中在西班牙不断加剧的金融问题，以及其债务问题给欧洲银行业体系稳定性带来的更大威胁。”

这是人们关于汇率风险的分析。但是北大经济学家们提醒：从外汇的交易风险来源看，有时这些来自政治风险的浅显分析并不一定是采取进攻策略的好时候。有人分析，在第三世界国家的政治分析中，几乎很少有成功的范例。即使找到这样的范例，另一个问题是，其规律性几乎和外汇交易没有相关性。这等于说，索罗斯的那类蓄谋已久的金融阻击游戏也许只不过是个巧合而已。

【北大名师点拨】

保守型策略不一定让你成为下一个索罗斯，但至少不变成天量亏损家，还是很有把握的。

如何决定外汇投资的盈亏

外汇市场是最难被人为操纵的金融市场，因此在某些时候，汇率的波动充满了随机性。想要在这一市场中获得长期稳定的收益，就必须在完善投资技巧的同时，考虑赢利概率和盈亏比例对投资成绩的影响。

——北大财富笔记

假如一个初出茅庐的财富追求者在外汇市场看到这样的标价，直观的理解是：USD/CHF的买/卖价是1.6322/1.6327，意味着买1美元需要1.6327瑞士法郎或卖出1美元要1.6322瑞士法郎。

假如你看跌瑞士法郎，就一定会执行这样的策略：买入美元（同时卖出瑞士法郎），并等待价格上升。于是你会做出此交易：买100000美元并卖掉163270瑞士法郎。如你所愿，USD/CHF升至1.6435/1.6440，你可以以1.6435瑞士法郎的价位卖出美元或以1.6440瑞士法郎的价位买入1美元。因为你看涨美元（即看跌瑞士法郎），你现在必须卖美元及买回瑞士法郎以实现任何盈利。你卖掉100000美元，并收到164350瑞士法郎，由于你原来卖出（支付）163270瑞士法郎，你的盈利是1080瑞士法郎。要计算你美元为单位的盈亏，只要简单地将1080除以目前USD/CHF价格1.6435，总盈利等于657.13美元。这是任何一本教科书教给学生的套利交易方式。

这也是一个典型的外汇投资盈亏计算案例。粗看，这个计算方式是很简单的。外汇投资的盈亏并非像其他投资那样必须套现，而是通过套利比较的形式计算盈亏，理论上和最简单的投机比如买空卖空是类似的。

在外汇市场，投资的结果并没有什么差别，都是确保赢的时候赢得多，输的时候输得少。这里，要了解什么决定投资系统的盈亏，就需要引进一个盈亏比的指标，即一段时间所有投资盈利单的盈利之和/相同时间段所有亏损单的亏损之和。盈亏比反映出投资交易盈利所冒的风险，投资的收益盈亏比是3，则指平均来讲赚3块钱要付出1块钱的止损，或者说冒1块钱的风险的一项投资获利3块钱。长期来看，投资盈亏比才是直接反映财富追求者综合水平的一个量化指标。

之所以引入该指标，主要是因为外汇投资的交易是没有时间限制的。这种情况下，采用其他证券的交易期的时间规律是行不通的。为了平均估计业绩，采用一段代表性的时期才能看出自身的水平投资的效果。

外汇市场主要交易时段

市场	时段
惠灵顿	04：00～13：00
悉尼	06：00～15：00
东京	08：00～15：30
香港	10：00～17：00
法兰克福	14：30～23：00

另外，仔细观察上表，显然这些外汇交易市场的交易时间是存在交叉的。这就带来另一种奇特的便利，也就是在不同的交易市场间套利的做法。由于存在这种交叠的市场和时间分布，所以采用简单定点时间的交易盈亏计算也是不行的。

一般来说，长期、大量从事低盈亏比交易的就是低盈亏比系统。低盈亏比交易有以下几种：可能带来大亏的衍生交易，包括重仓、不止损、卖出没有对冲的期权；逆势交易，抢反弹交易；超买、超卖区开大量新仓交易；在没有趋势的行情里，高抛低吸。反过来，高盈亏比的投资应该是该项投资风险不大，或者能够控制住风险，而潜在可能实现的利润非常大。

总体上说，一个好的外汇交易规则就是高盈亏比占优势的系统。有效提高盈利水平的手段主要有：首先砍掉所有低盈亏比交易；其次，买卖的成功率主要取决于对市场运作原理的认识和能否按照市场的运作原理建立买卖信号系统；再者，赢利的幅度取决于行情的大小，能否发现大行情，又取决于对金融市场的认识水平、预测水平和跨市场的品种选择。

看30分钟图表，每天都有一个投资机会；看4小时图表，每个周会有一个机会。看日线图，一个月差不多有一个机会；看周线图，则差不多一年才有一个机会。30分钟的机会，持仓只有几个小时，这些“机会”的盈亏比不超过2；4小时的图表行情，持仓几天，4小时图表上的交易盈亏比不超过4。日线图上的买卖，可以拿几周，日线图的趋势上，盈亏比有机会达到8。周线图上的可以拿几个月，周线图上的趋势运用加码，可以达到更高的盈亏比。

【北大名师点拨】

还有一个严重影响交易的盈亏结果的条件是操作系统的赢利概率，是指财富追求者的交易策略长期以来的成功概率。某次交易的盈亏是由分析技巧、运气等因素决定的话，那么一系列交易的盈亏则更多的是由操作系统的赢利概率和盈亏比例共同决定的。

如何规避汇率波动带来的风险

在出现套期保值和远期后，防止汇率出现大幅波动便有了比较可靠的保障。

——北大财富笔记

2010年以来，在次贷危机冲击下，中国学生留学海外成本有所降低，特别是赴澳大利亚、英国、德国、新加坡等地留学，和2009年前相比，大概节省10%~25%。有些留学机构建议，因为国际外汇市场还面临较大的不确定性，准备出国留学的客户可酌情采取以下办法来规避汇率风险：

一是在看不准汇率走势的情况下，采取分批购汇方式，定期买入学费及生活费所需外汇，可减少一次性大额购汇的风险损失。各种费用能够分散缴纳的，尽量分散缴纳，分散因汇率波动造成的成本波动。这刺激了银行的小额汇款业务。

二是采用国际卡等消费工具在国外按需消费，花多少，购多少。可在国内用人民币购汇还款，以避免提前置备大量外汇。这个办法后来导致维萨卡和银联卡的竞争。

三是提前购买的部分外汇，可通过银行购买中短期外汇理财产品，对这部分资金进行保值处理。这导致某些外汇产品的波动超乎寻常的大，2010年也成为国际外汇理财诈骗的高发年。

对于普通人而言，汇率波动的真实冲击主要来源于旅游和留学的费用变化。这也经常是外汇市场上操作和交易的机会。通常这类事件会在5%左右的外汇市场上发生微小波动。索罗斯的手段也许不好模仿，但是在短期内利用这类事件进行杠杆操作，还是可以获得极高的收益的。

大多数购买外国股票的财富追求者不会对货币风险进行套期保值，他们只是被动地接受外国股票投资带来的波动，听凭手中的筹码涨跌浮动。两种方法的共同之处在于接受货币波动的不可知性，要么完全规避货币效应的影响，要么听之任之，置之不理。

同仅投资美国股票相比，全球性投资还有另一个明显的差异之处，那就是货币。外汇的波动经常受到财富追求者指责，其中恶性的货币贬值让从事商品投资和进出口实体贸易的人痛苦不堪。

外国股票采用外币报价，当一种外国股票以报价货币表示的价格上涨时，这种币值相对于财富追求者的本币出现贬值，那么，财富追求者就会丧失部分或全部股价上涨带来的收益。

在汇率发生激烈变动的时候，这个世界上同时能够存在一套系统对冲这种资金流动。从理论上说，有可能降低损失，甚至有所收益。这种想法也就是远期和期货，更进一步的还有各种添加了股票和基金、债券形式的合同在其他交易所交割，抵消这种名义上的损失。

毕业于北大的韩森经过几年的打拼积攒了不少资金，在一次同学聚会上，他与长期旅居海外的老同学刘可凑到了一起。在谈到如何将自己手里的财富翻倍这个话题时，刘可向韩森推荐了外汇投资的方法。想到之前自己在大学里学过的内容，在刘可的建议下，韩森大胆地拿出自己的积蓄，进行了定期外币储存这种风险较低的投资方式，同时还购买了一些外汇理财产品。一年后，外币储存的方式所获得的利益，确实让韩森觉得比将钱放在家中要来得好一些。而对于外汇理财产品，他还没有太大的勇气去细细核查，在他心里，总觉得投资外汇理财产品不像国内的理财产品那么保险。

实际在外汇交易中，为了抵消大规模的系统风向，许多人倾向在别的投资品方面进行相应的对冲操作。由于进行商品投资的人主要从事这种外汇的保值操作，所以外汇财富追求者甚至在这里就可以实现低效商品市场的有形汇率冲击。

【北大名师点拨】

对于确切地了解外汇将要波动的人，这种波动没什么影响。对于一般偏向保守的人来说，汇率的下跌有可能危及别的投资。

交易账户的资金越充裕越可靠吗

将所有的精力都集中于做好资本保值，赚取利润就不用操心了。

——北大财富笔记

许多年轻的外汇交易员比如罗姆认为，在100：1的杠杆下，10万美元的1标准手的交易需要1000美元作为保证金，那么要进行该交易，账户中有1000美元的资金就够了。其实，老到的外汇交易员凭直觉就知道这是错的。进一步想一下，交易账户中的资金数量仅够满足某一给定头寸的最低资本金要求，该交易员可能很快就会面临灭顶之灾。

于是，罗姆在碰了几次钉子后，开始问到底有多少资金才是“足够”和充裕的。后来有位前辈告诉他：准确数量要因交易员而异，但一个为很多谨慎的零售交易员所使用的一般性指导原则是，账户需要一直保有的资本金数量至少应是某一特定交易所需保证金的10倍。

简单来说，假如一个交易员希望交易一个面值1万美元的迷你手，杠杆率为100：1，需要的保证金是100美元，那么交易员的账户中应该至少一直有1000美元。同样，一个交易员希望交易一个面值10万美元的标准手，杠杆率为100：1，需要的保证金是1000美元，那么交易员的账户就应该至少一直保有1万美元。当然，这只是一个一般性的指导原则，因为每个交易员的风险特征和风险偏好肯定是不一样的。

一个投资外汇的老手经常会用上面的“经验”劝说任何入市炒汇的门外汉。显然，在这些交易员眼中，外汇交易的资金充足是满足最低资本保证金要求的门槛的充裕。既然如此，一个问题就出现了：是不是说这样的资金越多就越好呢？

表面上说，对于风险大的交易而言，准备较多的资金应该是无害的，至少可以防止出现爆仓这样尴尬的损失。问题是，在外汇交易上，这种观点有可能是致命的。

北大财富课分析师指出：外汇交易是一种整体性交易，某一项指标，比如资金保证金并不能起到什么作用。外汇交易是一个系统过程，我们不能以系统思维来驾驭外汇交易过程就基本不可能取得持续的高水平绩效。而且，和其他类型的金融交易相比，在外汇交易中没有经验可能很难进行有效的风险管理。外汇基本分析的发展长期落后于技术分析，缺乏能够为散户方便采用的基本分析策略，这样，在实际操作中的结果可想而知。

外汇交易市场的杠杆率非常高，这种高杠杆率经常是巨大的魔鬼。1美元的保证金能够控制的交易量可以达到100美元甚至更大，潜在的利润被放大到极致，但许多初学者似乎很容易忘记破产的风险也同样巨大这一点。从正面的角度来看，高杠杆率当然很吸引人，但它也会诱使那些不慎重的交易员变得过于轻率和贪婪。

以下是一个典型的外汇交易员的生活记录单：

早晨5点起，惠灵顿、悉尼汇市开市，然后新加坡、香港、东京等相继开市。

15点起，欧洲的巴黎、法兰克福、伦敦等也相继加入。

至20点，北美的纽约、温哥华也开市运转，直到第二天凌晨4点北美收市。

13：30～14：00分析，14：00～16：00下单。

晚饭后20：20～20：40看下午单是否存在，再可考虑平仓。

23：00～24：00看盘看单是否需要过夜，一般不考虑过夜。

由此来看，主要行情大部分发生在北京时间14：00～22：30，而且在这段时间差不多都是一个方向。也就是说，你在一天的14：00～16：00下单，方向对了的话，通常都有60点以上的利润；错过这个时间段下单，那么你的止损不好设置，毕竟下单不仅仅是利润，还有风险。

纯技术面分析，只关注两三个或者只有一个货币对的时候，花20分钟分析足够了，其他的就耐心等待合适的入场点。这种模式，成功率有50%，一个月（交易6～10次）大概有5%～20%的收益率。

【北大名师点拨】

不管是谁，只要他在从事外汇交易，在24小时的工作中，不犯错的概率是很低的。考虑风险收益比的话，14：00～16：00这个时段是最佳的。不过这也是失误率最早的时候，新手一般不做数据行情，有大的数据公布的时候，应尽可能避免。

为什么说炒汇需用杠杆撬动收益

高杠杆对于炒汇者的重要性在于，按照无套利定价的原理，为了保持风险中性，任何一种交易要想让财富追求者进入，首先必须保证交易的机会成本要高。

——北大财富笔记

2008年中国频频出现利用外盘炒汇的骗局，当时武汉就有一个所谓的联汇通公司。

联汇通公司的主管声称：公司直属香港第三大金融集团灏天金融集团。通常人们知道，香港第二大金融集团为汇丰银行。而所谓联汇通公司就是武汉唯一有牌照合法经营外汇资格的公司，在全国各地共有9家分公司。

这个公司一个杨姓金融投资顾问得知某公司有投资外汇意向，便马上拿出一份公司宣传册，宣称专业提供外汇保证金交易和黄金现货交易。

如果有人问："我们手上也就5万多元，想玩一下外汇，该怎么办？"公司余某和胡某两位主管此时就会出现。

余主管称："外汇波动较小，5万元做实盘交易根本没有意义，你若使用我公司代理的交易平台，就可最高获得100倍的资金放大。即存入5万元保证金，可以购买相当于500万元人民币的外汇，哪怕只波动1%，都能赚到5万元。"

按照这个主管的介绍，联汇通公司是三大外汇交易商的签约代理，分别为时信国际公司、灏天投资公司、英皇投资公司。这三大交易平台任由选择，都可以做保证金交易，不仅可以炒外汇，还可以炒黄金。

胡主管补充道："这些交易商你在网上都可以查得到，都是受香港证监会监管的。英皇投资集团，你总听说过吧，这么大公司难道还会骗你区区5万元？"

像这样的诈骗形式的外汇杠杆交易并不罕见，但不少人看不出这种骗术的罩门在什么地方。以经济学的观点看，受骗的动机却是外汇交易的一大特点：高杠杆操作。

可以说，外汇失去了高杠杆的交易优势，这种交易的吸引力马上就会下降。

在外汇保证金交易中，炒汇者采用高杠杆，只需投入几百美元，就能当成几万美元来用，根本不用担心“本钱不够”。对真正的交易好手来说，杠杆越高，利润越高。在交易顺利时，高杠杆会帮助交易者实现创纪录的收益。财富追求者极少表示担忧，不过爆发信贷危机后，投资银行在高杠杆的风险抵押贷款上栽了大跟头。

人们投身于外汇交易，“原因之一，就是外汇保证金能以小搏大”，一位在北京述职的执业律师说道，对海外财富追求者，这是最大的亮点。

降低杠杆，大量客户将离开美国。这已经成为美国经纪商的隐忧。经纪商联盟组织了抗议活动，但收效不大。根据CFTC（商品期货交易委员会）的统计数据，从2010年1月1日至今，只有5000余封抗议信件，这个结果让人失望。这反映了交易者已经做好撤离的准备。

北大经济学家指出：外汇的成本往往非常复杂。交易肯定需要成本，经纪人也有成本，因此利润是盈利减去交易成本剩余的部分（所有这些成本都扣除后还有的话）。你正在考虑每次获取5000美元利润的交易，那么可能对100美元的交易成本就不关心了。然而，如果你的定位是在短期内做大量交易，那么交易成本就是一个需要考虑的重要因素了。

其次，外汇经纪商在每次买多或卖空一个头寸之时收取费用，最后执行成本——点差，它通常是买价和卖价之间的差额（这也是经纪人的有利条件）以及高波动性的成本。此外，还有税收成本——可以说目前外汇市场还没有这一块，交易商基本上已经转化到点差和佣金里面。这些成本的比例数字很低，绝对数字却相当高。看看金融税在欧洲那么受欢迎就知道政府会怎么做了。

有这么多成本，计算起来外汇交易的利润太低的话，那么连这些成本都无法摊销。因此，为了吸引交易者进入，通常外汇交易的杠杆高也是自然的，门槛也相应低些。

【北大名师点拨】

当市场制造者不敢确信他能在某一价格处理掉你的头寸时，你的执行成本就会上升，以覆盖掉他的风险。